外貿業務操作

主　編　王玲
副主編　楊龍、周曉曼

財經錢線

前 言

　　本教材以外貿業務員的崗位任務組織教材的內容，採用「以外貿業務工作流程為主線、以職業能力培養為本位、以工作過程為導向、以真實工作任務為載體」，體現工學結合、任務驅動的項目化教學的編寫模式。該教材以「國際貿易工作流程」專業綜合大項目貫穿「辦理國際貿易業務手續」「貿易準備」「交易磋商」「簽訂合同」「合同履行」各個子項目，按外貿業務員崗位任務，編寫了5個工作情景並貫穿整本教材，每個學習情景都包括了學習目標、工作項目、任務設置、操作演示、相關知識和能力訓練等內容，整本教材符合職業教育的培養目標和教學規律。

　　本書由王玲統稿並編寫導論和項目一、項目二、項目三及項目四，楊龍編寫項目五（子項目1任務1、任務2），周曉曼編寫項目五（子項目2任務3、任務4），翟鳳霞編寫項目五（子項目2任務1、任務2），張彬編寫項目三（子項目2），黃玉瑞編寫項目自測並負責校對。

　　由於時間緊、任務重、編者水平有限，書中難免有錯誤和疏漏，懇望讀者不吝賜教，以便再版時更正。

編者

目錄

導論 …………………………………………………………………… (1)

項目一　辦理國際貿易業務手續 ……………………………………… (13)

【學習目標】 ………………………………………………………… (13)

【項目任務】 ………………………………………………………… (13)

　　任務 1　辦理對外貿易經營者備案登記 ……………………… (14)

　　任務 2　辦理海關進出口貨物發貨人註冊登記 ……………… (14)

　　任務 3　辦理出口貨物退（免）稅認定手續 ………………… (14)

　　任務 4　辦理普惠制原產地證明書註冊登記手續 …………… (14)

　　任務 5　辦理出口收匯核銷出口單位備案登記 ……………… (14)

　　任務 6　辦理中國國際貿易促進委員會原產地證明書註冊

　　　　　　登記表註冊手續 …………………………………… (14)

　　任務 7　辦理出入境檢驗檢疫報檢手續 ……………………… (14)

【操作演示】 ………………………………………………………… (14)

【擴展訓練】 ………………………………………………………… (22)

【相關知識連結】 …………………………………………………… (23)

【項目自測】 ………………………………………………………… (38)

項目二　貿易準備 ……………………………………………………… (40)

【學習目標】 ………………………………………………………… (40)

【項目任務】 ………………………………………………………… (40)

　　任務 1　通過多種方式熟悉公司產品知識 …………………… (41)

　　任務 2　通過多種方式瞭解本公司產品出口市場 …………… (41)

　　任務 3　多途徑開發客戶，做好廣告宣傳，做好國際博覽會和

　　　　　　展覽會參展準備工作，開拓市場，與客戶建立業務

　　　　　　關係 …………………………………………………… (41)

【操作演示】 ………………………………………………………… (41)

【擴展訓練】 ………………………………………………………… (45)

【相關知識連結】 …………………………………………………… (46)

【項目自測】 ………………………………………………………… (61)

目錄

項目三　貿易磋商 ……………………………………………………… (64)

　　【學習目標】 ……………………………………………………… (64)

　　【項目任務】 ……………………………………………………… (64)

　　子項目1　查詢相關貿易政策和書寫詢盤及樣品操作 ……… (64)

　　　　任務1　翻譯並分析國外客戶電子郵件內容 …………… (65)

　　　　任務2　查詢貨物相關的貿易政策 ……………………… (65)

　　　　任務3　樣品操作 ………………………………………… (65)

　　【操作演示】 ……………………………………………………… (65)

　　【擴展訓練】 ……………………………………………………… (67)

　　【相關知識連結】 ………………………………………………… (68)

　　【項目自測】 ……………………………………………………… (86)

　　子項目2　核算出口報價和書寫發盤函操作 ………………… (89)

　　【學習目標】 ……………………………………………………… (89)

　　【項目任務】 ……………………………………………………… (89)

　　　　任務1　出口報價核算 …………………………………… (89)

　　　　任務2　書寫發盤函 ……………………………………… (90)

　　【操作演示】 ……………………………………………………… (90)

　　【擴展訓練】 ……………………………………………………… (96)

　　【相關知識連結】 ………………………………………………… (99)

　　【項目自測】 ……………………………………………………… (119)

　　子項目3　核算出口還價和書寫還盤函操作 ………………… (123)

　　【學習目標】 ……………………………………………………… (123)

　　【項目任務】 ……………………………………………………… (123)

　　　　任務1　進行還價核算 …………………………………… (123)

　　　　任務2　給國內供應商書寫還盤函 ……………………… (124)

　　　　任務3　給國外客戶書寫還盤函 ………………………… (124)

　　【操作演示】 ……………………………………………………… (124)

　　【擴展訓練】 ……………………………………………………… (128)

　　【相關知識連結】 ………………………………………………… (129)

　　【項目自測】 ……………………………………………………… (132)

目　錄

項目四　簽訂合同 ……………………………………………(135)
   【學習目標】………………………………………………(135)
   【項目任務】………………………………………………(135)
      任務1　接受時核算預期出口成本利潤率 …………(136)
      任務2　簽訂合同 ……………………………………(136)
   【操作演示】………………………………………………(136)
   【擴展訓練】………………………………………………(140)
   【相關知識連結】…………………………………………(142)
   【項目自測】………………………………………………(169)

項目五　履行合同 ……………………………………………(172)
   【學習目標】………………………………………………(172)
   【項目任務】………………………………………………(172)
   子項目1　信用證事宜 ……………………………………(176)
      任務1　審證、改證（出口）………………………(176)
      任務2　信用證的使用 ………………………………(177)
   【操作演示】………………………………………………(177)
   【擴展訓練】………………………………………………(180)
   子項目2　出口合同履行 …………………………………(183)
   【學習目標】………………………………………………(183)
   【項目任務】………………………………………………(184)
      任務1　辦理出口托運 ………………………………(184)
      任務2　辦理出口報檢 ………………………………(184)
      任務3　辦理出口貨物的投保 ………………………(184)
      任務4　辦理出口報關 ………………………………(184)
   【操作演示】………………………………………………(184)
   【擴展訓練】………………………………………………(188)
   【相關知識連結】…………………………………………(191)
   【項目自測-1】……………………………………………(247)
   【項目自測-2】……………………………………………(250)

導 論

【學習目標】

1. 能力目標：樹立現代國際貿易觀念，能具備外貿業務人員的職業素質。
2. 知識能力：瞭解進出口交易的業務流程；理解外貿業務的核心概念；清楚一個外貿業務人員應具備的知識結構和基本素質。

一、外貿業務概述

對外貿易亦稱「國外貿易」或「進出口貿易」，簡稱「外貿」，是指一個國家（地區）與另一個國家（地區）之間的商品、勞務和技術的交換活動。這種貿易由進口和出口兩個部分組成。對輸入商品或勞務的國家（地區）來說，就是進口；對輸出商品或勞務的國家（地區）來說，就是出口。

外貿業務包括了出口業務和進口業務。具體內容包括：進出口商品的買賣和貿易方式；進出口商品的運輸和保管業務；進出口商品的檢驗工作；進出口商品的海關監管業務；進出口商品的貨運保險業務；進出口商品結算貨款和提供資金的國際結算與銀行信用業務，解決進出口業務糾紛的仲裁工作和司法審理；進出口業務的經營與管理；等等。

出口業務可分為自營出口業務和代理出口業務。自營出口業務是指外貿企業自己經營出口業務，獲取出口商品的對外成交價和對內購貨之間的差價利潤。代理出口業務是指外貿企業接受國內供貨企業的委託，利用自己的出口資格和出口業務優勢代理國內供貨企業對外銷售貨物、簽約、運輸、投保、報檢、結算、核銷等出口相關業務，並收取代理費用。外貿企業與國內供貨企業是委託代理關係，國內企業是委託人，外貿企業是代理人。

二、外貿業務員的含義和崗位要求

（一）外貿業務員的概念

外貿業務員是指在進出口業務中，從事尋找客戶、貿易磋商、簽訂合同、組織履約、核銷退稅、處理爭議等進出口業務全過程操作和管理的綜合性外貿從業人員。

（二）外貿業務員與外貿單證員、外貿跟單員的關係

從這三個崗位的工作任務來看，外貿單證員完成的是若干個業務點的工作；外貿跟單員完成的是其中一條業務線的工作；外貿業務員完成的是一個業務面的工作。

（三）外貿業務員的職業素質要求

1. 基本心態

（1）熱愛外貿工作，永不放棄；

（2）站在客戶的立場上想問題，做事情；

（3）勤奮工作，虛心學習；

（4）有良好的自信心，要有奮鬥目標。

2. 基本素質

（1）熟悉出口業務操作流程。

（2）書面英語過硬，口語良好，與客戶能夠進行業務溝通。

（3）熟悉常見的國際交往禮儀。

（4）熟悉日常的交際英語，接待客人顯示出良好的修養和職業素質。

（5）熟悉常用的辦公軟件，例如 Word、Excel、Photoshop、Powerpoint、Outlook、AutoCad 等，能夠使用傳真機、複印機等辦公設備。

（6）能夠草擬標準的傳真及信函，能夠獨立完成信用證的審核，根據信用證制定正確的出口單證。

（7）撥、接電話要顯示良好的公司形象。例如：

國內情景模擬：

撥通電話，你應該說：您好，我是×××有限公司外貿部的×××，請問是×××嗎？然後切入正題。

接聽電話，你應該說：×××有限公司，您好，我是×××，請問有什麼能夠幫助您的？

國外情景模擬：

撥通電話：Hello, this is ×××, from ××× Co., Ltd. May I speak to Mr /Ms ×××?

接聽電話：Hello, this is ××× Co., Ltd. I'm Alex. May I help you?

3. 專業素質

（1）對本廠的產品非常熟悉，對生產流程有詳細的瞭解；對產品品質能夠準確作出判斷；對產品的主要材料有一定的瞭解；能夠獨立準備一份公司 CATALOG 供人參考；能夠草擬一份專業的報價單；熟悉工廠營運方式的組織機構構成。

（2）對競爭對手的產品有相當的瞭解；對整個行業有一個正確的瞭解；對國外的同類產品有一個詳細的瞭解。

（3）對相關的產品測試標準有完整的瞭解。

（4）能夠從客人的語氣裡面判斷出客人的意圖。

（5）能夠對客人的來訪提前作出接待安排；能夠獨立帶領客人參觀工廠；能夠巧妙地回答客人的問題。

（6）對出口貨物操作有實際的經驗。

（7）能夠獨立向客人介紹產品、公司，並且正確、專業地回答客人提出的問題。

（8）對出口貨物包裝及標誌能夠有專業的設計觀念，確保符合出口貨物的需要。

（9）對於國外正在執行的訂單，要提供詳細的生產計劃通知單與生產部門及相關的部門。

（四）外貿業務員的職業能力要求

外貿業務員應具備市場營銷能力、商務談判能力、函電處理能力、業務操作能力、綜合管理能力、信息處理能力、人際溝通能力、持續學習能力等職業能力。

（五）外貿業務員的專業知識要求

外貿業務員除了要掌握好英語和計算機基本知識之外，還應熟悉和掌握商品基礎知識、外貿業務知識、生產管理知識、國際營銷知識、國際金融知識、外貿法規政策、國際貿易慣例、國際經貿地理、外貿業務禮儀等專業知識。

1. 商品基礎知識

外貿業務員應瞭解商品基本理論，熟悉商品的性能、品質、規格、標準、包裝、用途、生產工藝和原材料等知識。

2. 外貿基礎知識

外貿業務員應熟悉外貿業務流程，如磋商談判、簽訂合同、履行合同等，掌握價格術語、支付方式、運輸、保險、檢驗、索賠、仲裁、不可抗力等外貿基礎知識。

3. 國際貿易法律及國際貿易慣例

外貿業務員應熟悉國際貿易相關法律，如《聯合國國際貨物銷售合同公約》《匯票和本票統一法公約》等。應掌握《國際貿易術語解釋通則》《跟單信用證統一慣例》和《托收統一規則》等國際慣例。

4. 中國外貿法規政策

外貿業務員應熟悉《中華人民共和國對外貿易法》《中華人民共和國合同法》《中華人民共和國海上國際集裝箱運輸管理規定》《中華人民共和國海關法》《中華人民共和國進出口商品檢驗法》《中華人民共和國保險法》《中華人民共和國貨物進出口管理條例》等外貿法規政策。

5. 國際經貿地理

外貿業務員應熟悉進出口各國或地區政治、經濟、文化、宗教、地理、風土人情、消費水平及進出口法律法規。

三、外貿業務員的工作內容

外貿工作千頭萬緒，外貿業務員只有清晰地瞭解自己的工作內容，認識工作職責，才能更好地完成工作。針對外貿業務人員日常工作，總結出以下十四個方面：

（1）業務人員在國外採購商詢價我方做出產品報價前，應瞭解客戶基本信息，包括是否為終端客戶、年採購能力、消費區域，以及產品的用途、規格及質量要求，我公司是否能夠生產等。這項工作的要點隨著外貿管理軟件的研發應用和信息化工具的不斷完善已經能夠自動化統計顯示。比如「富通天下」「暢想」等外貿管理軟件，都具備這樣的功能，相比而言，「富通天下」在這個功能方面挖掘得更深一些，做得更成熟一些。

（2）對於外商的郵件、傳真，原則上在24小時內答復；特殊情況需要延期的，應及時向外商解釋及大概需要的時間。外貿業務員工作繁雜，詢盤郵件眾多，難免有遺忘的時候。但是隨著「富通天下」等外貿管理軟件功能的不斷完善，系統能自動提醒業務人員哪些郵件未回復，哪些郵件已經多時未跟蹤。這很好地起到了提示的作用。

（3）對於外商的產品報價，原則上按照公司財務部門經核算后的價格表（外銷）執行；公司財務部門根據市場狀況及生產成本定期進行核算，對產品價格進行調整。

（4）對於訂單數量較大，外商所能接受的價格低於我公司公布的價格的，業務人員應先上報部門經理批准實施；部門經理不能批復的，報總經理批准后實施。

（5）對於 CFR 及 CIF 報價，需要我方辦理運輸、保險的或需要進行法定檢驗的等事項，業務人員應事先聯繫相關仲介機構進行確定，選擇仲介機構時應優先考慮業務熟練、服務效率高及收費合理者。

（6）對於外商的寄樣要求，原則上要求到付；如果樣品數額較大，原則上對方承擔成本費用。在正式訂單后，可以扣除成本及寄樣費用。特殊情況，如關係比較好的老客戶，我方可以預付並免收樣品費，報部門經理批准后執行。費用較大的，可報總經理批准后執行。

（7）對於外商需要打樣的，業務人員應和生產部門協調，確保樣品的質量及規格符合要求；樣品需要部門經理審核后寄出；外商對產品有包裝或嘜頭要求的，正式包裝或印刷前需經外商確認。

（8）付款方式上，原則上考慮前 TT 全部或部分作為定金，剩余見提單傳真件付款，及全部短期信用證。收匯銀行和業務員負責對信用證做形式和內容的檢查，發現差異的，應及時通知外商修改。信用證審查無誤后，報部門經理復核。

（9）原則上，公司在收到外商的全部貨款、部分定金及信用證並經復核無誤后，開始安排生產計劃，組織貨源，進行生產。

（10）在訂單生產階段，業務人員應到生產車間會同生產主管對產品生產進行監督、檢查，發現問題及時解決；或由部門經理協調解決，或部門經理上報總經理解決。注意產品的規格、質量、包裝、生產時間符合合同外商的約定。

（11）屬於 CFR、CIF 價格條款的，業務人員應在生產結束前一周，安排好貨代，確定訂艙事宜；一般在船期前二日，安排裝櫃、運輸。

（12）需要委託仲介機構進行報關、商品法定檢驗、保險的，業務人員應及時準備相關資料交仲介機構辦理；辦理過程中，業務人員可以協助。

（13）收匯方式為信用證的，業務人員必須細心操作，謹慎處理，注意單證的一致性，做到安全收匯。

（14）全部收匯后，業務人員應對相關資料進行整理，將相關單據交財務部門以便及時到外匯局、稅務局辦理核銷、退稅。注意對外商的售后服務進行跟蹤，以建立長期可信賴的合作夥伴關係。

四、進出口貿易的流程

外貿業務涉及進口貿易和出口貿易。進出口貿易業務的流程基本相同，一般都包括交易前的準備、交易磋商、簽訂合同、履行合同。這既是進出口業務的實際程序，也是本教材的框架體系，即以合同要素為線索形成的核心業務內容以及以業務程序為線索形成的操作內容。

1. 交易前的準備

進出口貿易前的準備工作，主要包括：對國外市場進行調研；選擇目標市場和客戶；制訂進出口商品經營方案或價格方案，落實貨源和做好備貨工作，開展多種形式的廣告宣傳等促銷活動。

2. 交易磋商（詢盤、發盤、還盤、接受）

通過函電或當面等方式，同國外客戶磋商交易。在外貿進出口貿易中一般是由產

品的詢價、報價作為貿易的開始。其中，關於出口產品的磋商內容主要包括：產品的質量等級、產品的規格型號、產品是否有特殊包裝要求、所購產品量的多少、交貨期的要求、產品的運輸方式、產品的材質等。

3. 訂貨（簽訂合同）

貿易雙方就報價達成意向后，買方企業正式訂貨並就一些相關事項與賣方企業進行協商，雙方協商認可后，需要簽訂購貨合同。在簽訂購貨合同過程中，主要對商品名稱、規格型號、數量、價格、包裝、產地、裝運期、付款條件、結算方式、索賠、仲裁等內容進行商談，並將商談后達成的協議寫入購貨合同。通常情況下，購貨合同一式兩份，由雙方加蓋本公司公章后生效，雙方各保存一份。

4. 履行合同

交易雙方根據所訂立的合同履行各自的義務，包括付款（信用證付款方式、匯付、托收等）、備貨、包裝、通關手續（繕製單據、報檢等）、裝船、運輸保險、提單、結匯。

五、相關知識連結

（一）與外貿相關的基本概念

1. 對外貿易與國際貿易的區別

（1）國際貿易（international trade）亦稱世界貿易，是指世界各國（地區）之間的貨物與服務的交換活動，是各國（地區）之間勞動分工的表現形式，反應了世界各國（地區）在經濟上的相互依賴、相互依存的關係。它由各國（地區）的對外貿易構成，是世界各國對外貿易的總和。

國際貿易的交換內容既有飛機、轎車、小麥等有形商品的交換，也有電信、金融、保險、旅遊等無形商品即勞務的交換。隨著經濟的發展和科技的進步以及信息化時代的到來，勞務交換在國際貿易中所占的比重越來越高。我們一般把國家間有形商品的交換稱為「狹義的國際貿易」，把包括有形商品和無形商品（勞務）的國際交換稱為「廣義的國際貿易」。

（2）國際貿易與對外貿易的區別及聯繫：

區別：重點不同，概念不同。

國際貿易是指國家與國家之間的商品、勞務和技術的交換活動。

對外貿易是從國家的角度來看商品、勞務和技術的交換活動。從國際範圍來看這種商品交換活動，叫做國際貿易或世界貿易。

聯繫：都是進行商品、勞務和技術交換的活動。

2. 總貿易和專門貿易

總貿易與專門貿易是貿易國家進行進出口統計時採用的兩種不同標準，大部分國家只根據其中一種進行記錄和編製。

總貿易（general trade）是以貨物通過國境作為統計進出口的標準。據此，所有進入本國國境的貨物一律計入進口；所有離開本國國境的貨物一律計入出口。美國、日本、加拿大、澳大利亞、中國、東歐等國家採用這種劃分標準。

專門貿易（special trade），是以貨物經過關境作為統計進出口的標準。據此，所有進入本國關境的貨物一律計入進口；所有離開本國關境的貨物一律計入出口。德國、義大利等國採用這種劃分標準。

總貿易和專門貿易說明的是不同的問題。前者說明一國在國際貨物流通中所處的地位和所起的作用，后者說明一國作為生產者和消費者在國際貨物貿易中具有的意義。由於各國在編製統計時採用的方法不同，所以聯合國發表的各國對外貿易額的資料，一般註明是按何種貿易體系編製的。

3. 貿易差額

貿易差額（balance of trade）是指一國在一定時期內（如一年、半年、一季或一月）出口總值與進口總值之間的差額。貿易差額用以表明一國對外貿易的收支狀況。當出口總值大於進口總值時，出現貿易盈餘，稱「貿易順差」或「出超」。當進口總值大於出口總值時，出現貿易赤字，稱「貿易逆差」或「入超」。當出口總值與進口總值相等時，成為「貿易平衡」。據海關統計，2013 年，中國進出口總值 25.83 萬億人民幣（折合 4.16 萬億美元），扣除匯率因素同比增長 7.6%，年進出口總值首次突破 4 萬億美元。其中出口 13.72 萬億人民幣（折合 2.21 萬億美元），增長 7.9%；進口 12.11 萬億人民幣（折合 1.95 萬億美元），增長 7.3%；貿易順差 2,597.5 億美元，增長 12.8%。12 月當月，出口增長 4.3%，進口增長 8.3%。

進出口貿易收支是國際收支中經常項目的重要組成組分，是影響一個國家國際收支的主要因素，也是衡量一國對外貿易乃至國民經濟狀況的重要指標。

貿易差額包括貨物貿易差額和服務貿易差額。任何國家進出口貿易總會出現差額，不可能絕對平衡。一般說來，順差或出超表明一國收進的貨款與服務報酬大於支出貨款與服務報酬，說明該國在世界市場上處於優勢；逆差或入超表明一國從外支出的貨款與服務報酬大於收進貨款與服務報酬，說明該國在世界市場上處於劣勢。

4. 對外貿易值與對外貿易量

對外貿易值（value of foreign trade）是以貨幣表示的貿易金額。一定時期內一國從國外進口的商品的全部價值，稱為進口貿易總額或進口總額；一定時期內一國對國外出口的商品的全部價值，稱為出口貿易總額或出口總額。兩者相加為進出口貿易總額或進出口總額，它是反應一個國家對外貿易規模的重要指標，一般用本國貨幣表示，也有用國際上習慣使用的貨幣表示的。聯合國編製和發表的世界各國對外貿易值的統計資料是以美元表示的。

以貨幣表示的對外貿易值經常受到價格變動的影響，因而不能準確地反應一國對外貿易的實際規模，更不能對不同時期的對外貿易值直接比較。為了反應進出口貿易的實際規模，通常以貿易指數表示，其辦法是按一定時期的不變價格為標準來計算各個時期的貿易值，用進出口價格指數除進出口總額，得出按不變價格計算的貿易值，便剔除了價格變動因素，這也就是對外貿易量（quantum of foreign trade）。然后，以一定時期為基期的貿易指數同各個時期的貿易指數相比較，就可以得出比較準確反應貿易實際規模變動的貿易指數。

計算公式如下：

貿易量 = 進出口額÷進出口價格指數

價格指數 = 報告期價格÷基期價格×100

假定世界出口值 1980 年為 6,000 億美元，2004 年為 42,000 億美元，出口價格指數 1980 年為 100，2004 年為 300。比較 2004 年世界出口值和世界貿易量與 1980 年世界出口值和世界貿易量的增長變化情況。

2004年出口值÷1980年出口值＝42,000億美元÷6,000億美元＝7

即增加了600%。

2004年貿易量÷1980年貿易量＝(42,000÷300)/(6,000÷100)＝2.333，即2004年出口貿易量比1980年出口貿易量增加了1.333倍。

可見，按照貿易量計算，剔除價格上漲因素，2004年世界出口貿易量比1980年實際增長了1.333倍，而不是按照國際貿易額計算的增長了6倍。

國際貿易額，又稱國際貿易值，是指在一定時期內（通常是一年）用某種貨幣統計的世界各國和地區的出口總額。它能反應出某一時期內的貿易總金額。

統計國際貿易額，必須把世界各國（地區）的出口額折算成同一貨幣后相加。同時要特別注意不能簡單地把世界各國（地區）的對外貿易額相加，而只能把世界各國（地區）的出口額相加。因為，一個國家的出口就是另外一個國家的進口，所以，如果把世界各國（地區）的進出口額相加，就會造成重複計算。又因為，大多數國家（地區）統計出口額以FOB價格計算，統計進口額以CIF價格計算，CIF價格比FOB價格多了運費和保險費，所以，以世界各國（地區）的出口額相加，能更確切地反應國際貿易的實際規模。

5. 貨物貿易與服務貿易

對外貿易按商品形式和內容的不同，分為貨物貿易（goods trade）和服務貿易（service trade）。國際貿易中的貨物種類繁多，為便於統計，聯合國秘書處起草了1950年版的《聯合國國際貿易標準分類》，分別在1960年和1974年進行了修訂。

在1974年的修訂版裡，把國際貿易分為10大類、63章、233組、786個分組和1924個基本項目。這10類商品分別為：食品及主要供食用的活動物（0）；飲料及菸酒（1）；燃料以外的非食用粗原料（2）；礦物燃料、潤滑油及有關原料（3）；動植物油脂及油脂（4）；未列名化學品（5）；主要按原料分類的製成品（6）；機械及運輸設備（7）；雜項製品（8）；沒有分類的其他商品（9）。在國際貿易統計中，一般把0~4類商品稱為初級產品，把5~8類商品稱為製成品。

世界貿易組織列出服務行業包括以下12個部門：商業、通信、建築、銷售、教育、環境、金融、衛生、旅遊、娛樂、運輸和其他。

6. 對外貿易與國際貿易商品結構

對外貿易商品結構（composition of foreign trade）是指一定時期內一國進出口貿易中各種商品的構成，即某大類或某種商品進出口貿易與整個進出口貿易額之比，以份額表示。

國際貿易商品結構（composition of international trade）是指一定時期內各大類商品或某種商品在整個國際貿易中的構成，即各大類商品或某種商品貿易額與整個世界出口貿易額之比，以比重表示。

為便於分析比較，世界各國和聯合國均以聯合國《國際貿易商品標準分類》（SITC）公布的國際貿易和對外貿易商品結構進行分析比較。一國對外貿易商品結構可以反應出該國的經濟發展水平、產業結構狀況和科技發展水平等。國際貿易商品結構可以反應出整個世界的經濟發展水平、產業結構狀況和科技發展水平等。

7. 對外貿易與國際貿易地理方向

對外貿易地理方向（direction of foreign trade），又稱對外貿易地區分佈或國別結構，

是指一定時期內各個國家或區域集團在一國對外貿易中所佔有的地位，通常以它們在該國進出口總額或進口總額中的比重來表示。對外貿易地理方向指明一國出口商品的去向和進口商品的來源，從而反應一國與其他國家或區域集團之間經濟貿易聯繫的程度。一國的對外貿易地理方向通常受經濟互補性、國際分工的形式與貿易政策的影響。

出口方向＝對某國或地區的出口額÷該國總出口額

進口方向＝對某國或地區的進口額÷該國總進口額

國際貿易地理方向（direction of international trade），亦稱國際貿易地區分佈（international trade by region），用以表明世界各洲、各國或各個區域集團在國際貿易中所占的地位。計算各國在國際貿易中的比重，即可以計算各國的進、出口額在世界進、出口總額中的比重，也可以計算各國的進出口總額在國際貿易總額（世界進出口總額）中的比重。

由於對外貿易是一國與別國之間發生的商品交換，因此把對外貿易按商品分類和按國別分類結合起來分析研究具有重要意義，即把商品結構和地理方向的研究結合起來，可以查明一國出口中不同類別商品的去向和進口中不同類別商品的來源。

出口方向＝某國或某地區的出口額÷世界總出口額

進口方向＝某國或某地區的進口額÷世界總進口額

8. 對外貿易依存度

對外貿易依存度（ratio of dependence on foreign trade）又稱對外貿易系數，以一國對外貿易額對該國國民生產總值（GNP）或國內生產總值（GDP）的比率來表示，用以反應一國經濟發展對對外貿易的依賴程度。

對外貿易依存度＝（一國一定時期對外貿易額或值÷該國同期國民生產總值或國內生產總值）×100%

對外貿易依存度可以用一國對外貿易總額與該國國民生產總值或國內生產總值的比率直接反應。如中國對外貿易依存度1990年為30%，2003年達到60.3%；也可以通過進口依存度和出口依存度來反應，用公式表述為：

出口依存度＝（一國一定時期出口額或值÷該國同期國民生產總值或國內生產總值）×100%

進口依存度＝（一國一定時期進口額或值÷該國同期國民生產總值或國內生產總值）×100%

對外貿易依存度反應該國的對外開放程度，對外開放程度越小，依存度越大；反之則反是。

小練習：某國某年的國內生產總值（GDP）為26,416億美元，貿易出口額為9,689億美元，貿易進口額為7,915億美元。計算該國該年的對外貿易依存度。（計算結果精確到1%）

9. 貿易條件

貿易條件（term of trade）又稱交換比價或貿易比價，即出口價格與進口價格之間的比率，也就是一個單位的出口商品可以換回多少進口商品。它是用出口價格指數與進口價格指數來換算的。計算公式如下：

貿易條件＝出口價格指數÷進口價格指數×100

以一定時期為基期，先計算出基期的進出口價格比率並作為100，再計算出比較期

的進出口價格比率，然後將之與基期相比，如大於 100，表明貿易條件比基期有利；如小於 100，則表明貿易條件比基期不利，交換效益劣於基期。

例如：某國 1996 年進出口價格指數為 100，2003 年出口價格指數下降 5%，進口價格指數上升 8%，計算 2003 年貿易條件。

（100−100×5%）/（100+100×8%）×100＝87.96

結果小於 100，說明 2003 年的貿易條件比 1996 年惡化了。

（二）國際貿易的分類

國際貿易可以從不同角度進行分類。

1. 直接貿易、間接貿易和轉口貿易

按貿易有無第三國參加，國際貿易可分為直接貿易、間接貿易和轉口貿易。

直接貿易（direct trade）是指貨物生產國與貨物消費國直接買賣貨物的行為。貨物從生產國直接賣給消費國，對生產國而言，是直接出口；對消費國而言是直接進口。

間接貿易（indirect trade）是指貨物生產國與貨物消費國通過第三國進行買賣貨物的行為。其中，對生產國而言，是間接出口；對消費國而言，是間接進口。

轉口貿易（intermediary trade）是指貨物生產國與貨物消費國經由第三國或地區貿易商分別簽訂進口合同或出口合同所進行的貿易。從第三國或地區來看，即為轉口貿易，又稱中轉貿易。轉口貿易可分為兩種：一種稱為直接轉口貿易，即轉口商人參與交易過程，但商品直接從生產國運往消費國；另一種稱為間接轉口貿易，即商品由生產國輸入轉口商人的國家，再向消費國出口。構成轉口貿易關鍵在貨物生產國與貨物消費國之間並未直接發生交易關係，而是由第三國轉口商仲介進行的。轉口貿易的發生主要是因為某些轉口國家或地區所處地理位置優越，交通便利，結算方便，貿易限制較少等，對其他國家或地區來說，適合作為商品集散和銷售中心。

2. 有形貿易和無形貿易

根據商品的形態不同，國際貿易可分為有形貿易和無形貿易。

有形貿易（visible trade）是指國際貿易中的貨物貿易，即通常意義上的商品購銷活動。因為貨物或商品具有看得見、摸得著的物質屬性，故稱有形貿易。有形貿易又稱有形商品貿易（visible goods trade）。國際貿易中的有形商品種類繁多，為便於統計，聯合國秘書處於 1950 年頒布了《聯合國國際貨物標準分類》，並於 1960 年和 1975 年兩次進行了修訂。

無形貿易（invisible trade）也稱無形商品貿易（invisible goods trade），是指國際貿易中以無形商品為交易對象的交易活動，例如運輸、保險、金融、國際旅遊、技術轉讓和勞務輸出入等。

無形貿易是在有形貿易的基礎上形成的，並對有形貿易的發展產生著巨大的影響，兩者相輔相成，又存在明顯區別。有形商品的進出口額表現在海關的貿易統計表上，是國際收支的主要構成部分；而無形貿易通常不顯示在海關貿易統計表上，但它是國際收支的一部分。無形貿易主要包括：①和商品進出口有關的一切從屬費用的收支，如運輸費、保險費、商品加工費和裝卸費等；②和商品進出口無關的其他收支，如國際旅遊費用、外交人員費用、僑民匯款、使用專利許可權的費用、國外投資匯回的股息和紅利以及公司或個人在國外服務的收入等。服務貿易是無形貿易的主要組成部分。

3. 出口貿易、進口貿易和過境貿易

根據貨物的流向不同，國際貿易可分為出口貿易、進口貿易和過境貿易。

出口貿易（export trade）是指將本國生產和加工的商品運往他國市場銷售，又稱輸出貿易。

進口貿易（import trade）是指將外國商品輸入本國國內市場銷售，又稱輸入貿易。

過境貿易（transit trade）是指外國商品途徑本國，最終銷售地為第三國的貿易，又稱通過貿易。過境貿易又有直接過境貿易和間接過境貿易兩種：外國商品純系轉運關係經過本國，不在本國海關倉庫存放就直接運往別國，是直接過境貿易；外國商品運到本國國境后，曾在本國海關倉庫存放，但未經加工又運往其他國家銷售，則是間接過境貿易。

4. 陸路貿易、海路貿易、空運貿易和郵政貿易

依照貨物運輸方式不同，國際貿易可分為陸路貿易、海路貿易、空運貿易和郵政貿易。

陸路貿易（trade by roadway）是指採用汽車、火車和管道的陸路運輸方式的貿易。陸地相鄰國家的貿易通常採用陸路運送貨物的方式，如中國與俄羅斯、美國與加拿大之間的一部分貿易就是通過陸路貿易實現的。

海路貿易（trade by seaway）是指利用各種船舶通過海洋運輸商品的貿易。由於海運具有運量大、運費低等優點，國際貿易中大部分貨物是通過海路貿易完成的。

空運貿易（trade by airway）是指利用飛機運送商品的貿易。航空運輸運費較高，一般適用於貴重物品、藥品、精密元件和鮮活商品等貿易。

郵政貿易（trade by mail order）是指採用郵政包裹的方式寄送貨物的貿易。對數量不多而又急需的商品可採用郵政貿易，其速度比空運慢，但費用較之便宜。

5. 現匯貿易和易貨貿易

按照清償貿易的方式不同，國際貿易可分為現匯貿易和易貨貿易。

現匯貿易（spot exchange trade）又稱自由結匯貿易，是指在國際貿易買賣中，以貨幣為清償工具的貿易方式。被用做清償的貨幣必須可自由兌換，如美元、英鎊、瑞士法郎、日元和港元等。

易貨貿易（barter trade）又稱換貨貿易，是指貨物經過計價，作為償付工具的貿易方式。

【項目自測】

一、單項選擇題

1. 在國際貿易中，出口商品和進口商品價格之間的比率叫做（　　）。
   A. 貿易結構　　　　　　　　B. 貿易條件
   C. 貿易差額　　　　　　　　D. 貿易量
2. 狹義的國際貿易是指國際間（　　）的進出口交易。
   A. 貨物　　　　　　　　　　B. 技術
   C. 服務　　　　　　　　　　D. 貨物、技術和服務
3. 國際貿易實務課程的最基本內容是（　　）。
   A. 貿易術語　　　　　　　　B. 合同條款

C. 合同的商訂與履行　　　　　　D. 貿易方式
4. 國際貿易是指世界各國（地區）之間的（　　）。
   A. 貨物和服務的交換　　　　　　B. 貨物的交換
   C. 服務的交換　　　　　　　　　D. 汽車與農產品的交換
5. 貨物生產國與貨物消費國通過第三國進行的貿易，對第三國而言是（　　）。
   A. 過境貿易　　　　　　　　　　B. 轉口貿易
   C. 直接貿易　　　　　　　　　　D. 多邊貿易
6. 從一國對外貿易角度來說，（　　）是指一國對外貿易額的地區分佈和國別分佈的狀況。
   A. 貿易的商品結構　　　　　　　B. 貿易條件
   C. 貿易的地理方向　　　　　　　D. 貿易差額

二、多項選擇題

1. 當進口總額超過出口總額時，可稱之為（　　）。
   A. 貿易順差　　　　　　　　　　B. 貿易逆差
   C. 貿易赤字　　　　　　　　　　D. 出超
   E. 入超
2. 國際貿易按商品流向劃分，可分為（　　）。
   A. 出口貿易　　　　　　　　　　B. 進口貿易
   C. 轉口貿易　　　　　　　　　　D. 過境貿易
3. 下面哪些活動是無形貿易？（　　）。
   A. 技術轉讓　　　　　　　　　　B. 保險
   C. 運輸　　　　　　　　　　　　D. 商品加工，裝卸
4. 反應國際貿易地理方向的指標有（　　）。
   A. 各國的出口額占世界出口總額的比重
   B. 各國的進口額占世界進口總額的比重
   C. 各國的製成品出口額占世界出口總額的比重
   D. 各國的製成品進口額占世界進口總額的比重
   E. 各國的進出口總量占世界進出口總量的比重
5. 進出口業務人員應該具備的素質包括（　　）。
   A. 較強的綜合分析能力和預測能力
   B. 良好的心理素質
   C. 有敬業精神和高度的責任心，能吃苦耐勞
   D. 過硬的專業知識和敏銳的洞察力
   E. 既通曉業務技術和法律，又通曉世界貿易組織規則
6. 國際貿易與國內貿易相比，具有以下特點：（　　）。
   A. 困難大　　　　　　　　　　　B. 風險大
   C. 競爭激烈　　　　　　　　　　D. 線長面廣
   E. 涉外性
7. 國際貿易實務課程的基本內容包括（　　）。
   A. 貿易術語　　　　　　　　　　B. 合同條款

  C. 合同的商訂   D. 合同的履行
  E. 貿易方式
8. 出口貿易的業務程序包括（ ）。
  A. 交易前的準備   B. 商訂出口合同
  C. 履行出口合同   D. 違約索賠
  E. 仲裁
9. 進口貿易的業務程序包括（ ）。
  A. 交易前的準備   B. 商訂進口合同
  C. 履行進口合同   D. 違約索賠
  E. 仲裁
10. 進出口業務人員應該具備的素質包括（ ）。
  A. 較強的綜合分析能力和預測能力
  B. 良好的心理素質
  C. 有敬業精神和高度的責任心，能吃苦耐勞
  D. 過硬的專業知識和敏銳的洞察力
  E. 既通業務技術和法律，又通曉世界貿易組織規則

三、思考

1. 國際貿易額為什麼不能簡單地把世界各地的出口額與進口額相加？
2. 為什麼世界各國或地區的進口總額會高於出口總額？

四、簡述題

論述國際貿易相對於國內貿易的特點。

五、計算題

1. 對外貿易依存度為0.8，而該國當年的服務貿易總額為1,000億美元，貨物貿易總額為800億美元，出口總額為1,200億美元。計算該國當年的GDP及貿易差額。

2. 假定某國以1995年的年價格及出口數量為基期。其2000年的出口價格指數為80%，進口價格指數為120%，出口商品數量指數為150%。試計算該國2000年的淨貿易條件和收入貿易條件。

項目一
辦理國際貿易業務手續

【學習目標】

1. 能力目標：學生能順利辦理好國際貿易業務各種手續。

2. 知識能力：填寫對外貿易經營者備案登記表，順利辦理海關進出口貨物發貨人註冊登記、出口貨物退（免）稅認定手續、普惠制原產地證明書註冊登記手續辦理、出口收匯核銷出口單位備案登記、中國國際貿易促進委員會原產地證明書註冊登記表註冊手續、出入境檢驗檢疫報檢手續辦理。

【項目任務】

學習情景：山東金葉進出口有限公司（SHANDONG JINYE IMPORT AND EXPORT CO., LTD）剛剛成立不久，主要從事紡織服裝、輕工業品、日用品、五金產品等產品業務。

玩具部是貿易公司的主要業務部門之一，專營各類兒童玩具的出口，包括塑料、布制、木制和毛絨玩具。產品主要銷往中國香港、歐洲、美國及亞洲市場。該公司擁有諸多富有經驗的玩具開發人員及商務人員，並與濟南周邊地區的十余家工廠建立了密切的聯繫，公司可按客戶的要求大批量定做各類玩具。

山東金葉公司在尋求與國內外客戶的合作機會。該公司將提供最佳服務，按照互惠互利、共同發展的原則同全世界的經銷商建立長期穩固的聯繫。

近年來，隨著公司內部的改革及業務量的迅速增加，想從事進出口業務，進一步開拓國際市場。

公司資料：

經營者中文名稱：山東金葉進出口有限公司

經營者英文名稱：SHANDONG JINYE IMPORT AND EXPORT CO., LTD.

組織機構代碼：163000068

經營者類型：有限責任公司

經營場所：濟南市旅遊路118號山東金葉進出口有限公司

經營場所（英文）：Shandong Jinye Import and Export Co., Ltd. 118 Lvyou Street, Jinan, China

聯繫電話：0531-86739177　電話傳真：0531-86739178

郵編：250103　電子郵箱：jnzyxy@163.com
工商登記註冊日期：2010-05-16
工商登記註冊號：370112000000068
企業法定代表人姓名：周鑫
有效證件：370102195601012583
註冊資本：500萬元

王芳是公司新近招聘的剛剛大學畢業的業務員。2010年9月，公司打算辦理進出口業務手續工作，公司領導交給她來完成。王芳要辦理哪些國際貿易業務手續？她的任務如下：

任務1　辦理對外貿易經營者備案登記

從事貨物進出口的對外貿易經營者，應當向中華人民共和國商務部或商務部委託的機構辦理備案登記。王芳先聯繫「備案登記機關」，瞭解對外貿易經營者辦理備案登記規定、程序和準備登記機關的備案材料。

任務2　辦理海關進出口貨物發貨人註冊登記

王芳通過多種方式，瞭解辦理海關進出口貨物發貨人註冊登記地點、程序及準備的申請材料。

任務3　辦理出口貨物退（免）稅認定手續

王芳通過多種方式，瞭解辦理出口貨物退（免）稅認定手續的有關規定。

任務4　辦理普惠制原產地證明書註冊登記手續

王芳通過多種方式，瞭解辦理普惠制原產地證明書註冊登記手續的有關規定。

任務5　辦理出口收匯核銷出口單位備案登記

王芳通過多種方式，瞭解辦理出口貨物退（免）稅認定手續的有關規定。

任務6　辦理中國國際貿易促進委員會原產地證明書註冊登記表註冊手續

王芳通過多種方式，瞭解辦理中國國際貿易促進委員會原產地證明書註冊登記表註冊手續的有關規定。

任務7　辦理出入境檢驗檢疫報檢手續

王芳通過多種方式，瞭解辦理出入境檢驗檢疫報檢手續的有關規定。

【操作演示】

任務1　辦理對外貿易經營者備案登記

王芳通過多種方式瞭解到，對外貿易經營者，應當向中華人民共和國商務部或商

務部委託的機構辦理備案登記。辦理備案登記實行全國聯網和屬地化管理。

王芳通過聯繫備案登記機關，基本掌握了辦理備案登記的規定、備案登記的程序和須準備的備案材料。

第一步：聯繫備案登記機關

辦理備案登記實行全國聯網和屬地化管理。因此，王芳應去濟南市商務局辦理備案登記。具體情況如下：

辦事機構：濟南市行政審批服務中心商務局窗口。（濟南市黑虎泉北路 187 號）

注意，按照《對外貿易經營者備案登記辦法》第 4 條相關規定，「備案登記機關必須具備辦理備案登記所必需的固定的辦公場所，管理、錄入、技術支持、維護的專職人員以及連接商務部對外貿易經營者備案登記網絡系統的相關設備等條件」。

地市級商務主管部門應先向省級商務主管部門提出申請，經省級商務主管部門同意後轉報商務部。商務部進行實地考察後，組織符合條件者參加備案登記機關的政策與業務培訓，之後以部函形式出具書面委託、發放由商務部統一監制的備案登記印章，並對外公布。

截至 2008 年年底，商務部已委託 228 家（含分屬 16 個省市的 180 家地市級商務主管部門）備案登記機關辦理對外貿易經營者備案登記。2009 年向地市級商務主管部門進一步下放。

山東省辦理部門：山東省商務廳外貿處和各市商務主管部門（17 個地級市的商務局）。

第二步：掌握辦理備案登記的程序

完成以下工作：

（一）先上網登錄資料，填寫《對外貿易經營者備案登記表》

網址是：http://iecms.ec.com.cn/iecms/index.jsp。

1. 打開網站：http://wms.mofcom.gov.cn/（中華人民共和國商務部對外貿易司）

2. 點擊「在線辦事」

3. 點擊「對外貿易經營者備案登記系統」

4. 點擊「備案登記」

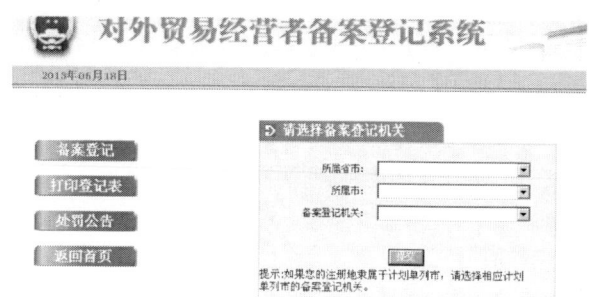

5. 在對話框中填寫有關信息
所屬省市：山東省
所屬市：濟南市
備案登記機關：濟南市對外經濟合作局
6. 點擊「提交」出現「對外貿易經營者備案登記表」

填寫《對外貿易經營者備案登記表》，提交成功後，系統給出序號，記錄此序號並在打印時輸入。在打印出的登記表第二頁蓋公司公章、法定代表人簽字。
王芳根據公司情況填製《對外貿易經營者備案登記表》。

對外貿易經營者備案登記表（填寫）

經營者中文名稱	山東金葉進出口有限公司		
經營者英文名稱	SHANDONG JINYE IMPORT AND EXPORT CO., LTD.		
組織機構代碼	163000068	經營者類型 （由備案登記機關填寫）	有限責任公司
住　　所	濟南市旅遊路118號山東金葉進出口有限公司		
經營場所（中文）	濟南市旅遊路118號山東金葉進出口有限公司		
經營場所（英文）	Jinye Import and Export Co., Ltd. 118 Lvyou Street, Jinan, China		
聯繫電話	Tel: 0531-86739177	聯繫傳真	Fax: 0531-86739178
郵政編碼	100086	電子郵箱	wangfang@sdjy.com.cn
工商登記 註冊日期	2010-05-16	工商登記 註冊號	37011200000068

（二）向備案登記機關提交如下備案登記材料
（1）按要求填寫並打印的《對外貿易經營和備案登記表》；
（2）營業執照複印件；
（3）組織機構代碼證書複印件；
（4）對外貿易經營者為外商投資企業的，除上述（1）、（2）、（3）項材料外，還應提交外商投資企業批准證書複印件；
（5）依法辦理工商登記的個體工商戶（獨資經營者、農合組織等），除上述（1）、（2）、（3）項材料外，還須提交負責人的個人資產評估報告書原件（會計師事務所出具報告書）、合法公證機構出具的公證證明（原件）；依法辦理工商登記的外國（地區）企業（不含外商投資企業），須提交經合法公證機構出具的資金信用證明文件（原件）；
（6）法定代表人（負責人）身分證複印件。
辦理時限：
備案登記機關應自收到上述材料之日起5日內辦理備案登記手續，在登記表上加蓋備案登記印章。
山東省商務廳《對外貿易經營者備案登記辦法》：3個工作日。
濟南商務局：即辦。
第三步：憑加蓋備案登記印章的登記表辦理其他相關手續
王芳應憑加蓋備案登記印章的登記表在30天內到當地海關、檢驗檢疫、稅務等部門辦理開展對外貿易業務所需的有關手續。逾期未辦理的，登記表自動失效。
登記表上的任何登記事項發生變更時，對外貿易經營者應比照《對外貿易經營者備案登記辦法》第5條和第8條的有關規定，在30日內辦理登記表的變更手續，逾期未辦理變更手續的，其登記表自動失效。

任務2　辦理海關進出口貨物發貨人註冊登記
第一步：王芳通過多種方式，瞭解辦理海關進出口貨物發貨人註冊登記地點及相

關程序

王芳通過多種方式，瞭解到要辦理海關進出口貨物發貨人註冊登記，必須按照規定到所在地海關報關單位辦理註冊登記手續。

第二步：王芳根據海關進出口貨物發貨人註冊登記程序準備資料

王芳準備了以下資料：

（1）企業法人營業執照副本複印件；
（2）對外貿易經營者備案登記表複印件；
（3）企業章程複印件；
（4）稅務登記證書複印件；
（5）銀行開戶證明複印件；
（6）組織機構代碼證書副本複印件；
（7）《報關單位情況登記表》及《報關單位管理人員情況登記表》；
（8）其他與註冊登記有關的材料。

王芳填製《報關單位情況登記表》《報關單位管理人員情況登記表》。

報關單位情況登記表

（以下內容不得空缺，如辦理變更僅填寫變更事項）

填表單位（蓋章）：　　　　　　　　　　　　　　日期：2010 年 7 月 2 日

海關註冊編碼	首次申請免填		預錄入號		首次申請免填	
註冊日期	首次申請免填					
名稱	工商註冊全稱	山東金葉進出口有限公司				
	對外英文名稱	Shandong Jinye Import and Export Co., Ltd.				
地址	工商註冊地址	濟南市旅遊路118號	郵政編碼		250103	
	對外英文地址	118 Lvyou Street, Jinan, China				
註冊資本（萬元）	500	資本幣制	人民幣		投資總額	700
備案（批准）機關	濟南海關	備案（批准）文號	魯關企許準字【2010】001 號		生產類型	服務
開戶銀行	中國銀行	銀行帳號	1234567890		行業種類	服務
法定代表人（負責人）	周鑫	證件類型	身分證	證件號	370102195601012583	電話	0531-86739177
聯繫人	王芳	聯繫電話	61654321	報關類別		報關企業
納稅人識別號	5432167891234567890		營業執照編號		37011200000068	
組織機構代碼	163000068		報關有效期		2016 年 12 月 3 日	
進出口企業代碼	234567890		工商註冊有效期		2016 年 6 月 14 日	
經營範圍	在濟南關區內從事報關服務（有效期到 2016 年 12 月 3 日）。從事國際貨物運輸代理，包括：國際海上運輸代理、國際陸路運輸代理、國際航空運輸代理、報檢、分撥、倉儲等；電子產品；貿易諮詢；技術及貨物的進出口；五金、輕工產品、紡織、電子產品的銷售。					

表(續)

主要產品		紡織服裝、輕工業品、日用品、五金產品			
投資者		投資國別	投資方式	投資金額（萬美元）	到位金額（萬美元）
1	周鑫	中國	現金	50	50
2	李三	美國	現金	6.25	6.25
3	張小弟	中國	產權	6.25	6.25
4					
以上填寫保證無訛，請貴關（辦）辦理單位報關登記手續，我單位保證遵守海關的法律、法規和其他有關制度，承擔相應的法律責任。					
備註	企業日常辦公地址在旅遊路118號。				

報關單位管理人員情況登記表

填表單位（蓋章）： 　　　　　　　　　　　　　　　　2010年7月2日

	單位名稱	山東金葉進出口有限公司
	海關注冊編碼	
法定代表人	姓名	周鑫
	身分證件號	370102195601012583
	國籍（地區）	中國
	職務	董事長
	出生日期	1965.01.01
	學歷	碩士
	住址	濟南市旅遊路118#
	聯繫電話（手機）	0531-86739177
	備註	
報關業務負責人	姓名	王芳
	身分證件號	370701198805055555
	國籍（地區）	中國
	職務	部門經理
	出生日期	1988.05.05
	學歷	本科
	住址	濟南市旅遊路118#
	聯繫電話（手機）	0531-86739177
	備註	

表(續)

財務負責人	姓名	夏麗
	身分證件號	370701197809055665
	國籍（地區）	中國
	職務	財務部經理
	出生日期	1978.09.05
	學歷	碩士
	住址	濟南市旅遊路118#
	聯繫電話（手機）	0531-86739177
	備註	

填表說明：
（1）此表在行政許可后辦理註冊登記或延續手續時填寫遞交。
（2）單位名稱應寫全稱。
（3）海關註冊編碼，10位數海關編碼，已有的填寫，尚無不填。
（4）填報範圍：法定代表人、報關業務負責人、會計主管或財務經理。
（5）為保證表格清楚、易保存，請用計算機填寫。

任務3　辦理出口貨物退（免）稅認定手續

第一步：王芳通過多種方式，瞭解到要辦理出口貨物退（免）稅認定手續的有關規定，從事對外貿易經營活動的法人、其他組織和個人（以下簡稱「對外貿易經營者」），按《中華人民共和國對外貿易法》和《對外貿易經營者備案登記辦法》的規定辦理備案登記后，應在30日內持相關材料辦理。

辦理出口貨物退（免）稅認定時須持以下各種證件、文書的原件及複印件，原件經校核后退還企業，複印件須加蓋企業公章留市國稅局進出口稅收管理科備案。
（1）已加蓋備案登記專用章的《對外貿易經營者備案登記表》；
（2）工商營業執照（副本）；
（3）國家稅務局稅務登記證（副本）；
（4）海關簽發的自理報關單位註冊登記證明書；
（5）中華人民共和國組織機構代碼證；
（6）公司章程；
（7）法定代表人身分證和辦稅員身分證；
（8）辦稅員一寸相片三張；
（9）增值稅一般納稅人資格認定申請表及對應的資格證書；
（10）各商業銀行出具的出口退稅專戶開戶證明。

出口企業屬增值稅小規模納稅人的，應持上述（1）~（8）項要求的證件及資料辦理出口貨物退（免）稅認定。

第二步：王芳根據規定，在30日內持已辦理備案登記並加蓋備案登記專用章的《對外貿易經營者備案登記表》、工商營業執照、稅務登記證、銀行基本帳戶號碼和海

外進出口企業代碼等文件，填寫《出口貨物退（免）稅認定表》，到所在地主管出口退稅的稅務機關辦理出口貨物退（免）稅認定手續。辦理出口貨物退（免）稅認定手續后出口的貨物可按規定辦理退（免）稅。

任務 4　辦理普惠制原產地證明書註冊登記手續

第一步：王芳通過多種方式，瞭解到普惠制原產地說明書是具有法律效力的官方證明文件。中國普惠制原產地說明書的簽證管理工作由國家進出口商品檢驗局（以下簡稱「國家商檢局」）統一負責；證書的簽發和對出口產品申請原產地證明書的單位的監督檢查工作由國家商檢局設在各地的進出口商品檢驗機構（以下簡稱「商檢機構」）負責。對需要在中國香港簽署「為再加工證明」的普惠制原產地證明書，經給惠國確認，國家商檢局委託香港中國有限公司在香港負責辦理簽署工作。

第二步：王芳根據規定到本地的進出口商品檢驗機構辦理普惠制原產地證明書註冊登記手續。

任務 5　辦理出口收匯核銷出口單位備案登記

第一步：王芳通過多種方式，瞭解到出口單位取得出口經營權后，應當到海關辦理「中國電子口岸」入網手續，並到有關部門辦理「中國電子口岸」企業法人IC卡和「中國電子口岸」企業操作員IC卡電子認證手續。

第二步：王芳根據規定到外匯局辦理核銷備案登記。向外匯局提供下列材料：
(1) 單位介紹信、申請書；
(2) 外經貿部門批准經營進出口業務批件正本及複印件；
(3) 《企業法人營業執照》（副本）或《企業營業執照》（副本）及複印件；
(4) 《中華人民共和國組織機構代碼證》正本及複印件；
(5) 海關注冊登記證明書正本及複印件；
(6) 外匯局要求提供的其他材料。

外匯局審核上述材料無誤后，為出口單位辦理登記手續，建立出口單位電子檔案信息。

出口單位在外匯局備案登記的電子檔案信息內容發生變更時，應當在辦理工商、海關等部門的變更登記手續后一個月內，持有關部門變更通知，到外匯局辦理變更登記手續，外匯局需在「中國電子口岸」變更該出口單位IC卡權限。

任務 6　辦理中國國際貿易促進委員會原產地證明書註冊登記表註冊手續

第一步：王芳通過多種方式，瞭解到凡在中國境內依法設立，享有進出口經營權的企業、外商投資企業和從事加工貿易的企業都可到中國國際貿易促進委員會申辦註冊登記手續。

第二步：王芳按程序規定做好以下工作：
(1) 提交本單位的工商營業執照、自營進出口權的批件及批准證書的複印件；
(2) 真實、完整、正確地填寫《申請中華人民共和國出口貨物原產地說明書註冊登記表》；
(3) 企業確定的手簽人員、申領員，必須經貿促會業務培訓、考核並領取《原產

地說明書申領員證》后才具備申領資格。

申領單位如有人事變動，請即重新申報辦理手續。

任務 7 辦理出入境檢驗檢疫報檢手續

第一步：王芳通過多種方式，瞭解到辦理出入境檢驗檢疫報檢手續有關規定。

第二步：王芳按程序規定做好以下工作：

1. 網上預申請

（1） 登錄 http://www.eciq.cn（中國電子檢驗檢疫業務網）；
（2） 選擇「自理報檢單位備案登記、報檢員註冊申請（企業用戶）」；
（3） 登記「新註冊單位」，輸入「檢驗單位組織機構代碼」（9 位數字）；
（4） 選擇「備案登記申請」；
（5） 填寫單位備案登記信息；
（6） 打印《自理報檢單位備案登記申請表》。

2. 申請

申請單位憑單位介紹信或委託書並攜以下申請材料到當地檢驗檢疫局指定地點辦理申請手續：

（1）《自理報檢單位備案登記申請表》；
（2） 加蓋企業公章的企業工商營業執照複印件（同時交驗原件）；
（3） 加蓋企業公章的組織機構代碼證複印件（同時交驗原件）；
（4） 其他有關證明文件（如進出口經營權的批准證書複印件等）。

【擴展訓練】

填製對外貿易經營者備案登記信息表：

1. 公司資料

經營者中文名稱：北京平舟進出口有限公司
經營者英文名稱：Beijing Pingzhou International Trade Co., Ltd.
組織機構代碼：100000068
經營者類型：有限責任公司
經營場所：北京市海澱區海澱路 1 號海澱大廈 606
經營場所（英文）：Rm. 606, Haidian Tower, No. 1 Haidian Rd. Haidian Dist., Beijing
聯繫電話：010-65000006　電話傳真：010-65000008
郵編：100086　電子郵箱：pingzhou@163.com
工商登記註冊日期：2008-05-16
工商登記註冊號：110000000000068
企業法定代表人姓名：週一新
有效證件：110101195601012583
註冊資本：500 萬元

2. 表格

對外貿易經營者備案登記表

備案登記表編號：　　　　　　　　　　　　　　　　　　進出口企業代碼：

經營者中文名稱			
經營者英文名稱			
組織機構代碼		經營者類型 （由備案登記機關填寫）	
住所			
經營場所（中文）			
經營場所（英文）			
聯繫電話		聯繫傳真	
郵政編碼		電子郵箱	
工商登記 註冊日期		工商登記 註冊號	

（1）依法辦理工商登記的企業還須填寫以下內容：

企業法定代表人姓名		有效證件號	
註冊資金			（折美元）

（2）依法辦理工商登記的外國（地區）企業或個體工商戶（獨資經營者）還須填寫以下內容：

企業法定代表人/ 個體工商負責人姓名		有效證件號	
企業資產/個人財產			（折美元）

備註：

填表前請認真閱讀背面的條款，並由企業法定代表人或個體工商負責人簽字、蓋章。

　　　　　　　　　　　　　　　　　　　　　　備案登記機關
　　　　　　　　　　　　　　　　　　　　　　　　簽章
　　　　　　　　　　　　　　　　　　　　　　年　　月　　日

【相關知識連結】

1.1　辦理對外貿易經營者備案登記

從事貨物進出口的對外貿易經營者，應當向中華人民共和國商務部或商務部委託的機構辦理備案登記。但是，法律、行政法規和商務部規定不需要備案登記的除外。

1.1.1 對外貿易經營者備案登記辦理

對外貿易經營者在本地區備案登記機關辦理備案登記。商務部是全國對外貿易經營者備案登記工作的主管機構。對外貿易經營者備案登記工作實行全國聯網和屬地化管理。商務部委託符合條件的地方對外貿易主管部門（以下簡稱「備案登記機關」）負責辦理本地區對外貿易經營者備案登記手續；受委託的備案登記機關不得自行委託其他機構進行備案登記。備案登記機關必須具備備案登記所需要的固定場所，管理、錄入、技術支持、維護的專職人員以及連接商務部對外貿易經營者備案登記網絡系統（以下簡稱「備案登記網絡」）的相關設備等條件。

對於符合上述條件的備案登記機關，商務部可出具書面委託函，發放由商務部統一監制的備案登記印章，並對外公布。備案登記機關憑商務部的書面委託和備案登記印章，通過商務部備案登記網絡辦理備案登記手續。

1.1.2 對外貿易經營者辦理備案登記的時限規定

備案登記機關應自收到對外貿易經營者提交的上述材料之日起 5 日內辦理備案登記手續，在登記表上加蓋備案登記印章。

備案登記機關在完成備案登記手續的同時，應當完整、準確地記錄和保存對外貿易經營者的備案登記信息和登記材料，依法建立備案登記檔案。

對外貿易經營者應憑加蓋備案登記印章的登記表在 30 日內到當地海關、檢驗檢疫、外匯、稅務等部門辦理開展對貿易業務所需的有關手續。逾期未辦理手續的，其登記表自動失效。

登記表上的任何登記事項發生變更時，對外貿易經營者應在 30 日內辦理登記表的變更手續，逾期未辦變更手續的，其登記表自動失效。

備案登記機關收到對外貿易經營者提交的書面材料后，應當即時予以辦理變更手續。

對外貿易經營者已在工商部門辦理註銷手續或被吊銷營業執照的，自營業執照註銷或被吊銷之日起，登記表自動失效。

根據中國外貿法的相關規定，商務部決定禁止有關對外貿易經營者在一年以上三年以下的期限內從事有關貨物或者技術的進出口經營活動的，備案登記機關應當撤銷其登記表；處罰期滿后，對外貿易經營者可依據本辦法對其重新辦理備案登記。

備案登記機關應當在對外貿易經營者撤銷備案登記后將有關情況及時通報海關、檢驗檢疫、外匯、稅務等部門。

1.1.3 填寫《對外貿易經營者備案登記表》說明

附表1　　　　　　　　　　對外貿易經營者備案登記表

備案登記表編號：

進出口企業代碼：

經營者中文名稱			
經營者英文名稱			
組織機構代碼		經營者類型 （由備案登記機關填寫）	
住所			

表(續)

經營場所（中文）	
經營場所（英文）	

聯繫電話		聯繫傳真	
郵政編碼		電子郵箱	
工商登記 註冊日期		工商登記 註冊號	

依法辦理工商登記的企業還須填寫以下內容：

企業法定代表人姓名		有效證件號	
註冊資金			（折美元）

依法辦理工商登記的外國（地區）企業或個體工商戶（獨資經營者）還須填寫以下內容：

企業法定代表人/ 個體工商負責人姓名		有效證件號	
企業資產/個人財產			（折美元）

備註：

填表前請認真閱讀背面的條款，並由企業法定代表人或個體工商負責人簽字、蓋章。

備案登記機關
簽章
年　月　日

（1）對外貿易經營者應按登記表要求認真填寫所有事項的信息，並確保所填寫內容是完整的、準確的和真實的；同時認真閱讀登記表背面的條款，並由企業法定代表人或個體工商負責人簽字、蓋公司公章。

（2）「進出口企業代碼」無須填寫，審核後系統自動生成。

（3）「備案表編號」無須填寫。

（4）表內「住所」為營業執照登記的住所。

（5）表內「備案地區」為營業執照登記的住所所在的地市級。

（6）表內「經營場所」為辦公地點。

（7）表內「工商登記號」為營業執照的註冊號。

（8）表內「工商登記日期」為公司成立日期。

（9）表格在線提交成功後，系統會自動返回系統編號。此編號是在打印表格時輸入的，如果表格提交後可以直接打印出來，則無須再用此編號。

（10）表格分兩頁，打印在A4紙的正反面。

註釋1：組織機構代碼

組織機構代碼是由組織機構代碼主管部門根據國家關於實行統一代碼標示制度的規定，對中華人民共和國境內依法成立的機關、企業、事業單位、社會團體和民辦非企業單位等機構頒發的一個在全國範圍內唯一的、始終不變的、符合國際化組織（ISO）有關機構編碼規則的法定代碼標示代碼證書，是各組織機構參與社會經濟活動的重要憑證。組織機構代碼由8位數字（或大寫拉丁字母）本體代碼和1位數字（或大寫拉丁字母）校驗碼組成，表示形式為：12345678-8。

註釋2：工商註冊號

工商註冊號指各類市場主體在向工商行政管理機關申請登記註冊時，工商行政管理機關為其分配的統一標示代碼。工商註冊號是各類市場主體所擁有的一個全國唯一、終身不變的號碼，其目的是促進工商行政管理機關對市場主體的有效監管和信息化建設。

工商註冊號由14位數字本體碼和1位數字校驗碼組成，其中本體碼從左至右依次為：6位首次登記機關碼，8位順序碼。

首次登記機關代碼指市場主體首次進行登記註冊的工商行政管理機關的代碼。國家工商行政管理總局用「100000」表示，省級、地市級、區縣級登記機關代碼分別使用6位行政區劃代碼表示。前6位註冊號與國家的行政區劃號碼是一樣的，也就是說和身分證上的前六位是一樣的。如濟南市為3701。濟南市市轄區：370101；濟南市歷下區：370102；濟南市市中區：370103；濟南市槐蔭區：370104；濟南市天橋區：370105；濟南市歷城區：370112；濟南市長清區：370123；濟南市平陰縣：370124；濟南市濟陽縣：370125；濟南市商河縣：370126；濟南市章丘市：370181。

順序碼指工商行政管理機關在其管轄範圍內按照先後次序為申請登記註冊的市場主體所分配的順序號。為了便於管理和賦碼，8位順序碼中的第一位（自左至右）採用以下分配規則：

1）內資各類企業使用「0」「1」「2」「3」；
2）外資企業使用「4」「5」；
3）個體工商戶使用「6」「7」「8」「9」。

各級工商行政管理機關必須保證8位數順序碼在其管轄區內的唯一性，即一個順序碼只能賦給一個市場主體。校驗碼用於檢驗本體碼的正確性。

工商註冊號應按照以下原則進行賦碼和使用：

1）唯一性。工商註冊號在全國範圍內是唯一的，任何一個市場主體只能擁有一個工商註冊號，任何一個工商註冊號只能賦給一個市場主體。
2）無含義性。工商註冊號一旦生成，不包含任何含義。
3）終生不變性。工商註冊號應在市場主體首次設立登記時賦予，在該市場主體的存續期間，工商註冊號保持不變，包括：市場主體發生遷移時工商註冊號不變，新的登記機關不應為該市場主體重新賦予註冊號，而應使用原工商註冊號；企業類型在內資和外資之間轉換時，工商註冊號保持不變。
4）其他市場主體註銷後，該註冊號應被保留，不能賦給其他市場主體。

1.1.4 外貿經營者承諾

（1）遵守《中華人民共和國對外貿易法》及其配套法規、規章。

（2）遵守與進出口貿易相關的海關、外匯、稅務、檢驗檢疫、環保、知識產權等中華人民共和國其他法律、法規、規章。

（3）遵守中華人民共和國關於核、生物、化學、導彈等各類敏感物項和技術出口管制法規以及其他相關法律、法規、規章，不從事任何危害國家安全和社會公共利益的活動。

（4）不偽造、變造、塗改、出租、出借、轉讓、出賣《對外貿易經營者備案登記表》。

（5）在備案登記表中所填寫的信息是完整的、準確的、真實的；所提交的所有材料是完整的、準確的、合法的。

（6）《對外貿易經營者備案登記表》上填寫的任何事項發生變化之日起，30日內到原備案登記機關辦理《對外貿易經營者備案登記表》的變更手續。

以上如有違反，將承擔一切法律責任。

1.2　辦理海關進出口貨物發貨人註冊登記

辦理海關進出口貨物發貨人註冊登記，必須按照規定到所在地海關報關單位註冊登記手續。

1.2.1　進出口貨物收發貨人（一般進出口企業）註冊登記

進出口貨物收發貨人應當按照規定到所在地海關辦理報關單位註冊登記手續。

註冊地海關依法對申請登記材料是否齊全、是否符合法定形式核對。申請材料齊全是指海關按照公布的條件要求申請人提交的全部材料完備。申請材料符合規定形式是指申請材料符合法定時限、記載事項符合法定要求、文本格式符合規範。

對於申請材料齊全、符合規定形式的申請人由註冊地海關核發《中華人民共和國海關進出口貨物收發貨人報關註冊登記證書》，報關單位憑此辦理報關業務。

《中華人民共和國海關進出口貨物收發貨人報關註冊登記證書》有效期為三年。

進出口貨物收發貨人註冊登記時，應根據本企業工商註冊地址和企業性質，按照相關要求明確的部門和場所辦理，同時提交下列文件材料：

（1）《企業法人營業執照》（個人獨資、合夥企業或者個體工商戶提交營業執照副本）原件及加蓋公章的複印件；

（2）《對外貿易經營者備案登記表》（法律、行政法規或者商務部規定不需要備案登記的除外；外資企業提供政府主管部門對合同章程的批准文件及《中華人民共和國臺港澳僑投資企業批准證書》或《中華人民共和國外商投資企業批准證書》）原件及加蓋公章的複印件；

（3）企業章程原件及加蓋公章的複印件（非企業法人免提交）；

（4）《報關單位情況登記表》及《報關單位管理人員情況登記表》；

（5）《組織機構代碼證書》副本原件及加蓋公章的複印件；

（6）《稅務登記證》（國稅）副本原件及加蓋公章的複印件；

（7）銀行開戶證明原件及加蓋公章的複印件；

（8）報關專用章印模。

1.2.2　辦理註冊登記程序

註冊海關依法對申請材料是否齊全、是否符合法定形式進行形式審核，根據不同情況分別作出如下處理：

（1）申請材料不齊全或者不符合法定形式的，應當當場告知申請人需要補正的全部內容。

（2）申請材料僅存在文字性、技術性或者裝訂等可以當場更正的錯誤的，應當允許申請人當場更正，並且由申請人對更正內容予以簽章確認。

（3）對申請材料齊全、符合法定形式的，由註冊地海關向申請人出具《中華人民共和國海關進出口貨物收發貨人報關注冊登記證書》。

1.2.3　辦事時限和收費

海關應在三個工作日內完成進出口貨物收發貨人註冊登記手續，不收取任何費用。

1.2.4　進出口貨物收發貨人註冊登記內容變更

1. 註冊登記內容發生變更時應注意的事項

進出口貨物收發貨人單位名稱、企業性質、企業住所、法定代表人（負責人）等海關注冊登記內容發生變更的，應當自工商營業執照變更之日起三十日內向原註冊海關提交下列文件材料，辦理變更手續：

（1）已變更的《企業法人營業執照》（個人獨資、合夥企業或者個體工商戶提交營業執照）副本原件及加蓋公章的複印件；

（2）《報關單位情況登記表》；

（3）已變更的《對外貿易經營者備案登記表》（法律、行政法規或者商務部規定不需要備案登記的除外；外資企業提供《中華人民共和國臺港澳僑投資企業批准證書》或《中華人民共和國外商投資企業批准證書》）原件及加蓋公章的複印件；

（4）已變更的《稅務登記證》（國稅）副本原件及加蓋公章的複印件；

（5）已變更的《組織機構代碼證書》副本原件及加蓋公章的複印件；

（6）新的「報關專用章」印模（企業變更企業名稱時提交）；

（7）《企業管理人員情況登記表》（企業變更管理人員時提交）。

（註：如企業變更地址屬特區內、外間的遷移或保稅區及出口加工區內、外間的遷移，需交回《中華人民共和國海關進出口貨物收發貨人報關注冊登記證書》，按照註冊程序重新辦理註冊，同時須提供原主管海關關於「是否辦結海關手續」的證明文件。如果企業性質變更也須交回《中華人民共和國海關進出口貨物收發貨人報關注冊登記證書》，按照註冊程序重新辦理註冊，同時須提供原主管海關關於「是否辦結海關手續」的證明文件。）

2. 辦理註冊登記變更程序

註冊海關按照程序受理申請，對申請材料齊全、符合法定形式的，由註冊地海關向申請人出具相應的受理回執。

申請人憑回執按照指定時間到註冊地海關領取新的《中華人民共和國海關進出口貨物收發貨人報關注冊登記證書》。

3. 辦事時限和收費

海關應在當日完成進出口貨物收發貨人註冊登記內容的變更手續，不收取任何費用。

1.2.5　進出口貨物收發貨人換證

1. 換證應注意事項

進出口貨物收發貨人所持《中華人民共和國海關進出口貨物收發貨人報關注冊登

記證書》有效期限為三年，進出口貨物收發貨人應在有效期限（具體見《中華人民共和國海關進出口貨物收發貨人報關注冊登記證書》封二）屆滿前三十日向註冊海關提交下列文件材料辦理換證手續，否則按照進出口貨物收發貨人註冊登記程序重新辦理註冊登記：

（1）《企業法人營業執照》（個人獨資、合夥企業或者個體工商戶提交營業執照）副本原件及加蓋公章的複印件；

（2）《對外貿易經營者登記備案表》原件及加蓋公章的複印件（法律、行政法規或者商務部規定不需要備案登記的除外）；

（3）《中華人民共和國外商投資企業批准證書》《中華人民共和國臺港澳僑投資企業批准證書》原件及加蓋公章的複印件（限外商投資企業提交）；

（4）《報關單位情況登記表》；

（5）《報關員情況登記表》（無報關員的免提交）；

（6）《報關單位管理人員情況登記表》。

2. 辦理註冊登記程序

註冊海關依法按照相關要求受理申請，對申請材料齊全、符合法定形式的，由註冊地海關向申請人出具新的《中華人民共和國海關進出口貨物收發貨人報關注冊登記證書》。

3. 辦事時限和收費

海關應在當日完成進出口貨物收發貨人註冊登記換證手續，不收取任何費用。

附表2　　　　　　　　　　報關單位情況登記表

（以下內容不得空缺，如辦理變更僅填寫變更事項）

填表單位（蓋章）：　　　　　日期：　年　月　日

海關註冊編碼			預錄入號	
註冊日期				
名稱	工商註冊全稱			
	對外英文名稱			
地址	工商註冊地址		郵政編碼	
	對外英文地址			
註冊資本（萬元）		資本幣制		投資總額	
備案（批准）機關		備案（批准）文號		生產類型	
開戶銀行		銀行帳號		行業種類	
法定代表人（負責人）		證件類型		證件號		電話	
聯繫人		聯繫電話		報關類別	
納稅人識別號		營業執照編號		
組織機構代碼		報關有效期		
進出口企業代碼		工商註冊有效期		

附表2(續)

經營範圍				
主要產品				
投資者	投資國別	投資方式	投資金額	到位金額
1				
2				
3				
4				
5				

以上填寫保證無訛，請貴關（辦）辦理單位報關登記手續，我單位保證遵守海關的法律、法規和其他有關制度，承擔相應的法律責任。

備註	

填表說明：

為了確保海關註冊企業資料真實有效，填表人應當參照以下須知如實、完整地填寫表格中每一項內容，表格內容除特別規定外不得為空：

（1）海關註冊編碼：《中華人民共和國海關報關企業報關註冊登記證書》或《中華人民共和國海關進出口貨物收發貨人報關註冊登記證書》中的海關註冊編碼，新企業註冊可不填。

（2）註冊日期、企業註冊有效期、工商註冊名稱、工商註冊地址、郵政編碼、註冊資本、資本幣制以《企業法人營業執照》或《營業執照》核定的內容為準。

（3）對外英文名稱：企業對外提供的英文名稱。

（4）對外英文地址：企業對外提供的英文地址。

（5）投資總額（萬美元）：企業的各投資方投資金額的總數。外商投資企業根據《中華人民共和國臺港澳僑投資企業批准證書》或《中華人民共和國外商投資企業批准證書》的「投資總額」欄填寫，以萬美元為單位，其他報關單位和企業若無法提供，可以註冊資本按當日外匯匯率折算成美元。

（6）生產類型：根據《企業法人營業執照》或《營業執照》經營範圍選定，用1、2、3、4分別表示技術先進（以當地政府評定的高新技術企業為準）、產品出口、服務、其他型。

（7）到位金額：以《企業法人營業執照》或《營業執照》核定的實收資本為準。

（8）行業種類：根據《企業法人營業執照》或《營業執照》經營範圍選定，分別為：1——化工；2——諮詢；3——餐飲娛樂；4——旅遊賓館；5——其他；6——機械；7——電子；8——紡織；9——食品；10——輕工；11——水產；12——醫藥；13——房地產。

（9）備案（批准）機關：核發《對外貿易經營者備案登記表》《中華人民共和國臺港澳僑投資企業批准證書》或《中華人民共和國外商投資企業批准證書》《中華人民共和國上海海關行政許可決定書》的機關。

（10）備案（批准）文號：《中華人民共和國臺港澳僑投資企業批准證書》或《中華人民共和國外商投資企業批准證書》《中華人民共和國上海海關行政許可決定書》的批准文號或《對外貿易經營者備案登記表》備案登記表編號。

（11）報關類別：用 0、1、3 分別表示無權報關、專業報關、自理報關，如來料加工企業填「無權報關」，為進出口貨物收發貨人的企業填「自理報關」，報關企業填「專業報關」。

（12）開戶銀行：開設企業基本帳戶卡的銀行。

（13）銀行帳號：基本帳戶卡的帳號。

（14）法定代表人（負責人）：《企業法人營業執照》或《營業執照》核定的法定代表人或負責人。

（15）證件號：法定代表人（負責人）的身分證件編號；身分證件包括身分證、護照、軍官證等。

（16）聯繫人、聯繫電話：向海關申請企業註冊的負責人及聯繫電話。

（17）納稅人識別號：一般貿易企業納稅人識別號為國稅號，無國稅號的納稅人識別號為地稅號。

（18）營業執照編號：申請企業的《企業法人營業執照》或《營業執照》的註冊號。

（19）組織機構代碼：申請企業的《中華人民共和國組織機構代碼證》的代碼號。

（20）進出口代碼：《中華人民共和國臺港澳僑投資企業批准證書》、《中華人民共和國外商投資企業批准證書》或《對外貿易經營者備案登記表》的進出口企業代碼。

（21）經營範圍：《企業法人營業執照》或《營業執照》核定的經營範圍。

（22）主要產品：企業生產的主要產品的 HS 編碼前 4 位，編碼相連的分別輸入最前和最后的編碼，中間以「-」連接，編碼不相連的以「,」間隔，非生產型企業此項可不填。

（23）投資者：投資企業的股東（自然人或法人）。

（24）投資國別：投資企業投資者的國別。

（25）投資方式：按實際情況填寫，分別有：1——產權；2——物權；3——實物+產權；4——現匯；5——現匯+產權；6——現匯+實物；7——現匯+實物+產權。

（26）投資金額、到位資金：以《企業法人營業執照》或《營業執照》核准的金額為準，以「萬美元」為單位。

（27）備註：填寫企業日常經營地址，跨區遷址的註明原編碼等。

附表 3　　　　　　　　報關單位管理人員情況登記表

填表單位（蓋章）：　　　　　　　　　　　　　　　　2010 年 7 月 2 日

單位名稱		
海關註冊編碼		
法定代表人	姓　名	
	身分證件號	
	國籍（地區）	
	職務	
	出生日期	
	學歷	
	住址	
	聯繫電話（手機）	
	備註	
報關業務負責人	姓名	
	身分證件號	
	國籍（地區）	
	職務	
	出生日期	
	學歷	
	住址	
	聯繫電話（手機）	
	備註	
財務負責人	姓名	
	身分證件號	
	國籍（地區）	
	職務	
	出生日期	
	學歷	
	住址	
	聯繫電話（手機）	
	備註	

填表說明：
(1) 此表在行政許可後辦理註冊登記或延續手續時填寫遞交。
(2) 單位名稱應寫全稱。
(3) 10 位數海關註冊編碼，已有的填寫，尚無不填。

（4）填報範圍：法定代表人、報關業務負責人、會計主管或財務經理。
（5）為保證表格清楚、易保存，請用計算機填寫。

附表 4　　　　　　　　　進出口貨物收發貨人換發證書申請書

中華人民共和國××海關：
　　根據《中華人民共和國海關對報關單位註冊登記管理規定》，特向貴關申請辦理進出口貨物收發貨人換證事宜，現提交以下資料：
　　（1）《中華人民共和國海關進出口貨物收發貨人報關註冊登記證書》原件；
　　（2）工商《營業執照》副本複印件及原件；
　　（3）《對外貿易經營者備案表》（限內資企業）、《外商投資企業批准證書》（限外資企業）複印件及原件；
　　（4）《註冊登記企業信息核查表》（一式兩份）；
　　註：以上所提交材料均需加蓋公章。如有變更事項需先辦理變更手續，后辦理換證。

　　　　法定代表人（印章）　　申請單位（公章）

海關審核意見

經辦關員意見：
　　以上證件與正本核對無誤，同意為該企業辦理進出口貨物收發貨人換證手續。

　　　　　　　　　　　簽字：　　　　　　　　　　年　月　日

主管領導批示：

　　　　　　　　　　　簽字：　　　　　　　　　　年　月　日

附表 5　　　　　　　　　　註冊登記企業信息核查表

海關註冊編碼		註冊日期		註冊海關	
工商註冊全稱				企業管理類別	
工商註冊地址				郵政編碼	
對外英文名稱					
對外英文地址					
註冊資本（萬元）		資本幣制		投資總額	
到位資金（萬元）		保證金額		內銷比例（%）	

附表5(續)

備案（批准）機關		備案（批准）文號		生產類型	
開戶銀行		銀行帳號		行業種類	暫不填寫
法定代表人（負責人）		證件名稱及號碼		電話	
聯繫人		聯繫電話		報關類型	
納稅人識別號		營業執照編號			
組織機構代碼		報關有效期			
進出口企業代碼		工商註冊有效期			
經營範圍					

主要產品情況

商品編碼	商品名稱

投資者情況：

	投資者	投資國別	投資日期	投資方式	投資金額（萬美元）	到位金額（萬美元）
1						
2						
3						

附表6　　　　企業管理人員情況

姓名	性別	職務	出生日期	學歷	證件號	國籍	住址	電話
		法定代表人或負責人						
		財務負責人						
		海關業務負責人						

備註						
上市公司	□是，□否	聯網企業	□是，□否	員工人數		
是否有多個經營場所		□是，□否				
實際經營地址						
經營場所性質		□自有，□租賃，□借用，□其他				

附表6(續)

廠房性質	□自有，□租賃，□借用，□其他			
經營總建築面積		占地總面積		m²
企業郵箱		企業網址		傳真號碼
記帳方式	□自理記帳，□委託代理記帳			
委託代理記帳單位	名稱		聯繫人	
	地址		電話	
是否實行會計電算化	□是，□否	財務管理軟件名稱		
認證標準類型				
上級公司名稱				
上級公司海關註冊編碼		上級公司組織機構代碼		
與上級公司關係	□母/子公司，□總/分公司，□其他			
企業保證填寫內容真實有效		填表人		

企業印章：

企業信息核查表填製說明：
(1) 海關註冊編碼：按海關核發的 10 位編碼填寫。
(2) 企業管理類別：分為 AA、A、B、C、D。
(3) 內銷比例：外商投資企業按外經部門批准文件填報，來料加工企業無內銷權限，填「0」。
(4) 備案（批准）機關：外商投資企業填批准成立的機關；民營企業和個體工商戶填對外貿易經營者備案登記機關。來料加工企業填批准來料加工協議的機關；經營進料加工的國內企業填批准進料加工合同的機關。報關企業填準予報關企業註冊登記許可機關。
(5) 生產類型：技術先進、產品出口、服務、其他。
(6) 開戶銀行：人民幣基本帳戶。
(7) 行業種類：參照《行業分類國家標準》對應的代碼填寫（暫不填寫）。
(8) 報關類別：「進出口貨物收發貨人」「報關企業」「無報關權」。
(9) 納稅人識別號：長度為 15 位，后 9 位與組織機構代碼一致。
(10) 組織機構代碼：長度為 9 位。
(11) 進出口企業代碼：長度為 13 位，后 9 位與組織機構代碼一致（報關企業不填寫）。
(12) 工商註冊有效期：企業工商營業執照的經營期限有效期，而不是年審有效期，對於無經營期限的企業，填寫「2050-12-31」。
(13) 報關有效期：《報關註冊登記證書》的有效期，通過 2005 年年審的自動延至 2008 年，具體日期對應註冊日期。來料加工企業為「無」。

（14）經營範圍：同企業工商營業執照上的經營範圍。

（15）主要產品：進出口量較大的前1~5項。

（16）商品編碼：填寫4位商品編碼。

（17）投資方式：「產權」「現匯」「實物」，可多選。

（18）投資金額、到位資金（萬美元）：非美元投資的應換算為美元錄入。

（19）聯網企業：是否與海關聯網監管。

（20）實際經營地址：多個經營地址的按照實際情況填寫。

（21）認證標準類型：指ISO認證名稱。

（22）證件號碼要求：身分證號碼為18位。

（23）聯繫電話要求：移動電話為11位阿拉伯數字；固定電話等應錄入區號，如（010）。

（24）上級公司：註冊企業的上屬公司如母公司、總公司。

1.2.6 進出口貨物收發貨人註銷

（1）進出口貨物收發貨人有下列情形之一的，海關在辦結有關手續後，應當依法辦理註銷註冊登記手續：

1）破產、解散、自行放棄報關權或者分立成兩個以上新企業的；

2）被工商行政管理機關注銷登記或者吊銷營業執照的；

3）喪失獨立承擔責任能力的；

4）對外貿易經營者備案登記表或者外商投資企業批准證書失效的。

（2）報關單位辦理註銷註冊登記手續時應提交以下材料：

1）企業申請註銷海關註冊登記並經法人簽章的書面報告；

2）《中華人民共和國海關進出口貨物收發貨人報關註冊登記證書》原件；

3）提前終止協議、提前解散的外資企業還須提供商務部或其授權機關批准企業提前終止協議（合同）、提前解散的批准文件的原件及加蓋公章的複印件；

4）協議期滿並不再續期的企業還須提供企業董事會關於不再延長企業經營期限的董事會決議的原件及加蓋公章的複印件。

海關核實申請人尚未辦結所有海關手續的，應告知申請人辦結所有海關手續后，再行註銷。

（3）辦事時限和收費：

海關應在當日完成進出口貨物收發貨人註冊登記的註銷手續，不收取任何費用。

1.3 辦理出口貨物退（免）稅認定手續

辦理出口貨物退（免）稅認定手續的有關規定，從事對外貿易經營活動的法人、其他組織和個人（以下簡稱「對外貿易經營者」），按外貿法和《對外貿易經營者備案登記辦法》的規定辦理備案登記后，應在30日內持已辦理備案登記並加蓋備案登記專用章的《對外貿易經營者備案登記表》、工商營業執照、稅務登記證、銀行基本帳戶號碼和海外進出口企業代碼等文件，填寫《出口貨物退（免）稅認定表》，到所在地主管出口退稅的稅務機關辦理出口貨物退（免）稅認定手續。辦理出口貨物退（免）稅認定手續后出口的貨物可按規定辦理退（免）稅。

1.4 辦理普惠制原產地證明書註冊登記手續

普惠制原產地說明書是具有法律效力的官方證明文件。中國普惠制原產地說明書

的簽證管理工作由國家進出口商品檢驗局（以下簡稱「國家商檢局」）統一負責；證書的簽發和對出口產品申請原產地證明書的單位的監督檢查工作有國家商檢局設在各地的進出口商品檢驗機構（以下簡稱「商檢機構」）負責。對需要在中國香港簽署「為再加工證明」的普惠制原產地證明書，經給惠國確認，國家商檢局委託香港中國有限公司在香港負責辦理簽署工作。

1.5 辦理出口收匯核銷出口單位備案登記

出口單位取得出口經營權後，應當到海關辦理「中國電子口岸」入網手續，並到有關部門辦理「中國電子口岸」企業法人 IC 卡和「中國電子口岸」企業操作員 IC 卡電子認證手續。

出口單位辦理核銷備案登記時，應當向外匯局提供下列材料：

（1）單位介紹信、申請書；
（2）外經貿部門批准經營進出口業務批件正本及複印件；
（3）《企業法人營業執照》（副本）或《企業營業執照》（副本）及複印件；
（4）《中華人民共和國組織機構代碼證》正本及複印件；
（5）海關注冊登記證明書正本及複印件；
（6）外匯局要求提供的其他材料；

外匯局審核上述材料無誤後，為出口單位辦理登記手續，建立出口單位電子檔案信息。

出口單位在外匯局備案登記的電子檔案信息內容發生變更時，應當在辦理工商、海關等部門的變更登記手續后一個月內，持有關部門變更通知，到外匯局辦理變更登記手續，外匯局需在「中國電子口岸」變更該出口單位 IC 卡權限。

1.6 辦理中國國際貿易促進委員會原產地證明書註冊登記表註冊手續

凡在中國境內依法設立，享有進出口經營權的企業、外商投資企業和從事加工貿易的企業都可到中國國際貿易促進委員會申辦註冊登記手續。具體手續包括：

（1）提交本單位的工商營業執照、自營進出口權的批件及批准證書的複印件；
（2）按照真實、完整、正確的要求填寫《申請中華人民共和國出口貨物原產地說明書註冊登記表》；
（3）企業確定的手簽人員、申領員，必須經貿促會業務培訓、考核並領取《原產地說明書申領員證》后才具備申領資格。

申領單位如有人事變動，請即重新申報辦理手續。

1.7 辦理出入境檢驗檢疫報檢手續。

1.7.1 自理報檢單位

自理報檢單位是指按照法律法規規定辦理出入境檢驗檢疫報檢手續的進出口貨物的收發貨人以及進出口貨物的生產加工和經營單位等，主要包括：

（1）有進出口經營權的國內企業。
（2）進口貨物的收貨人或其代理人。
（3）出口貨物的生產企業。
（4）出口貨物運輸包裝及出口危險貨物運輸包裝生產企業。
（5）中外合資、中外合作、外商獨資企業。
（6）國外（境外）企業、商社常駐中國代表機構。

（7）進出境動物隔離飼養和植物繁殖生產單位。

（8）進出境動植物產品的生產、加工、存儲、運輸單位。

（9）對進出境動植物、動植物產品進行藥劑熏蒸和消毒服務的單位。

（10）從事集裝箱的儲存場地和中轉場（庫）、清洗、衛生處的處理、報檢的單位。

（11）有進出境交換業務的科研單位。

（12）其他報檢單位。

1.7.2　辦理程序

1. 網上預申請

（1）登錄 http://www.eciq.cn（中國電子檢驗檢疫業務網）。

（2）選擇「自理報檢單位備案登記、報檢員註冊申請（企業用戶）」。

（3）登記「新註冊單位」，輸入「檢驗單位組織機構代碼」（9位數字，不輸符號「——」）。

（4）選擇「備案登記申請」。

（5）填寫單位備案登記信息。

（6）打印《自理報檢單位備案登記申請表》。

2. 申請

申請單位憑單位介紹信或委託書並攜以下申請材料到當地檢驗檢疫局指定地點辦理申請手續：

（1）《自理報檢單位備案登記申請表》。

（2）加蓋企業公章的企業工商營業執照複印件（同時交驗原件）。

（3）加蓋企業公章的組織機構代碼證複印件（同時交驗原件）。

（4）其他有關證明文件（如進出口經營權的批准證書複印件等）。

由於各個地方規定的都不盡相同，具體事宜參照當地檢驗檢疫局的做法為準。

【項目自測】

一、單項選擇題

1. 進口許可證自簽發之日起（　　　）內有效。

　　A. 三個月　　　　　　　　B. 一年

　　C. 一個月　　　　　　　　D. 半年

2. （　　　）是企業和外貿業務員開展進口業務活動的行動綱領。

　　A. 市場調研　　　　　　　B. 申請進口許可證

　　C. 核算進口成本　　　　　D. 制定進口經營方案

二、多項選擇題

1. 出口業務前的準備工作主要包括（　　　）。

　　A. 熟悉產品和瞭解市場

　　B. 尋找客戶

　　C. 資信調查

　　D. 擬寫建交函

　　E. 完成申請進出口經營資格、辦理海關登記註冊、出口退稅登記、出口報檢登記等工作

2. 進口業務前的準備工作主要包括（　　　）。
　　A. 尋找和選擇國外供應商　　　　B. 進口商品（設備）業務調查
　　C. 申請進口許可證　　　　　　　D. 完成申請進出口經營資格
　　E. 辦理海關登記註冊等工作

三、簡述題

1. 簡述對外貿易經營者備案登記辦理的程序和向備案登記機關提交備案登記的材料。

2. 簡述進出口貨物收發人到海關辦理註冊登記須提交的申請文件材料以及海關是如何辦理的。

3. 簡述哪些單位可以申辦普惠制原產地證明書。

4. 簡述中國貿易促進會出口貨物原產地證明書手續。

項目二
貿易準備

【學習目標】

1. 能力目標：能利用多種途徑獲取外貿業務信息。
2. 知識目標：尋找貿易機會、分析國際市場營銷環境、目標市場調研、廣告宣傳、經營方案制訂。

【項目任務】

學習情景：山東金葉進出口有限公司（SHANDONG JINYE IMPORT AND EXPORT CO., LTD.）是經國家外經貿部批准成立的具有進出口經營權的貿易公司，主要從事紡織服裝、輕工業品、日用品、五金產品等的進出口業務。公司坐落在山東省濟南市，下設業務部、單證儲運部、財務部、人事部等部門。公司因為業務需要招聘了一名新業務員王芳。王芳在玩具部從事出口業務工作。

玩具部是貿易公司的主要業務部門之一，專營各類兒童玩具的出口，包括塑料、布制、木制和毛絨玩具。產品主要銷往中國香港、歐洲、美國及亞洲市場。該公司擁有諸多富有經驗的玩具開發人員及商務人員，並與濟南周邊地區的十余家工廠建立了密切的聯繫，公司可按客戶的要求大批量定做各類玩具。

山東金葉公司在尋求與國內外客戶的合作機會。該公司將提供最佳服務，按照互惠互利、共同發展的原則同全世界的經銷商建立長期穩固的聯繫。

2014年公司擬參加10月31日~11月4日舉辦的第116屆廣交會，並從多種渠道得知美國的XYZ CO., LTD. 欲求購玩具熊（New Design Toy Bear）。該公司資料如下：

```
XYZ CO., LTD.
                    DAVID   COPPERFIELD
                                                    Purchase Manager
Add: 623 West End Avenue, Unit 4-A, New York, NY 10024, USA
Tel: +（001）212,917560815
Fax: +（001）212,917560815
Email: xyzco@hotmail.com
```

作為新業務員，王芳必須為獨立開展出口業務做好充分的準備工作。王芳的工作任務如下：

任務1　通過多種方式熟悉公司產品知識

王芳通過向老業務員學習，深入生產第一線，以多種方式熟悉本公司產品，尤其是玩具熊。

任務2　通過多種方式瞭解本公司產品出口市場

王芳通過多種途徑分析國際市場營銷環境，進行目標市場調研。

任務3　多途徑開發客戶，做好廣告宣傳，做好國際博覽會和展覽會參展準備工作，開拓市場，與客戶建立業務關係

公司打算參加廣交會，王芳需要做好各項工作，充分利用交易會平臺開發客戶。

【操作演示】

任務1　通過多種方式熟悉玩具熊產品知識

第一步：通過網絡搜索玩具熊基礎知識。

重點瞭解產品分類、產品生產工藝知識、產品專業術語等知識。

第二步：通過與老業務員溝通掌握玩具熊生產過程的關鍵環節。

新業務員在累積產品知識方面，除利用網絡資源外，還應經常與老業務員溝通、向老業務員請教，以進一步掌握玩具熊生產過程的關鍵環節，掌握控製產品品質的關鍵要素，為業務洽談累積素材。

第三步：深入樣品間及工廠，實地瞭解產品生產過程。

外貿業務員王芳利用每一次機會深入樣品間或工廠，瞭解產品的生產過程，增加感性認識，使業務員對產品的瞭解得到進一步增強。能夠深入瞭解一類或一種產品的專業知識，對業務員來講是至關重要的，也是業務員順利開展業務的基礎。

任務2　通過多種方式瞭解本公司產品出口市場

第一步：外貿業務員王芳先學習了有關分析國際市場營銷環境、目標市場調研知識，然后通過網絡搜索中國玩具熊出口主要目標國，尋找貿易機會。

外貿業務員王芳接觸外貿業務時間不長，理論水平比較低，她先學習了一定的外貿業務知識，通過商務部網站瞭解到2014年第一季度玩具熊產品主要出口國家和地區為歐盟、美國、日本、中國香港及韓國。

第二步：王芳通過網絡搜索、向老業務員請教瞭解不同目標國或地區的情況，通過分析數據確定了目標市場。

通過網絡搜索不斷豐富自己對目標市場的瞭解，通過分析數據確定目標市場國或地區。如美國，王芳對其地理、人口、經濟等方面都有了一定的瞭解。

美國玩具熊進口分析：

1. 進口來源
2. 發展趨勢

任務 3 公司決定派王芳參加 2014 年第 116 屆廣交會，王芳做好參展準備，開拓市場，與客戶建立業務關係

王芳想多途徑尋找貿易機會，開發客戶，做好廣告宣傳，做好展覽會參展準備工作。她大致採用以下幾種方法：

（1）充分利用工商名錄。

（2）由駐外分支機構開發新客戶，各大公司在國外設立分公司，其主要目的就是開發新客戶，為公司爭取更多的貿易機會。

（3）充分聯繫來華的各種外國代表團。

（4）出國考察。

（5）國外老客戶介紹。

（6）利用新聞工具獲得新客戶。

（7）通過商會、領事館及對外貿易協會的介紹獲取新客戶。

（8）通過博覽會、展銷會，結識客戶。

（9）利用互聯網，開展網上營銷。

（10）其他一些特殊渠道，如聯合國採購、跨國採購等平臺和方式或利用國內或駐外機構（如貿易中心）常年開設的展廳，進行商品展覽等。

利用上述方法所選擇的客戶，還需要進行嚴格的資信調查，這樣才能使我們的國際貿易順利進行。

第一步：做好第 116 屆廣交會參展準備。

1. 參展商品準備
①參展商品種類確定
②參展商品明細確定
③參展商品樣品準備

2. 文件準備
①所帶商品的價格表
②主要產品的裝箱尺寸
③空白的筆記本
④空白的形式發票
⑤個人名片

3. 工具準備
①剪刀
②照布鏡
③打火機
④膠帶紙
⑤訂書機

4. 知識準備
①參展商品的報價
②參展商品的規格
③參展商品的產品知識

第二步：外貿業務員王芳參加第 116 屆廣交會玩具熊展覽會。

2014 年 10 月 31 日，王芳動身前往廣州參加廣交會，展覽會期間王芳接觸了來自不同國家的眾多客商，形形色色的客商不僅考驗了王芳的業務水平、專業知識、英語水平，還考驗了王芳的心理素質與身體素質。王芳每天協助同事接待大量的客商，逐漸發現客商的交易意願不同表現出來的態度也有所不同。王芳細心地將所有的客商進行了大致分類：

1. 走馬觀花
2. 只要求提供詳細資料
3. 交易商品明確，未能詳談
4. 有明確交易意向，但因某些交易條件尚未談妥
5. 有明確交易意向，並成功在交易會上下單

具體情況如下圖所示：

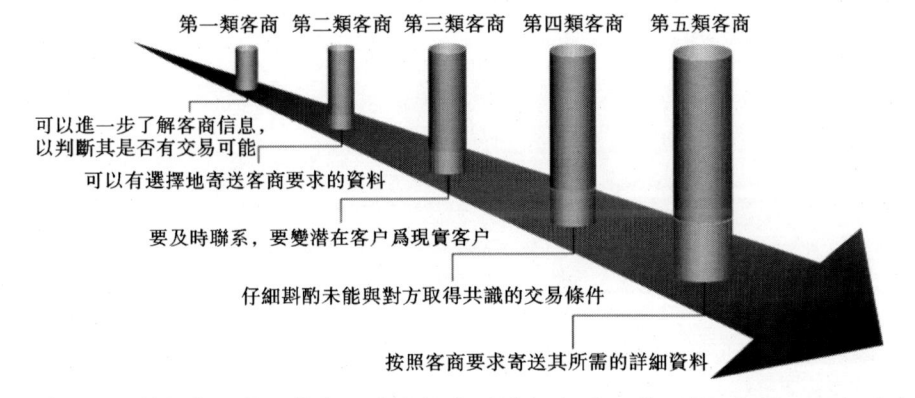

第一類客商　第二類客商　第三類客商　第四類客商　第五類客商

可以進一步了解客商信息，以判斷其是否有交易可能

可以有選擇地寄送客商要求的資料

要及時聯系，要變潛在客戶為現實客戶

仔細斟酌未能與對方取得共識的交易條件

按照客商要求寄送其所需的詳細資料

第三步：外貿業務員王芳在展覽會結束後進行客戶跟蹤，開拓市場，與客戶建立業務關係。

外貿業務員王芳在展覽會結束後，48 小時內及時進行客戶跟蹤。2014 年 11 月 5 日，王芳投入工作，抓緊時間對展覽會累積的客戶資源進行梳理及跟蹤處理。

王芳給美國 XYZ CO., LTD. 的 David Copperfield 先生發了一封建立業務關係的電子郵件，信函日期為 2014 年 11 月 5 日。格式完整、正確，內容包括公司介紹、產品介紹等，並給 XYZ CO., LTD. 公司另寄產品目錄，表達想與 XYZ CO., LTD. 建立業務聯繫的熱切願望。

發件人：	wangfang@zjjy.com.cn
收件人：	xyzco@hotmail.com
日　期：	2014-11-05　10：17：06
主　題：	Establish business relationship
附　件：	

表(續)

Dear Mr Copperfield,

 We have your name and address from The Canton Fair 2014. We would like to cooperate with you and your honored company.

 Our company is one of the most leading toys companies in China. We have a Toy Department specializing in the export of various toys covering plastic, wooden, cloth and plush articles.

 We have sent you the latest leaflets of our products. Should any of these items be of interest to you, please let us know. We will be happy to give you a quotation upon receipt of your detailed requirements.

 We look forward to receiving your enquiries soon.

Yours truly,
Shandong Jinye Import & Export Co., Ltd.
Wang Fang
Sales Executive

XYZ CO., LTD. 收到郵件，回函如下：

發件人：	xyzco@hotmail.com
收件人：	wangfang@zjjy.com.cn
日期：	2014-11-12 16：02：14
主題：	Reply to establishing business relationship
附件：	

Dear Ms. Wang,

 We are pleased to receive your email of Nov. 5 and your excellent leaflets.

 We are large dealers in toys and wish to expand our present range with more fashionable plush toys. We believe there is a promising market here for moderately priced products.

 After studying the plush toys on you leaflets, we are particularly interested in the following item: New Design Brown Bear Article No. KB0677.

 Please quote us your best price for the above-mentioned.

 We hope to hear from you soon.

Yours sincerely,
XYZ CO., LTD.
David Copperfield
Purchase Manager

【擴展訓練】

實訓地點：多媒體教室
實訓課時：2課時
實訓任務：
1. 通過多種方式熟悉公司產品知識
2. 通過多種方式瞭解本公司產品進口市場
3. 多途徑開發客戶，做好廣告宣傳，做好國際博覽會和展覽會參展準備工作

學習情景：山東金葉進出口有限公司（SHANDONG JINYE IMPORT AND EXPORT CO.，LTD.）是經國家外經貿部批准成立的具有進出口經營權的貿易公司，主要從事紡織服裝、輕工業品、日用品、五金產品等的進出口業務。公司坐落在山東省濟南市，下設業務部、單證儲運部、財務部、人事部等部門，公司因為業務需要招聘了一名新業務員王芳，從事紡織服裝的出口業務工作。

公司打算參加德國科隆國際博覽會，進口女式夾克衫。你作為新進業務員王芳需要做好各項工作，調研市場，尋找客源，充分利用交易會平臺聯繫業務。

任務1　通過多種方式熟悉公司產品知識
步驟一：在進口業務操作之前，新外貿業務員應熟悉國內進口產品相關情況
步驟二：掌握紡織品生產過程的關鍵環節

任務2　通過多種方式瞭解本公司產品進口市場
步驟一：國際市場調研內容
步驟二：國際市場調研的步驟

任務3　多途徑尋找貨源，做好國際博覽會和展覽會參展準備工作
步驟一：掌握境外客戶的分類
步驟二：掌握尋找境外客戶的常用方法
步驟三：選擇合格的出口商
步驟四：假如你是王芳，在德國科隆博覽會上結識了德國經營紡織服裝的Cadi GmbH & Co. KG經理Dirk Nowitzki，本公司對其女式夾克衫感興趣，當場互留了名片，回到公司后王芳馬上給Dirk Nowitzki寫信，要求建立經貿關係。請實訓的同學以業務員王芳的身分給客戶寫一封建立經貿關係的信。Cadi GmbH & Co. KG資料如下：

國外公司名稱和地址：Cadi GmbH & Co. KG
Add：Rathausmarkt 79，20095 Hamburg，Germany
Tel：0049-40-3410776
Fax：0049-40-3410777
E-mail：dirkn@cadi.com.de
（要求格式完整、正確，包括信息的來源、寫信的目的、公司的業務範圍、公司資信等）。

實訓項目評分標準：

班級：   姓名：

項目	要求	分數	得分	評語
1. 調查5家有規模的參展商的下列情況：①名稱和聯繫方式；②產品的名稱；③品質；④包裝；⑤價格；⑥生產能力；⑦新產品開發能力；⑧促銷方式 2. 收集5家參展商的創匯型農副產品的目錄或宣傳資料 3. 登錄互聯網調查報告 4. 登錄阿里巴巴調查報告 5. 對政府的科技興農和科技興貿戰略的理解（30分）	書面材料	10		
	知識運用	10		
	小組協作	10		
完成建立經貿關係的信函 （40分）	商務信函的格式完整正確	10		
	寫出客戶信息的來源和寫信的目的	10		
	寫出公司的業務範圍和資信等	20		
總結交流 （30分）	參與熱情	10		
	言之有理	10		
	表達準確	10		
總分		100		

【相關知識連結】

2.1　書寫商務信函

　　商務信函屬於商務禮儀文書範疇，是指企業與企業之間，在各種商務場合或商務往來過程中所使用的簡便書信。其主要作用是在商務活動中用來建立經貿關係、傳遞商務信息、聯繫商務事宜、溝通和洽商產銷；詢問和答復問題、處理具體交易事項。其種類包括聯繫函、推銷函、訂購函、確認函、索賠函等多種。

2.1.1　書寫業務函技巧

一、文種特性

（一）語氣口語性

　　每一封商務信函的往來都是不同的企業之間或者企業領導者彼此之間的一種情感交流。人都是感性的，所以商務信函更多地體現了感性的一面，而不是人們想像的商務信函應該用一種特殊的「生意腔」，信函讀起來使人感到熱情、友好，就像朋友之間的談話那樣簡單、自然、人性化。無論是歉意的道歉函，還是善意的勸說函，或者購買函，完全可以通過信函中的語氣、語調來表現。

（二）內容直接性

　　企業每天都要閱讀大量信函文件。商務信函不需要用華麗的詞句。所以，商務信

函要寫得簡明扼要，短小精悍，切中要點。用簡潔樸實的語言來寫信函，使信函讀起來簡單、清楚、容易理解。當涉及數據或者具體的信息如時間、地點、價格、貨號等時，要用語精確，使交流的內容更加清楚，這更有助於加快商務活動的進程。

（三）態度真誠性

商務信函要能夠充分體現真誠、禮貌。不管說什麼，都要帶著誠意去說。把寫好的商務信函拿起來讀一遍，確保如果此時對方正在電話中與你通話，他一定能夠感受到你的自然、真誠和禮貌。這裡所說的禮貌，並不是簡單地用一些禮貌用語，而是體現一種為他人考慮，多體諒對方心情和處境的態度。

（四）主旨單一性

商務信函具有純粹的業務性，一般要求專文專事，內容集中單一，圍繞公務，突出主旨。

（五）格式規範性

商務信函結構類似於一般的書信，有稱呼、有正文、有署名。外貿商務函、電郵的寫作則必須依照國際慣例，用英語或對方國家所使用的語言書寫，在文法和書寫格式上也要符合對方的語言規範和習慣。

（六）地位平等性

商務信函是兩個平等法人之間的往來文書，反應雙方平等、互惠互利的關係。商務信函的寫作應相互尊重，以禮相待。

（七）要求時限性

商務信函是在商務活動的每個環節中形成的，每封信函都是一定時限內的雙方意願的明確表達。因此，接收對方的信函后必須及時回復。目前，信函的傳遞越來越多地使用圖文傳真、電子郵件等快速傳遞形式，以適應這一特點的需要。

二、信函結構

商務信函一般由三部分組成：信頭、正文、信尾。

（一）信頭

信頭即信函的開頭，由發信人名稱及地址、標題、函號、稱謂、收信人地址和單位等組成。

1. 發信人名稱及地址

發信人名稱及地址一般寫明發信人企業單位名稱及詳細地址，還包括電話號碼、電報掛號、專用電碼、電傳、傳真、網址等商務聯繫信息。

2. 標題

作為商務信函，它與一般的普通信件不同，只要不是企業單位個人與個人之間的交流，商務信函一般可以有標題。標題位置在信文首頁上方，居中書寫，其內容為事由。事由要求概括出函件的主旨、中心，使收信人通過標題就對信文的主要內容有大致的瞭解。常見的商務信函標題有以下兩種形式：

（1）由事由加文種名稱「函」構成，如「關於要求承付打印機貨款的函」「推銷函」「訂購函」「索賠函」等。

（2）先寫「事由」二字，加冒號提示，然后直接寫出該信函的內容，如「事由：玩具熊 KB20001」。

3. 函號

函號即編號，分為對方編號和己方編號。在外貿業務信函的信頭上註明編號，可保證信函便於管理和查閱。

函號位置一般出現在標題右下方或信頭的左上方。常見的有兩種形式：一是仿效行政公文發文字號的格式，採用「×函〔××××〕×號」或「（××××）函第×號」的形式；二是採用直接編號的形式，如「第×號」。

4. 稱謂

稱謂是對收信人或收信單位的稱呼，一般寫受文者的尊稱，這是商務信函必需的一項。其位置一般在標題或函號的左下方，單獨占行，頂格書寫，后面用冒號。書寫時有以下兩種稱謂：

（1）泛指尊稱。「尊敬的」后加稱謂並加冒號，如「尊敬的先生」「尊敬的女士」等。尊稱中可以使用職務，如「尊敬的辦公室主任」「尊敬的財務部部長」「尊敬的銷售部經理」等。

（2）具體稱謂。這是指具體指名道姓的尊稱。在姓名后面加稱謂語。這類稱謂一般用於寫信人與收信人彼此認識或者非常熟悉的情況。因為這種稱謂能夠體現寫信人與收信人之間的情感與密切關係。稱謂可用泛稱中的「先生」「女士」等，也可以使用職務，如「尊敬的辦公室石主任」「尊敬的財務部張部長」「尊敬的銷售部王經理」等。

5. 收信人地址、單位

收信人地址、單位要寫明收信人企業單位名稱及詳細地址。

（二）正文

正文是商務信函的主體，敘述商務往來聯繫的實質問題。正文寫作要求內容單純，一文一事，文字簡明，事實有據，行文禮貌。

1. 問候語

問候語也即應酬語或客氣語。開頭的問候語是商務信函必不可少的，即發信人對收信人打招呼的禮貌問候語。一般用一兩句尊敬的客氣話表示，如「您好」「近來生意可好，效益頗高」等。如果是初次聯繫，可使用「久仰大名，未親雅教」等詞語。如果是回函，可使用「惠書敬悉，不勝感激」等詞語表示感謝來函。

2. 主體

主體是商務信函正文的核心內容，是發信人要說明的事項。不同的商務信函的內容是不同的。一般包括以下兩項內容：

（1）說明發函緣由。直截了當、簡明扼要地說明發函的目的、根據、原因等內容；復函則要引敘對方來函要點，以示復函的針對性。

（2）說明發函事項。主體表達信函的中心內容，一般是根據發函緣由詳細地陳述具體事項，或是針對所要商洽的問題或聯繫事項，闡明自己的意見。要求語氣平和，問題明確，事實清楚，表達明白。如商洽函的正文主體包括商洽緣由、商洽內容、意願要求三部分；詢問函的正文主體包括詢問緣由、詢問事項兩部分；答復函的正文主體包括答復緣由、答復內容兩部分；商品報價函的正文主體包括產品的價格、結算方式、發貨期、產品規格、可供數量、產品包裝、運輸方式等。

如果正文主體內容簡單，邏輯上可採用篇、段合一式結構，如果正文主體內容較

多，邏輯上可採用分段式結構。

3. 結尾語

正文結束以後，一般用精練的語言將主體所敘之事加以簡單概括，並提出本函的有關要求，強調發函的目的。如請求函的結尾語是「拜托之事，承望協助解決為盼」，希望回函的結尾語是「不吝賜函，靜候佳音」等。結尾語視發信人與收信人的關係以及信函的內容而定，要求恰當得體。

（三）信尾

信尾部分包括四部分內容：

1. 祝頌語

所有的商務信函都要寫明祝頌語。祝頌語分為祝者自身的請候語和收信人的安好語兩部分：

（1）請候語，在正文結束后空兩格書寫。常用的有「敬祝」「順頌」「恭祝」等。

（2）安好語，一定另起一行頂格書寫，以表示對對方的尊重。常用的安好語有「商棋」「金安」「生意興隆」等。

2. 簽署

簽署即發信人的署名或簽名、用印。商務信函的署名可根據企業的要求或發信人的意見而定。有的企業署名以單位名稱加蓋印章的方式；有的企業要求發信人直接簽名，以示對信函的內容負責。個人簽名一定要由發信人親手所簽。

3. 日期

日期一般是發信具體時間。商務信函因為涉及商務業務往來，務必寫明發信日期。一般採用以下三種形式：

（1）公文日期形式，即在信函簽署下方用漢字小寫寫明發信日期，如××××年八月十八日。

（2）阿拉伯數字形式，即在信函簽署下方用阿拉伯數字寫明發信日期，如2008年8月18日。

（3）國際標準簡寫法形式，即在信函簽署下方用阿拉伯數字標記年、月、日，在一位數的月、日前加「0」，如2008年08月18日。

無論哪種寫法，日期務必寫全，以便存檔備查。如2008年08月08日，不能寫成「08年08月08日」。

4. 附件

附件是隨函附發的有關材料，如報價單、發票、確認書、單據等。需要標註附件的，在信函簽署的下方可以標註附件。如果附件是兩個以上的，要分別標註附件一、附件二等。

2.1.2　外貿函電書寫基本原則

一、Courtesy（禮貌）

語言要有禮且謙虛，及時地回信也是禮貌的表現。例如：

We have received with many thanks your letter of 20 May, and we take the pleasure of sending you our latest catalog. We wish to draw your attention to a special offer which we have made in it.

You will be particularly interested in a special offer on page 5 of the latest catalog enclosed, which you requested in your letter of 20 May.

二、Consideration（體諒）

寫信時要處處從對方的角度去考慮有什麼需求，而不是從自身出發，語氣上更應尊重對方。例如：

「You earn 2 percent discount when you pay cash. We will send you the brochure next month.」就比「We allow 2 percent discount for cash payment. We won't be able to send you the brochure this month.」要好。

三、Completeness（完整）

一封商業信函應概況了各項必需的事項，如邀請信應說明時間、地點等，切忌寄出含糊不清的信件。

四、Clarity（清楚）

意思表達明確，要注意：

（1）避免用詞錯誤。例如：

As to the steamers sailing from Hong Kong to San Francisco, we have bimonthly direct services.

此處 bimonthly 有歧義：可以是 twice a month or once two months. 故讀信者就迷惑了，可以改寫為：

①We have two direct sailings every month from Hong Kong to San Francisco.

②We have semimonthly direct sailing from Hong Kong to San Francisco.

③We have a direct sailing from Hong Kong to San Francisco.

（2）注意詞語所放的位置。例如：

①We shall be able to supply 10 cases of the item only.

②We shall be able to supply 10 cases only of the item.

前者則有兩種商品以上的含義。

（3）注意句子的結構。例如：

①We sent you 5 samples yesterday of the goods which you requested in your letter of May 20 by air.

②We sent you, by air, 5 samples of the goods which you requested in your letter of May 20.

五、Conciseness（簡潔）

（一）避免廢話連篇

例如：

①We wish to acknowledge receipt of your letter... 可改為：We appreciate your letter...

②Enclosed here with please find two copies of... 可改為：We enclose two copies of...

（二）避免不必要的重複

（三）短句、單詞的運用

例如：

Enclosed here with→enclosed

at this time→now

due to the fact that→because

a draft in the amount of ＄1,000→a draft for ＄1,000

六、Concreteness（具體）

七、Correctness（正確）

2.1.3　外貿英語函電信封

信封格式：寫信人在上，收信人在下。

根據收信人名稱地址的寫法分兩種格式：縮格式，即收信人名稱地址逐行右縮；齊頭式，即收信人名稱地址左端對齊。

2.2　熟悉產品

2.2.1　熟悉產品的途徑

1. 專業書籍、專業網站

2. 樣品間和工廠

3. 向老業務員學習

2.2.2　熟悉產品內容

1. 產品生產過程及工藝

2. 產品專業分類

3. 產品生產標準及品質要求

4. 產品專業名稱

2.3　進出口前準備

2.3.1　出口前準備

在洽談交易前，為了正確貫徹外貿政策，完成進出口任務，提高交易的成功率，各外貿公司必須認真做好交易前的各項準備工作。這些工作主要包括：選配經貿洽談人員、選擇適當的目標市場、選擇交易對象、建立和發展客戶關係、制訂進出口商品經營方案。在出口交易前，還應做好新產品的研製和廣告宣傳等工作。

一、選配經貿洽談人員

為了保證洽商交易的順利進行，事先應選配精明能幹的洽談人員，尤其是對某些大宗交易或內容複雜的交易，因事關重大，更應組織一個強有力的談判班子。在這個談判班子中，應當包括熟悉商務，懂技術、法律和財務的人員，他們要掌握洽談技巧，善於應戰和應變，並善於謀求一致，因為，有較高素質的洽談人員，是確保洽談成功的關鍵。

二、選擇目標市場

在洽商交易之前，必須加強對國外市場的調查研究，諸如通過各種途徑廣泛瞭解市場供銷狀況、價格動態、各國有關進出口的政策、法規、措施和貿易習慣做法，以便從中擇優選定適當的目標市場，並合理地確定市場佈局。

對國外市場進行調研的主要內容，應包括下列幾個方面：

1. 對國外市場進出口商品的調研

在國外同一市場上，銷售著各國同類的商品，它們的市場佔有率各不相同，這與商品的品質、規格、花色品種、包裝裝潢是否適應市場需要等有著密切關係。我們應摸清這些不同品種對市場的適銷情況，特別要研究市場暢銷品種的特點，以便主動積極適應市場的需要，擴大我們的出口。同時，還要瞭解國外產品技術的先進程度、工藝程度和使用效能，以便貨比三家，進口我們最需要的、價格最合適的商品。

2. 對市場供求關係的調研

國際商品市場的供求關係是經常變化的，影響供求關係變動的因素很多，如生產週期、產品銷售週期、消費習慣、消費水平、質量需求等，我們應根據市場供求變動的規律，並結合中國商品供應的可能和進口的實際需要，選擇最適當的銷售市場或採購市場。

3. 對國際商品市場價格的調研

國際市場價格除圍繞國際價值經常上下波動外，還經常受到諸如經濟週期、通貨膨脹、壟斷與競爭、投機活動、自然災害、季節變動等社會的、經濟的和自然的多種因素的影響。我們必須具體分析這些因素對價格的影響，並根據價格變動趨勢，選擇在最有利的市場推銷商品和採購物資。

三、選擇交易對象

在交易之前，對客戶的資信情況要進行全面調查，分類排隊，選出成交可能性最大的合適客戶。對客戶的資信調查的主要內容包括：

1. 支付能力

這主要是瞭解客戶的財力，其中包括註冊資本的大小、營業額的大小、潛在資本、資本負債和借貸能力等。

2. 客戶背景

這主要指客戶的政治經濟背景及其對我們的態度。凡願意在平等互利原則的前提下同我們進行友好往來、貿易合作的客戶，我們都應積極與他們交往。

3. 經營範圍

這主要指企業經營的品種、經營的性質、經營業務的範圍、合作還是獨資經營以及是否同中國做過交易等。

4. 經營能力

這主要指客戶的活動能力、購銷渠道、聯繫網絡、貿易關係和經營做法等。

5. 經營作風

這主要指企業經營的作風和客戶的商業信譽、商業道德、服務態度和公共關係水平等。

應當指出的是，在選擇客戶時，既要注意鞏固老客戶，也要積極物色新客戶，以便在廣闊的國際市場上形成一個廣泛的有基礎和有活力的客戶群。

瞭解客戶的途徑很多，例如：通過實際業務的接觸和交往活動，從中考察客戶；通過舉辦交易會、展覽會、技術交流會、學術討論會主動接觸客戶並進行瞭解；通過有關國家的商會、銀行、諮詢公司和各國民間貿易組織瞭解客戶；從國內外有關專業性報刊和各種行業名錄中瞭解客戶和物色潛在客戶。在通過上述途徑對客戶有所瞭解的基礎上，便可從中挑選出對我們最適合的成交對象。

四、制訂出口商品經營方案

為了更有效地做好交易前的準備工作，使對外洽商交易有所依據，一般都需事先制訂經營方案，保證經營意圖的貫徹和實施。

不同的出口商品所制訂的經營方案是不同的，經營方案的內容及其繁簡也不一樣，現對出口商品經營方案介紹如下。

出口商品經營方案主要內容大致包括下列幾方面：

（1）貨源情況，其中包括國內生產能力、可供出口的數量以及出口商品的品質、規格和包裝等情況。

（2）國外市場情況，主要包括國外市場需求情況和價格變動的趨勢。

（3）出口經營情況，其中包括出口成本、創匯率、盈虧率情況，並提出經營的具體意見和安排。

（4）推銷計劃和措施，包括分國別和地區，按品種、數量或金額列明推銷的計劃進度，以及按推銷計劃採取的措施，如對客戶的利用、貿易方式、收匯方式的運用，對價格佣金和折扣的掌握。

對於大宗商品或重點推銷的商品通常是逐個制訂出口商品經營方案；對其他一般商品可以按商品大類制訂經營方案；對中小商品則僅制訂內容較為簡單的價格方案即可。

此外，出口商在出口交易前，還應在國內外進行商標註冊，及時做好廣告宣傳工作。

2.3.2 進口前準備

一、進口商品審批

中國規定，一切進口貨物都須經過有關政府部門的審查批准。關係國計民生的大宗敏感性重要進口商品，以及限制進口的某些機電儀器產品，均須經國家級主管部門審批；國際市場上相對集中、價格敏感或國內緊缺的重要物質，由中央分配各地方一定的進口額度，由地方主管部門審批；大凡一般商品，均由地方主管部門審批。進口商品的單位根據國家的進口計劃或經省、市、自治區政府主管部門批准的進口計劃提出訂貨申請書，即填寫進口訂貨卡片。由於國內企業一般無經營進口權或進口商品超出其經營範圍，它們進口商品，必須委託有對外經營權的進出口公司或外貿企業代理進口。而進口訂貨卡片就是進出口公司辦理進口業務的主要依據之一，內容包括：商品中、外文名稱、品質、規格、數量、包裝、生產國別或廠商名稱、用途、估計外幣金額，要求到貨時間，外匯來源等。進出口公司在收到用貨單位的進口訂貨卡以及其他政府批准進口的各種文件後，應認真審查各項具體內容，如：進口商品是否符合進口原則；訂貨卡的中、外文品名是否正確，規格是否完整，要求是否適度，用途清楚與否，外匯落實情況以及估計金額是否足夠等。一旦發現有含糊不清或錯誤的地方，應立即採取更正或其他相應措施，以保證進口交易的順利進行和進口后的經濟效益。

二、進口商品市場的調查和選擇

進口商品市場的調查和選擇主要是指通過多種渠道，廣泛瞭解國外欲購商品市場的供銷狀況、價格動態和各國有關的進出口政策、法規措施和貿易習慣做法。根據進口商品的不同規格、不同技術條件、不同供應地區，進行分析比較，在貫徹別國或地區的政策前提下，結合我方的購買意圖，盡量安排在產品對路、貨源充足、價格較低的地區市場進行採購。市場的調查研究包括許多方面：

（1）進口商品調研。根據我方的經濟實力和現有的技術水平，瞭解國外產品的技術先進程度、工藝程度和使用效能，以便貨比三家，進口我們最需要的、商品質量相對較好、技術水平相對較高的商品。

（2）國際市場價格調研。國際市場價格經常因為經濟週期、通貨膨脹、壟斷與競爭、投機活動等多種因素的影響而變幻不定，並且各個國家和地區的同類商品由於自

然、技術條件、成本、貿易政策不同等原因價格也不一致。這就要求我們對上述以及其他影響進口商品價格的諸因素進行詳細分析，選擇在價格最有利的國家和市場採購商品。

（3）國際市場供求關係的調研。由於商品產地、生產週期、產品銷售週期、消費習慣和水平因素的影響，國際市場上我方欲購商品的供給與需求狀況也在不斷變化。為保障我方進口貨源充足和其他有利條件，有必要對世界各地的進口市場的供求狀況作詳細研究，以便作出最有利的抉擇。

（4）在選擇進口商品市場時，進口商品國家的相關貿易政策和法規也不容忽視。比如該國鼓勵、限制商品出口政策、海關稅收、數量配額等。國家的政治局勢動盪與否也值得關注。

（5）進口商品在注重經濟效益的同時，還要貫徹他國政策。凡是能從發展中國家買到同等條件的商品，應優先從這些國家購買。如果我們有貿易順差，則更應安排對該國家的進口。有時商品進口市場的選擇，也從政治上考慮，密切配合外交活動。

總之，進口商品的市場調查是多方面、全方位的綜合研究，選擇好進口商品市場也是商品進口經營方案的重要內容。

三、選擇交易對象

在進口商品時，尋找和瞭解貿易夥伴的途徑或渠道是很多的。例如：通過我駐外商務機構、領事館以及中國銀行或其他外商銀行的介紹；通過國際友好組織（如中日、中美、中法友好協會等）、各國的商業或工業民間組織以及國內外的國際諮詢公司進行瞭解諮詢；從國內外報紙、雜誌上的廣告或名錄、廠商年鑑中瞭解和物色潛在客戶；另外還可通過舉辦各種展銷會、廣交會、小交會、博覽會以結識客戶。不過通過這些途徑得到的信息都較為粗略。為了對客戶有進一步深入的瞭解，對客戶的資信調查可從以下幾個方面分析：①支付能力，主要是考察客戶的註冊資本額、營業額、潛在資本、資本負債和借貸能力等，以瞭解其財力狀況。②經營能力。分析瞭解客戶的供銷渠道、聯繫網絡、貿易關係、經營做法等經營活動能力的大小。③經營作風，主要是指企業的商業信譽、商業道德、服務態度、公共關係水平等是否良好。④經營範圍，包括企業經營的商品品種、業務範圍以及是否與中國做過交易等。

選擇貿易夥伴直接關係著進口的得失與成敗，是交易前準備工作中至關重要的環節。進口公司應通過各種途徑從各個方面對客戶進行全面瞭解，從而選擇最合適、成交可能性最大的客戶。

四、制訂進口商品經營方案

進口商品經營方案是對外洽商交易、採購商品和安排進口業務的依據，其主要內容大致包括下列幾方面：

1. 數量的掌握

根據國內需要的輕重緩急和國外市場的具體情況，適當安排訂貨數量和進度，在保證滿足國內需要的前提下，爭取在有利的時機成交，既要防止前松后緊，又要避免過分集中，從而杜絕饑不擇食和盲目訂購的情況出現。

2. 採購市場的安排

根據國別（地區）政策和國外市場條件，合理安排進口國別（地區），既要選擇對我們有利的市場，又不宜過分集中在某一市場，力爭使採購市場的佈局合理。

3. 交易對象的選擇

要選擇資信好、經營能力強並對我們友好的客戶作為成交對象。為了減少中間環節和節約外匯，一般應向廠家直接採購。在直接採購確有困難的情況下，也可通過中間代理商訂購。由於各廠家的產品質量和成交條件不盡相同，訂購時應反覆比較和權衡利弊，從中選擇對我們最有利的成交對象。

4. 價格的掌握

根據國際市場近期價格，並結合採購意圖，擬訂出價格掌握的幅度，以作為洽商交易的依據。在價格的掌握上，既要防止價格偏高，又要避免價格偏低，因為：出價偏高，會造成經濟損失，浪費國家外匯；出價偏低，則又完不成採購任務，找不到合適的賣主。總之，一般中小進口商不需要制訂經營方案時，往往都制訂價格方案，以利對價格的掌握。

5. 貿易方式的運用

通過何種貿易方式進口，應根據採購的數量、品種、貿易習慣做法等酌情掌握。例如，有的可以通過招標方式採購，有的可按補償貿易或易貨方式進口，更多的是採用一般的單邊進口方式訂購。在經營方案中，對貿易方式的運用問題，一般應提出原則性意見，以利安排進口。

6. 交易條件的掌握

交易條件應根據商品品種、特點、進口地區、成交對象和經營意圖，在平等互利的基礎上酌情確定和靈活掌握。

安排好採購市場和選擇好交易對象是經營方案的重要內容。除此以外，在方案中還要對訂購商品的數量、時間、價格、貿易方式和交易條件等作出妥善合理的安排，以作為對外交易洽談和進口的重要依據。

訂購的數量和時間安排，要根據用貨單位的需要，洞察國外市場波動，防止採購時間、數量過度集中以致外商提高價格或提出其他苛刻條件等，爭取在保證滿足國內需要的前提下，在最有利的時機成交適當的數量。

價格往往是買賣雙方爭論的焦點。如我方出價過低，不利於成交，完不成採購任務；出價過高，又將浪費國家外匯，甚至影響經濟效益或虧損。因此應在對國際市場價格作出詳細調查的基礎上，參照近期進口成交價，擬定出價格掌握幅度，並不宜過早透露給外商。

進口業務除採用單進的貿易方式外，還應針對不同的商品特點、交易地區、交易對象，靈活多樣地採取招標、易貨、補償貿易、三來業務和技術貿易等多種方式；交易條件的制定，比如品質、運輸、保險、商檢，以及價格上的佣金、折扣等內容，也要在處理時機動靈活，以便既有利於進口成交，又維護我方利益。

五、報批用匯計劃

進口商品所用的一切外匯均須按一定程序向主管部門申請批准用匯計劃。進口商品經國務院批准，列入中央進口計劃的，一般由中央撥付外匯給地方；地方進口商品使用的外匯來源主要有中央分配的、經中央批准的專項外匯和週轉外匯。在中國的進口業務實踐中，外貿公司的進口業務分自營進口和代理進口兩種。一般用貨單位委託外貿公司代理經營的，所使用外匯均須經規定部門批准后，才能向中國銀行購買。在外匯落實后，才能辦理進口業務。

六、申領進口許可證

國務院規定統一管理的進口商品和國際市場競爭性強的商品，以及中央各部門進口的許可證商品，由外經貿部發證（或授權各外經貿部特派員辦事處發證），其餘授權省級經貿廳（委、局）發證。

對進口商品實施許可證制是國家管理進出口貿易的一種重要行政手段。對於國家規定必須申領進口許可證的商品，進口單位必須於辦妥進口商品的審批和申請外匯手續後，填製進口許可證申請表，連同有關應提交文件，向發證部門申領進口許可證。

2.4 市場途徑

外貿業務員可以通過多種途徑瞭解國內外市場：可以通過網絡瞭解信息，如通過搜索引擎、專業網站等；可以通過各政府部門瞭解信息，如通過商務部、海關、外匯管理局、中國駐外使領館等部門；可以通過銀行等機構瞭解信息；可以通過行業協會等組織瞭解信息；可以通過業務直觀感受等方式瞭解信息。

2.4.1 世界市場的形成

世界市場是世界各國交換產品、服務、技術的場所，是由世界範圍內通過國際分工聯繫起來的各個國家內部以及各國之間的市場綜合組成。

在世界市場上流通的內容包括貨物、資金、技術、服務等。它的發達程度取決於參加國際交換的國家的數目、商品交換的數量、規模、運銷信息網絡的機制等。

2.4.2 國際分工的概述

一、國際分工的概念

國際分工是指世界各國之間的勞動分工。它是社會分工發展到一定歷史階段，國民經濟內部分工超越國家界限而形成的國家之間的分工。其表現形式是各國貨物、服務等商品的交換。

國際分工是各國對外貿易的基礎，各國參與國際分工的形式和格局決定了該國對外貿易的結構、對外貿易地理方向和貿易利益等。與此同時，各國對外貿易又是國際分工利益實現的途徑和樞紐，各國對外貿易的模式與措施影響著國際分工的發展，由此，國際分工與國際貿易二者相輔相成，互為因果關係。

國際分工，作為一般社會分工在世界範圍內擴大和加深的結果，對生產力的促進作用更加巨大，從而對世界經貿的發展起巨大的推動作用。

總之，國際分工的形成和發展，對促進世界生產力和世界經濟的發展，促進生產現代化和人類社會的進步，具有無可比擬的巨大的積極作用，成為國際貿易發展的基礎。

二、國際分工的類型

1. 垂直型國際分工。

發達資本主義國家和發展中國家之間的分工，通常稱為垂直型國際分工。

這種分工是經濟發展水平不同的國家之間縱向的分工，主要表現為農礦業與製造業初級產品與加工製成品、勞動密集型產品與資本和技術密集型產品之間的分工。

2. 水平型國際分工。

發達資本主義國家之間的分工，通常稱為水平型國際分工。

這是經濟發展水平大體相同的國家之間橫向的分工、主要發達國家之間的分工，主要表現為工業部門之間或工業品生產方面的分工。發達資本主義國家相互間的貿易

關係主要是以這種分工關係為基礎的。這種分工發生、發展的前提是參加分工的各個國家有類似的生產結構和先進的技術水平，同時也和下列經濟條件有密切聯繫：各國工業發展有先有後，工業部門發展不平衡，各國技術水平存在差別，資源狀況不同，以及各國人民的消費習慣、消費水平不同等等。

發展中國家之間的分工，也是一種「水平型」國際分工。

3. 混合型國際分工

混合型國際分工，是上述兩種基本類型的混合。

從某一國家來看，它在國際分工體系中既參加垂直型的分工，也參加水平型的分工。當前，一般都把發達資本主義的分工歸於這一類，因為發達資本主義國家兼有垂直型分工和水平型分工。而就發展中國家來說，它們之間的水平型分工還不夠發展，基本上是參加垂直型分工。

三、影響國際分工的基本因素

1. 自然條件因素

自然條件是國際分工產生和發展的基礎。

自然條件包括氣候、土地、水流、自然資源、地理位置和國土面積等等。它們對各國產業結構的影響是顯而易見的。

2. 社會生產力因素

社會生產力是國際分工形成和發展的決定性因素。國際分工是生產力發展的必然結果。

生產力的增長是社會分工的前提條件；各國的生產力水平決定了其在國際分工中的地位；生產力水平決定著國際分工的形式、廣度和深度；生產力水平決定了國際分工的產品內容；科學技術在生產力中的地位日益重要。

3. 人口與生產規模因素

人口、生產和市場影響國際分工的規模。

4. 資本國際化因素

資本國際化是國際分工深入發展的關鍵。資本國際化促進了國際分工的迅速發展。

5. 生產關係因素

生產關係影響著國際分工的性質和作用。

6. 經濟貿易政策因素

經濟貿易政策可以推進和延緩國際分工的發展。

2.4.3 分析世界市場

一、當代世界市場的主要特徵

第二次世界大戰後，世界市場在動盪中不斷擴大，呈現出一些明顯的特徵。

1. 世界市場容量迅速擴大

二戰後，科技革命蓬勃發展。隨著科學技術的進步，社會生產力不斷發展，國際分工進一步向縱深發展，使世界市場的容量迅速地擴大，主要表現為世界市場地理範圍和聯繫內容的擴大，以及國際貿易額、國際貿易量和貿易商品種類的增加。戰後世界市場聯繫的內容已包括商品、資本、技術、勞務和知識產權等方面。

2. 世界市場的壟斷性不斷加強

各國政府通過與他國組建區域經濟集團控制市場；通過跨國公司進行大規模資本輸出，繞過他國的貿易壁壘，從內部控制市場；通過制定獎出限入的對外貿易政策爭奪市場。

3. 世界市場的競爭日益加劇

二戰后，世界市場由賣方市場轉向買方市場，壟斷不斷加強，使世界市場上競爭更為激烈。為了爭奪世界市場，各國在設置關稅壁壘的同時，競相採取各種各樣的非關稅壁壘措施限制進口、擴大出口。

4. 世界市場的國際協調與管理逐步發展

二戰后，世界各國一方面採取各種國內政策和對外貿易政策手段來干預和影響世界市場，另一方面又通過締約政府間協定、一體化和國際經濟組織政府首腦定期會談等形式對世界商品、資本及勞務市場進行協調和管理。

5. 世界市場的投機日益加劇

二戰后，世界市場上大多數商品在多數時間裡處於相對過剩狀態，但又存在著結構性的商品供給不足。這種狀況雖為各國企業進入世界市場提供了機遇，卻又促成了國際投機的加劇和價格的波動。

二、影響世界市場價格變動的因素

國際市場價格亦稱世界市場價格或國際價格。它是國際範圍的市場價值或其轉化形態的貨幣表現，是指某種商品在國際市場的一定時期內客觀形成的具有代表性的成交價格。

具有代表性的成交價格通常是指：①某些國際市場集散中心成交的商品價格、集散地的市場價格；②某些商品主要出口國（或地區）具有代表性的進口價格；③某些商品主要進口國（或地區）具有代表性的進口價格；④某些重要商品的拍賣價格、開標價格。

三、世界市場價格的主要種類

世界市場價格按其形成條件、變化特徵可分為下列幾種：

1. 世界「自由市場」價格

世界「自由市場」價格是指在國家間不受壟斷或國家壟斷力量干擾的條件下，由獨立經營的買者和賣者進行交易的價格。國際供求關係是這種價格形成的客觀基礎。

「自由市場」是由較多的買主和賣主集中在固定的地點，按一定的規則，在規定的時間進行的交易。儘管這種市場也會受到國際壟斷和國家干預的影響，但是由於商品價格在這裡是通過買賣雙方公開競爭而形成的，所以，它常常較客觀地反應了商品供求關係的變化。聯合國貿易與發展會議所發表的統計中，把美國穀物交易所的小麥價格、玉米（阿根廷）的英國到岸價格，大米（泰國）的曼谷離岸價格，咖啡的紐約港交貨價格等36種初級產品的價格列為世界「自由市場」價格。

2. 世界「封閉市場」價格

「封閉市場」價格是買賣雙方在一定的約束關係下形成的價格。商品在國際上的供求關係，一般對它不會產生實質性的影響。

世界「封閉市場」價格一般包括以下幾種：

（1）調撥價格

調撥價格又稱轉移價格，是指跨國公司為了最大限度地減輕稅負，逃避東道國的外匯管制等目的，在公司內部規定的購買商品價格。

（2）壟斷價格

壟斷價格是指國際壟斷組織利用其經濟力量和市場控製力量決定的價格。在世界市場上，國際壟斷價格有兩種：一種是賣方壟斷價格；另一種是買方壟斷價格。前者是高於商品的國際價值的價格；后者是低於商品的國際價值的價格。在兩種壟斷價格下，均可取得壟斷超額利潤。

此外，在世界市場上，由於各國政府通過各種途徑對價格進行干預，所以出現了國家壟斷價格和管理價格。

（3）區域性經濟貿易集團內的價格

第二次世界大戰后，成立了許多區域性的經濟貿易集團。在這些經濟貿易集團內部，形成區域性經濟貿易集團內價格，如歐盟的共同農業政策中的共同價格。

（4）國際商品協定下的協定價格

商品協定通常採用最低價格和最高價格等辦法來穩定商品價格。當有關產品的世界市場價格低於最低價格時，就用緩衝基金收購產品，減少產品供應量，使價格上升；當有關產品的世界市場價格高於最高價格時，則擴大出口或拋售緩衝庫存，加大商品供應量，使商品價格回落。

四、影響世界價格變動的主要因素

影響商品國際市場價格變動的基本因素有以下幾個方面：

1. 國際價值是商品世界市場價格變動的基礎和中心

商品的價值是商品價格變動的基礎和中心，價值決定價格，價格是價值的貨幣表現。同樣，商品的國際價值也是商品國際市場價格變動的基礎和基本軸心。商品的國際價值也決定著國際市場價格的變動。假如生產某種商品所耗費的國際社會必要勞動時間減少，商品的國際價值降低，商品的國際市場價格也將隨之而下降；相反，如果生產某種商品所耗費的國際社會必要勞動時間增加，商品的國際價值提高，商品的國際市場價格也會隨之而提高。

影響國際價值量變化的主要因素有：

（1）國際分工和世界市場聯繫的廣度與深度；

（2）勞動生產率國際價值量隨國際社會必要勞動時間的變化而變動；

（3）勞動強度；

（4）貿易參加國的貿易量，國際社會必要勞動時間的形成與參加國際貿易國家的貿易量有密切關係。

2. 貨幣價值的變化對世界市場價格的影響

在商品價值不變的情況下，商品的價格會隨著貨幣價值的升降而呈反比例變化。貨幣貶值、通貨膨脹，則商品價格上漲；貨幣升值，則商品價格下跌。

3. 供求關係也是影響國際市場價格變動的重要因素

供求變動是引起世界市場價格發生變動的直接因素，其他因素是通過影響供求促使價格發生變化的。在世界市場上，商品的供給和需求經常處於不平衡狀態，因此，世界市場價格經常圍繞國際價值上下波動，這正是價值規律的表現形態。一方面，供

求的變化會引起世界市場價格的變化；另一方面，價格的高低波動會反過來調節世界市場的供求狀況。當商品的供給超過需求時，世界市場價格會低於國際價值；反之，當商品的需求超過供給時，世界市場價格就可能高於國際價值（具體有以下幾種情形：同向變化：①供求同增：a. 供給增加＞需求增加，價格微跌；b. 供給增加＜需求增加，價格稍漲；②供求同減：a. 供給減少＞需求減少，價格略漲；b. 供給減少＜需求減少，價格下跌。反向變化：①供給增加、需求減少，價格猛跌；②供給減少、需求增加，價格暴漲）。

因此供求關係是影響國際市場價格的重要因素，而影響供求變化的一些因素也會間接地對國際市場價格起重要影響作用：

(1) 壟斷和競爭

壟斷在一定程度上扼殺了競爭，但競爭又必然會打破壟斷。①壟斷分為賣方壟斷和買方壟斷兩種，壟斷了賣方市場，則使供給減少，價格上升；壟斷了買方市場，則使需求減少，價格下跌。②競爭分為賣主之間的競爭、買主之間的競爭以及賣主與買主之間的競爭三種。賣主競爭的結果是使價格下跌，相反買主之間的競爭則使價格上升；而賣主與買主之間的競爭，若是賣主占據主導地位，則價格上漲，若買主占據主導地位，則價格必然下跌。

(2) 經濟週期

資本主義經濟的發展具有週期性，每個週期大體包括危機、蕭條、復甦、高漲四個階段。這種週期性的收縮和擴張，制約著供求變動，從而影響世界市場價格的變化。在危機、蕭條期間，商品供過於求，價格下降；在復甦、高漲階段，商品供不應求，價格上漲。

(3) 各國政府所採取的干預價格的政策措施

如支持價格政策、出口補貼政策、出口管制政策、外匯稅收政策、戰略物資的拋售政策等等，都對國際商品市場的供求產生影響，從而對國際市場的價格產生很大的影響。

(4) 其他非經濟因素的影響

世界市場價格的變動，除了受以上一些因素的影響外，還受一些非經濟因素的影響，如自然災害、戰爭、政治動亂、投機、季節性等等，都是影響世界市場供求並進而影響到國際市場價格的重要因素。

2.5 進行國際市場調研

進行市場調研是為了獲得與交易有關的各種信息，通過對信息的分析，得出國際市場行情特點、判斷貿易的可行性，進而據以制訂貿易計劃。市場調研的範圍包括經濟調研、客戶調研等。一般而言，應重點調研以下信息：

(1) 主要進出口國和用戶需要；
(2) 擬進出口產品的國際市場價格水平和相應質量標準；
(3) 擬與之建立業務關係的客戶資信狀況與業務經營能力；
(4) 與擬進出口產品相關的國家政策和管理規定等。

外貿業務員需要瞭解國際市場消費者的需求與偏好；捕捉國際市場營銷機會；為企業的國際營銷活動提供決策依據；控製企業國際營銷的發展進程，避免風險。

市場調研主要是針對某一具體選定的商品，除了調查其市場需求情況，還要瞭解

國內市場的供應情況、國內企業的生產能力。要瞭解生產的技術水平和成本、產品性能、特點、消費階層和高潮消費期、產品在生命週期中所處的階段、該產品市場的競爭和壟斷程度等內容。目的在於確定該商品貿易是否具有可行性、獲益性。

2.5.1 國際市場營銷的文化環境分析

國際營銷是跨國界的經營活動，這種經營活動與國內營銷的主要區別就是，企業在其他國家面臨著不同的文化環境。各國文化背景的不同導致了各國顧客的需求不同。企業要想在國際營銷中滿足異國顧客的需求，就必須首先進行文化分析，根據各國文化的差異性來判斷各國顧客需求的差異性。從各國企業的國際營銷實踐來看，重視文化分析者成功，忽略文化分析者失敗，這已成為國際商界的一條定律。

文化環境對企業國際營銷活動的影響具有廣泛性和深遠性。

國際市場的文化中，語言教育、社會結構、宗教信仰、美學觀點、價值觀念和風俗習慣等文化構成要素的影響是文化環境分析的重點，不僅要探討不同文化對企業產品定價、分銷和促銷等營銷組合的影響，而且還要瞭解企業國際營銷活動對當地文化的影響。

2.5.2 國際市場營銷的經濟環境分析

國際市場營銷的經濟環境由兩部分組成：世界經濟環境和目標國家經濟環境。對世界經濟環境的分析，通常包括世界經濟結構及經濟發展趨勢、國際貿易構成和國際金融體系的分析。目標國家經濟環境調研的目的在於瞭解一個國家或地區的自然條件、總體經濟狀況、生產力發展水平、產業結構特點、國家的宏觀經濟政策、貨幣制度、經濟法律和條約、價值觀念、商業習慣、消費水平和基本特點等。

2.6 尋找貿易機會的主要方式

尋找國外客戶，即尋找國際貿易往來對象，大致有如下幾種方法：

（1）充分利用工商名錄。

（2）利用駐外分支機構開發新客戶。各大公司在國外設立分公司，其主要目的就是開發新客戶，為公司爭取更多的貿易機會。

（3）充分聯繫來華的各種外國代表團。

（4）出國考察。

（5）國外老客戶的介紹。

（6）利用新聞工具獲得新客戶。

（7）通過商會、領事館及對外貿易協會的介紹獲取新客戶。

（8）通過博覽會、展銷會結識客戶。

（9）利用互聯網，開展網上營銷。

（10）利用其他一些特殊渠道，如聯合國採購、跨國採購平臺和方式或駐外機構（如貿易中心）常年開設的展廳，進行商品展覽等。

利用上述方法所選擇的客戶，還需要進行嚴格的資信調查，這樣才能使我們的國際貿易順利進行。

【項目自測】

一、單項選擇題

1. 對外貿易產生和發展的基礎是（　　）。

  A. 社會生產力的發展和社會分工的擴大

  B. 畜牧業的發展

  C. 手工業的出現

  D. 商業的出現

2. 對外貿易是哪種生產方式的基礎和產物？（　　）。

  A. 奴隸社會   B. 封建社會

  C. 資本主義   D. 社會主義

3. 國際分工與國際貿易之間的關係是（　　）。

  A. 兩者沒有聯繫

  B. 兩者為平行關係

  C. 國際分工是國際貿易的基礎

  D. 國際貿易是國際分工的基礎

4. 從18世紀后半期到19世紀中葉是資本主義（　　）。

  A. 國際分工和世界市場的萌芽時期

  B. 國際分工的形成和世界市場的建立時期

  C. 國際分工體系和統一的世界市場的形成時期

  D. 國際分工的昇華和世界市場的擴大時期

5. 調撥價格是（　　）。

  A. 跨國公司與非跨國公司交易時採用的價格

  B. 跨國公司內部商品交換時規定的價格

  C. 國家向企業採購商品時採用的價格

  D. 國家調撥商品時採用的價格

6. 國際貿易商品價格形成的基礎是（　　）。

  A. 商品所包含的國際價值

  B. 商品所包含的國內價值

  C. 商品所包含的最高勞動強度

  D. 商品所包含的最低勞動強度

7. 國際貿易商品價格的基本職能是（　　）。

  A. 表現商品的社會勞動   B. 表現商品的國內價值

  C. 表現商品的國際價值   D. 表現商品的個人勞動

8. （　　）是企業和外貿業務員開展進口業務活動的行動綱領。

  A. 市場調研   B. 申請進口許可證

  C. 核算進口成本   D. 制訂進口經營方案

二、多項選擇題

1. 影響國際分工發展的因素有（　　）。

  A. 社會生產力的發展   B. 自然條件

  C. 上層建築   D. 國際生產關係的改變

  E. 資本國際化

2. 國際分工對國際貿易的影響表現在（　　）。

  A. 國際分工影響國際貿易的發展速度

  B. 國際分工影響國際貿易的地理方向

  C. 國際分工影響國際貿易的商品結構

  D. 國際分工影響各個國家對外貿易政策的制定

  E. 國際分工影響對外貿易依存度

3. 出口業務前的準備工作主要包括（ ）。

  A. 尋找和選擇國外供應商

  B. 進口商品業務調查

  C. 申請進口許可證

  D. 完成申請進出口經營資格

  E. 辦理海關登記註冊等工作

4. 商品國際市場價格是由買者和賣者之間的競爭即供求關係決定的。它包括（ ）。

  A. 賣者之間的競銷

  B. 買者之間的競購

  C. 買者和賣者之間的競爭

  D. 賣者之間的競購

  E. 買者之間的競銷

5. 出口業務前的準備工作主要包括（ ）。

  A. 熟悉產品和瞭解市場

  B. 尋找客戶

  C. 資信調查

  D. 擬寫建交函

  E. 完成申請進出口經營資格、辦理海關登記註冊、出口退稅登記、出口報檢登記等工作

6. 進口業務前的準備工作主要包括（ ）。

  A. 尋找和選擇國外供應商 B. 進口商品（設備）業務調查

  C. 申請進口許可證 D. 完成申請進出口經營資格

  E. 辦理海關登記註冊等工作

三、簡述題

1. 簡述當代國際市場（世界市場）運行機制的基本特徵。
2. 簡述尋找貿易機會的主要方式。

項目三
交易磋商

【學習目標】

1. 能力目標：熟悉國際貿易政策，靈活運用商品品質和數量的表示方法，熟悉包裝的種類以及各種包裝標誌的實際運用，能確定出口價格構成，能根據國外客戶還價和採購成本核算預期出口利潤率，能根據國外客戶還價和預期出口利潤率核算採購成本，書寫詢盤、發盤及還盤函。

2. 知識目標：學生瞭解國際貨物買賣合同中有關品質、數量、價格、包裝條款的基本內容以及在訂立合同時應該注意的問題，學生熟悉國際貿易政策及關稅壁壘和非關稅壁壘（合稱貿易壁壘），並要求學生掌握鼓勵出口的經濟措施，簡要瞭解設立經濟特區等鼓勵出口的宏觀措施。掌握詢盤、發盤、還盤及接受基礎知識，熟悉外貿活動中交易磋商的過程及相關規定。

【項目任務】

子項目1　查詢相關貿易政策和書寫詢盤及樣品操作。

能力目標：能書寫詢盤，熟悉貿易政策。
知識目標：掌握貿易政策和詢盤及樣品操作。
學習情景：在2014年10月31日~11月4日的第116屆廣交會上，山東金葉進出口有限公司外貿業務員王芳結識了來自美國的XYZ CO., LTD.（金葉進出口有限公司的新客戶）經理David Copperfield，他對New Design Brown Bear KB0677非常感興趣，留下了名片。2014年11月21日王芳收到了David Copperfield的電子郵件，欲購買玩具熊。內容如下：

發件人：	xyzco@hotmail.com
收件人：	wangfang@zjjy.com.cn
日　期：	2014-11-21　16：12：09
主　題：	Enquiry on New Design Brown Bear KB0677
附　件：	

表(續)

> Dear Miss Wang,
> 　　It was regretful that we didn't have the chance to talk with you in detail during the 116th Canton Fair 2014. We are one of USA professional importer of toy articles. Now we are keenly interested in your New Design Brown Bear, Style KB0677. It would be appreciated if you could quote us your best price in USD/pc on CIF NEWYORK. The proceeds will be paid by L/C at sight and the date of shipment is not later than Apr. 30, 2015.
> 　　Besides, please mail one sample of the above item by DHL a.s.a.p. The courier charge will be paid by us via DHL No. 966785901. If the sample tests well, we will pay the sample charge by T/T. If the price is reasonable, we will place the order of 1,000 sets of Style KB0677 respectively.
> 　　Best wishes.
> 　　Your sincerely,
> 　　David Copperfield
> 　　Purchase Manager
> 　　XYZ CO., LTD.
> 　　Add: 623 West End Avenue, Unit 4-A, New York, NY 10024, USA
> 　　Tel: + (001) 212,917560815
> 　　Fax: + (001) 212,917560815
> 　　Email: xyzco@hotmail.com

任務1　翻譯並分析國外客戶電子郵件內容

王芳翻譯國外客戶電子郵件的正文內容並分析該電子郵件。

任務2　調查貨物相關的貿易政策

王芳通過2014年海關報關實用手冊或海關總署網站查詢到該玩具熊的海關監管證件代碼、出口退稅率等信息。

任務3　樣品操作

王芳給老供應商山東佳美玩具廠書寫並傳真打樣和詢價函，收到美方所寄樣品後辦理寄樣手續。

【操作演示】

任務1　翻譯並分析國外客戶電子郵件內容

第一步：王芳翻譯國外客戶電子郵件的正文內容如下：

> 親愛的王小姐：
> 　　在第116屆中國廣州進出口交易會時非常遺憾，不能與您詳談。我司是專門從事玩具進出口業務的美國公司。現對貴司型號為KB0677的新設計玩具熊很感興趣，如果貴司能以CIF紐約條件用美元報最優惠價，我司將不勝感激。貨款用信用證即期支付，交貨期不得遲於2015年4月30日。
> 　　另外，請盡快通過敦豪快遞公司每款寄一件樣品，快遞費由我司通過DHL協議號966785901支付。假如樣品通過測試，我司會電匯貴司樣品費。如果價格合理，我司都將各訂購1,000套。
> 　　送上最誠摯的祝福！
> 　　你最真誠的，
> 　　科波菲爾
> 　　經理

第二步：王芳通過分析郵件對該公司得出一個初步印象。

1. 需求較真實明確，不像試探性詢價

因為詢價內容非常細，包括品名、款式、價格術語、報價貨幣、支付方式、交貨期和訂單量等，且該公司告知的信息較全，不僅告知其主營業務，還告訴其地址、電話、傳真和電子郵箱等聯繫信息。

2. 寄樣操作中規中矩，不是為騙取樣品

因為寄樣要求非常合理，寄樣費到付並告知該公司 DHL 協議號，若樣品通過其客戶測試，還將會付樣品費。為此，王芳應盡快開展貨物相關貿易政策調查、打樣寄樣和報價等工作。

任務 2　調查貨物相關的貿易政策

第一步：王芳查詢商品的 HS CODE

王芳通過 2014 年海關報關實用手冊查詢到該玩具熊為 HS CODE 9503002100，在海關報關實用手冊中該玩具熊的名稱為「玩具熊」。

第二步：王芳查詢商品的海關監管證件代碼

王芳根據該玩具熊 HS CODE 為 9503002100，查到其海關監管證件代碼為 B，即出口報關時需向海關提供出境貨物通關單，出境貨物通關單是報關地出入境檢驗檢疫機構對出口貨物檢驗通過后簽發的。因此，該玩具熊是屬於法定報檢貨物，出口前，需向出入境檢驗檢疫機構辦理報檢手續。

第三步：王芳查詢出口退稅率

王芳進入國家稅務總局網站 http://www.chinatax.gov.cn，點擊「納稅服務」欄目中的「出口退稅率查詢」後，輸入商品代碼，即 HS CODE 9503002100，查得出口退稅率為 8%。

任務 3　樣品操作

第一步：打樣

11 月 21 日，王芳根據美方的電子郵件，給佳美玩具廠書寫並發傳真，要求佳美玩具廠打樣。

第二步：來樣登記

11 月 24 日，收到玩具廠寄來的款號為 KB0677 的兩套樣品，在《工廠來樣登記表》上登記來樣時間、所屬業務、來樣編號、來樣工廠、樣品支付方式（自付/到付）、件數、預估金額和商業機會等信息。

第三步：寄樣

通過 DHL 快件公司將每款一件樣品寄出，郵費到付。

第四步：留樣

剩餘每款一件樣品自己留存，製作樣品標籤。其內容一般包括樣品編號、品名、款號、客戶名稱、快遞公司、寄樣時間、快遞單號等重要信息，便於識別和日後與客戶聯繫。王芳把已製作好的樣品標籤分別掛在對應的樣品上，再把樣品掛在樣品室。

【擴展訓練】

項目：調查貿易政策和書寫詢盤及樣品操作
實訓地點：多媒體教室
實訓課時：2 課時
實訓任務：
(1) 能書寫詢盤，熟悉貿易政策。
(2) 掌握貿易政策和詢盤及樣品操作。

學習情景：在第 103 屆中國進出口商品交易會上，山東金葉進出口有限公司外貿業務員王芳結識了來自德國經營紡織服裝的 Cadi GmbH & Co. KG 經理 Dirk Nowitzki。王芳對 Style No. F123 和 F125 全棉女式夾克非常感興趣，留下了名片。2011 年 4 月 21 日王芳發郵件給 Dirk Nowitzki，欲購買女式夾克，內容如下：

發件人：	wangfang@zjjy.com.cn
收件人：	dirkn@cadi.com.de
日　期：	2011-04-21　16：12：09
主　題：	Enquiry on Ladies Jacket
附　件：	

Dear Mr. Nowitzki,

　　It was regretful that we didn't have the chance to talk with you in detail during the 103rd Chinese Import and Export Commodities Fair. We are one of the German professional importer of textiles and textile articles. Now we are keenly interested in your Ladies Jacket, Style No. F123 and F125. It would be appreciated if you could quote us your best price in USD/pc on FOB Hamburg. The proceeds will be paid by L/C at sight and the date of shipment is not later than July 31, 2008.

　　Besides, please mail one sample of the above item by DHL a.s.a.p. The courier charge will be paid by us via DHL No. 966785901. If the sample tests well, we will pay the sample charge by T/T. If the price is reasonable, we will place the order of 2,000 pieces for Style No. F123 and F125 respectively.

　　Best wishes.
　　Yours truely
　　Wang Fang
　　Add：Shandong Jinye Import and Export Co., Ltd.
　　118 Lvyou Street, Jinan, China
　　Tel：0531-86739177
　　Fax：0531-86739178
　　E-mail：wangfang@zjjy.com.cn

任務 1　翻譯並分析國外客戶電子郵件內容

步驟一：學生以業務員王芳的身分翻譯國外客戶電子郵件的正文內容。

步驟二：王芳通過分析郵件對該公司得出一個初步印象。寫一份報告。不少於 300 字。

任務2　調查貨物相關的貿易政策

王芳通過2011年海關報關實用手冊或海關總署網站查詢到該全棉女式夾克的HS CODE、海關監管證件代碼、進口稅率、進口許可證等信息。

步驟一：學生以業務員王芳的身分查詢商品的HS CODE。

通過2011年海關報關實用手冊查詢到該全棉女式夾克的HS CODE為6204320090，在海關報關實用手冊中該全棉女式夾克的名稱為「棉制其他女式上衣」。

步驟二：查詢商品的海關監管證件代碼、進口許可證。

步驟三：查詢進口退稅率。

（1）進入國家稅務總局網站：http://www.chinatax.gov.cn；

（2）點擊「納稅服務」欄目中的「進口退稅率查詢」；

（3）輸入商品代碼，即HS CODE 6204320090，查得進口退稅率為5%。

任務3　樣品操作

王芳書寫給Dirk Nowitzki的詢價函，要求德方寄樣品后，辦理相關手續。

步驟一：學生以業務員王芳的身分給Dirk Nowitzki書寫詢價函並發傳真，要求對方對Style No. F123和F125打樣。

步驟二：來樣登記。

（1）學生以業務員王芳的身分接受德方寄來的款號為F123和F125的兩件樣品。

（2）在《工廠來樣登記表》上登記來樣時間、所屬業務、來樣編號、來樣工廠、樣品支付方式（自付/到付）、件數、預估金額和商業機會等信息。

步驟三：留樣。

（1）學生以業務員王芳的身分將每款其中一件樣品自己留存。

（2）製作樣品標籤。其內容一班包括樣品編號、品名、款號、客戶名稱、快遞公司、寄樣時間、快遞單號等重要信息，便於識別和日后與客戶聯繫。

（3）學生把製作好的樣品標籤分別掛在對應的樣品上。

實訓評估與標準：

（1）分2組扮演買家客戶和賣家業務員，互評。

（2）滿意者平時成績每人加1分。

（3）正確無誤平時成績每人加1分。

（4）未參與的學生，平時成績每人扣2分。錯誤多、慢及未完成者扣1分。

【相關知識連結】

對外貿易政策是世界各國發展對外貿易的重要手段，其中關稅和非關稅措施作為發展和保護本國貿易的主要手段，被各國日益重視並結合運用，在當代各國國際貿易中擔當重要角色。

3.1　對外貿易政策概述

3.1.1　對外貿易政策的含義

對外貿易政策是指一國政府在其社會經濟發展戰略的總目標下，通過經濟，法律和行政手段，對對外貿易活動進行有組織的管理和調節行為。它是一國對外經濟和政

治關係政策和措施的總體，屬於上層建築一部分。對外貿易政策的根本目的是維護本國的利益，具體包括：

（1）促進經濟發展與穩定；

（2）加強和完善經濟體制；

（3）獲取良好的國際經濟與政治環境。

3.1.2 對外貿易政策類別

根據各國對商品與服務的進口貿易和出口貿易實施的措施不同，對外貿易政策分為兩種基本類型：一是保護貿易政策；二是自由貿易政策。

自由貿易政策和保護貿易政策二者相互交織，不斷變化，只是強弱程度不同而已。

1. 自由貿易政策

自由貿易政策是指國家對貿易活動不加以直接干預，既不鼓勵出口，也不限制進口，使商品和生產要素在國家之間自由流動，在國內外進行自由競爭。

2. 保護貿易政策

保護貿易政策是指政府廣泛利用各種限制進口的措施，保護本國市場免受外國商品、服務和技術的競爭，並對本國商品、服務出口和對外投資給予優惠和補貼。保護貿易政策是一系列干預貿易行為的各種措施的組合。保護貿易政策基本上是后進國家或競爭力弱的國家崇尚的貿易政策。

3.1.3 商品相關的貿易政策

1. 禁止出口的貨物和技術

（1）禁止出口貨物規定。可查詢《禁止出口貨物目錄》（六批）。

（2）禁止出口勞改產品、有重要價值的野生植物、一些中國特有的珍珠貝類。

（3）禁止出口技術管理。

2. 限制出口的貨物和技術

限制出口的貨物和技術的目錄可以查詢商務部網站：http://www.mofcom.gov.cn。

（1）國內供應短缺或者為有效保護可能用竭的國內資源，需要限制出口的。

（2）對任何形式的農業、牧業、漁業產品有必要限制出口的。

（3）根據中華人民共和國所締結或者參加的國際條約、協定的規定，需要限制出口的。

3. 徵收出口關稅的貨物

2008年12月1日，中國調整徵收出口關稅的產品範圍和稅率。取消102項產品的出口關稅或特別出口關稅；降低54項產品的出口關稅；調整部分產品的出口關稅徵收方式和應稅產品範圍；提高5項產品的出口關稅；新增對15項產品徵收出口關稅。

4. 海關監管證件代碼與辦理機構（出口）（見下表）

代碼	監管證件名稱	發證機構
3	兩用物項和技術出口許可證	商務部及其授權機構
4	出口許可證	商務部配額許可證事務局及其授權機構
5	紡織品臨時出口許可證	商務部及其授權機構
8	禁止出口商品	（商品編碼后有此代碼的商品禁止出口）

表(續)

代碼	監管證件名稱	發證機構
B	出境貨物通關單	國家質量監督檢驗檢疫局
D	出入境貨物通關單（毛坯鑽石用）	國家質量監督檢驗檢疫局
E	瀕危物種允許出口證明書	國家涉危物種進出口管理辦公室及其辦事機構
G	兩用物項和技術出口許可證（定向）	商務部及其授權機構
H	港澳 OPA 紡織品證明	香港工業貿易署、澳門經濟局
I	精神藥物進（出）口准許證	國家藥品監督管理局
J	金產品出口證或人總行進口批件	中國人民銀行
L	藥品進出口准許證	國家食品藥品監督管理局
S	進出口農藥登記證明	國家農業部
T	銀行調運現鈔進出境許可證	國家外匯管理局、中國人民銀行
W	麻醉藥品進出口准許證	國家藥品監督管理局
X	有毒化學品環境管理放行通知單	國家環境保護總局
Y	原產地證明	國家及省市商檢局、貿促會分會及其他有權簽發原產地證機構
x	出口許可證（加工貿易）	商務部及其授權機構
y	出口許可證（邊境小額貿易）	商務部及其授權機構

3.2 關稅措施

世界各國的對外貿易政策是通過各種各樣的措施來實現的，具體包括關稅措施、非關稅措施、鼓勵出口和出口管制以及其他各種措施，其中關稅措施是最重要和常見的。近幾十年來維持國際貿易秩序的「GATT」和1995年以來的「WTO」把關稅作為唯一合法的經濟保護手段，允許各國使用。

3.2.1 關稅概述

1. 關稅的概念

關稅（Customs Duties；Tariff）是進出口商品經過一國關稅境域時政府所設置的海關向進出口商所徵收的稅收。

海關是設在關稅境域上的國家行政管理機構，是貫徹執行本國有關進出口政策、法令和規章的重要工具。其任務是根據這些政策、法令和規章對進出口貨物、貨幣、金銀、行李、郵件、運輸工具等實行監督管理徵收關稅、查禁走私貨物、臨時保管通關貨物和統計進出口商品等。海關還有權對不符合國家規定的進出口貨物不予放行、罰款，直到沒收或銷毀。

徵收關稅是海關的重要任務之一。海關徵收關稅的領域叫關境或關稅領域。它是海關所管轄和執行有關海關各項法令和規章的區域。一般來說，關境和國境是一致的，但有些國家在國境內設有自由港、自由貿易區和出口加工區等。這些地區不屬於關境範圍之內，這時關境小於國境。有些國家組成關稅同盟，參加關稅同盟的國家的領土

即成為統一的，這時關境大於各成員國的國境。

2. 關稅的特點

（1）關稅是一種間接稅

關稅屬於間接稅。因為關稅主要是對進出口商品徵收，其稅負由進出口貿易商墊付稅款，然后把它作為成本的一部分加在貨價上，在貨物出售給買方時收回這筆墊款。這樣，關稅負擔最后便轉而由買方或消費者承擔。

（2）關稅的稅收主體和客體是進出口商人和進出口貨物

按納稅人與課稅貨物的標準，稅收可分為稅收主體和稅收客體。稅收主體（Subject of Taxation）也稱課稅主體，是指在法律上根據稅法規定，負擔納稅的自然人或法人，也稱納稅人（Taxpayer）。稅收客體（Object of Taxation）也稱課稅客體或課稅對象，是被消費者和生產者消費或使用的物品等。

關稅與國內稅不同。關稅的稅收主體是本國進出口貿易商，當商品進出國境或關境時，進出口商根據海關法規定向當地海關繳納關稅，他們是稅收主體，即關稅的納稅人。關稅的稅收客體是進出口貨物。根據海關法，對各種進出口商品制定不同稅目和稅率，徵收不同的稅收。

3. 關稅的作用

（1）關稅是各國對外貿易政策的重要措施

在一個國家對外關係中，關稅可以起到如下的作用。第一，關稅設置，直接影響到國家之間的政治與經濟關係。如一國隨意設置不合理的關稅，容易導致國家之間發生貿易戰；如設置合理，則能改善國家之間的經貿和政治關係。第二，合理的關稅設置有利於國家之間比較優勢的發揮，形成相互有利的國際分工。第三，關稅的高低影響經貿集團之間的貿易創造、貿易轉移、市場的統一和資源的流向與配置。

（2）關稅是國家財政收入的一部分

關稅是各國國家財政收入的一部分，但比重在下降。由於發達國家內市場發達程度高於發展中國家，關稅在國家財政收入中的比重，發達國家較低，而發展中國家則較高。

（3）關稅可以調節進出口貿易

許多國家通過制定和調整關稅稅率來調節進出口貿易。在出口方面，通過低稅、免稅和退稅來鼓勵商品出口；在進口方面，通過稅率的高低來調節和控製商品的進口。

（4）關稅調節生產領域的發展方向

在生產領域，對不同產業進出口貨物給予不同的關稅待遇，調節生產要素的流動方向，實現合理的產業佈局。在商品流通領域，運用關稅調節進出口商品的流量。在分配領域，通過關稅的徵收與使用，實現國民收入的再分配。在消費領域，通過關稅調整進口與出口貨物的類別，滿足國內不同階層的需要。

3.2.2 關稅的種類

關稅按不同的分類方法有以下幾種：

1. 按商品流向分類

（1）進口關稅

進口關稅是指進口國家的海關在外國商品輸入時，根據海關稅則對本國進口商所徵收的關稅。這種進口關稅在外國貨物直接進入關境時徵收，或者在外國貨物由自由

港、自由貿易區或海關保稅倉庫銷出運往進口國的國內市場銷售時，根據海關稅則徵收。

（2）出口關稅

出口關稅是指出口國家的海關對本國產品輸往國外時，對出口商徵收的關稅。目前大多數國家對絕大部分出口商品都不徵收出口關稅。因為徵收這種稅勢必提高本國商品在國外市場上的銷售價格，降低商品競爭力，不利於擴大出口。

（3）過境關稅

過境關稅又稱通過關稅。它是指一國對通過其關境的外國貨物徵收的關稅。第二次世界大戰后大多數國家都不徵收過境關稅。

2. 按徵稅目的分類

（1）財政關稅

財政關稅又稱收入關稅，是指以增加國家的財政收入為主要目的而徵收的關稅。

對進口商品徵收財政關稅時，必須具備三個條件：

1）徵收的進口貨物必須是國內不能生產或無代用品而必須從國外輸入的商品；

2）徵稅的進口貨物，在國內必須有大量的消費；

3）關稅稅率適中或較低，如稅率過高，將阻礙進口，達不到增加財政收入的目的。

（2）保護關稅

保護關稅是指以保護本國工業或農業發展為主要目的而徵收的關稅。保護關稅稅率要高，越高越能達到保護的目的。有時關稅稅率高達100%以上。

3. 按徵稅待遇分類

按徵稅待遇，關稅可分為普通關稅、優惠關稅和差別關稅三種，它主要適用於進口關稅。

（1）普通關稅

普通關稅又稱一般關稅，是指對與本國沒有簽署貿易或經濟互惠等友好協定的國家原產地的貨物徵收的非優惠性關稅。這種關稅稅率一般由進口國自主制定，只要國內外的條件不發生變化，長期使用，稅率較高。

（2）優惠關稅

優惠關稅是指對來自特定國家的進口貨物在關稅方面給予優惠待遇，其稅率低於普通關稅稅率。它一般是在簽訂有友好協定、貿易協定等國際協定或條約的國家之間而實施的，目的是增加簽約國之間的友好貿易往來，加強經濟合作。優惠關稅一般是互惠關稅，即簽訂優惠協定的雙方互相給對方優惠關稅待遇，但也有單向優惠關稅，即給惠國只對受惠國給予優惠關稅待遇，而受惠國對給惠國不提供反向優惠的關稅待遇。

優惠關稅一般有特定優惠關稅、普遍優惠關稅和最惠國關稅待遇三種。

1）特定優惠關稅

特定優惠關稅，又稱特惠關稅，是指給予來自特定國家的進口貨物的排他性的優惠關稅，其他國家不得根據最惠國待遇條款要求享受這種優惠關稅。特定優惠關稅最早始於宗主國與殖民地附屬國之間的貿易往來。其稅率低於協定優惠關稅稅率。最典型的是歷史上有名的英帝國特惠關稅，它由宗主國英國與其殖民地之間及其殖民地國

家之間內部使用的優惠關稅發展而成。

目前，在國際上最有影響的特定優惠關稅是《洛美協定》。它是 1975 年 2 月 28 日歐洲共同體與非洲、加勒比與太平洋地區 46 個發展中國家（1987 年增至 66 國）在多哥首都洛美簽訂的貿易和經濟協定。根據《洛美協定》歐共體對來自這些發展中國家的一切工業品和 94%的農產品進口免徵關稅，而歐共體向這些國家的出口產品不享受反向的關稅優惠待遇。

2）普遍優惠制下的關稅待遇

普遍優惠制是發達國家對進口原產於發展中國家的工業製成品、半製成品和某些初級產品給予降低或取消進口關稅待遇的一種關稅優惠，簡稱普惠制。普惠制的目的是促進發展中國家向發達國家出口製成品和半製成品，以增加發展中國家的外匯收入，加快發展中國家的工業化進程，提高發展中國家的經濟增長率。

普惠制有三個基本原則：①普遍性原則，指發達國家應對發展中國家的製成品、半製成品盡可能給予關稅優惠；②非歧視原則，指應當對所有發展中國家統一實施普惠制，不應區別不同國家實施不同方案；③非互惠原則，指發達國家給予發展中國家的特別優惠待遇，而不應要求發展中國家給予反向對等優惠。

3）最惠國待遇下的關稅

最惠國待遇是指締約國雙方相互間現在和將來所給予第三國在貿易上的優惠、豁免和特權同樣給予締約對方，關稅當然包括在內。它存在於國家之間，也通過多邊貿易協定在締約方之間實施。如 1947 年關貿總協定締約方之間和 1995 年建立的世界貿易組織成員之間在關稅上可實施最惠國待遇。最惠國待遇關稅稅率低於普通關稅稅率，但高於特惠關稅稅率。

最惠國待遇往往不是最優惠的待遇，最惠國待遇關稅也不是最優惠關稅，而只是一種非歧視性的關稅待遇。各國在最惠國待遇的關稅稅率之外往往還有更低的優惠稅率，如上述的特惠關稅。

（3）差別關稅

差別關稅是指對同一種商品由於輸出國或生產國情況的不同而使用差別對待的進口關稅。一般意義上的差別關稅的形式主要有反傾銷稅、反補貼稅和報復關稅。此類差別關稅的徵稅額是在正稅之外對有關傾銷差額、補貼金額以附加稅的形式徵收，以平衡其差額，故也有將它們稱為平衡關稅。

1）反傾銷稅

反傾銷稅是為抵制外國商品傾銷進口，保護國內相關產業而徵收的進口附加稅，即在傾銷商品進口時除徵收進口關稅外，再徵收反傾銷稅，這是差別關稅的一種重要形式。

在國際貿易中，以低於本國消費市場同類產品的價格向國外進行傾銷，其目的是轉嫁危機、擴大市場和打擊競爭對手。傾銷產生的后果是：影響國際貿易正常發展，產生不公平競爭；受傾銷國家國內工業遭低價進口商品的衝擊而受到損害；進口該種產品的其他國家的供應商受傾銷品的危害，會部分或暫時喪失市場。

1947 年《關稅及貿易總協定》在第 6 條「傾銷與反傾銷稅」中，首先以多邊貿易協定的形式對傾銷以及反傾銷稅的徵收做了較系統規範的認定。隨著世界貿易組織成立並取代《關稅與貿易總協定》，該協議成為《馬拉喀什建立世界貿易組織協議》附

件一《多邊貨物貿易協議》中的 13 個協議之一。該協議又稱為《反傾銷協議》，其中對實施反傾銷稅的條件作了具體的規定。其主要內容如下：

①實施反傾銷措施的基本要件

實施反傾銷措施必須具備的三個基本要件，分別是傾銷、損害、傾銷與損害之間的因果關係。

A. 傾銷的確定

《反傾銷協議》第 2 條明確界定了傾銷的含義。傾銷是指一項產品的出口價格，以低於其在正常貿易中出口國供其國內消費的同類產品的可比價格，即以低於正常價值的價格進入另一國市場。

產品正常價值的確定有三種方法：一是按正常貿易過程中出口國國內的銷售價格；二是按出口國與第三國正常貿易中的出口價格；三是結構價格。一般情況下，應優先採用第一種方法。只有在不能採用第一種方法時，才能採用第二或第三種方法。

B. 損害的確定

《反傾銷協議》中所指的損害分為三種情況：一是進口方生產同類產品的產業受到實質損害；二是進口方生產同類產品的產業受到實質損害威脅；三是進口方建立生產同類產品的產業受到實質性的阻礙。

實質性損害是指傾銷商品對進口方國內生產同類產品的產業造成實質性的重大損害。

C. 傾銷與損害之間因果關係的議定

《反傾銷協議》規定，進口方主管機構應審查除進口傾銷產品以外的、其他可能使國內產業受到損害的已知因素。

②反傾銷措施

反傾銷措施包括臨時反傾銷措施和最終反傾銷措施。

③反傾銷稅的徵收與價格承諾

反傾銷稅是指在正常海關稅費之外，進口方主管機構對傾銷產品徵收的一種附加稅。反傾銷稅的稅額不得超過所裁定的傾銷幅度。

除達成價格承諾的產品，進口方主管機構應在非歧視的基礎上，對造成損害的傾銷產品徵收反傾銷稅，但要根據每一個案件的不同情況，徵收不同的、適當的反傾銷稅。

2）反補貼稅

反補貼稅是指為抵消進口商品在製造、生產或輸出時直接或間接接受任何獎金或補貼而徵收的一種進口附加稅，又稱抵消關稅，是差別關稅的一種重要形式。進口國對凡接受他國政府或壟斷財團補貼、津貼或獎金的進口產品，徵收與補貼、津貼或獎金相等的反補貼稅。徵收反補貼稅的目的是為了使他國補貼產品不能在進口國市場上進行低價競爭或傾銷，以保護進口國同類商品的生產。

經過多邊貿易談判，世界貿易組織成員簽署了《補貼與反補貼措施的協議》，並於 1995 年 1 月 1 日生效。本協議是 1979 年關稅及貿易總協定第七輪「東京回合」多邊貿易談判產生的《關於解釋和適用關稅及貿易總協定第 6 條、第 16 條和第 23 條的協議》的基礎上形成的，旨在保證任一成員不得使用補貼損害另一成員的貿易利益，也不得採取不合理的反補貼措施阻礙國際貿易。這是國際貿易規則中針對不公平貿易行為的

反應。

3）報復關稅

報復關稅是指發現貿易對方出現歧視性待遇或違背貿易法規或拒絕接受世界貿易組織裁決後，可以通過徵收報復關稅的辦法予以報復。報復關稅稅率可臨時制定，但稅率很高。多數國家在關稅法中特別設置報復條款。當貿易對象國取消不公平待遇、歧視性待遇或接受裁決後，這種報復關稅也就取消。報復關稅有的國家叫做特別關稅。如中國 1999 年頒發的《中華人民共和國進出口關稅條例》第 6 條規定：「任何國家或者地區對其進口的原產於中華人民共和國的貨物徵收歧視性關稅或者給予其他歧視性待遇的，海關對原產於該國家或者地區的進口貨物，可以徵收特別關稅。徵收特別關稅的貨物品種、稅率和起徵、停徵時間，由國務院關稅稅則委員會決定，並公布實施。」

3.2.3　關稅的徵收方法

關稅的徵收方法有很多，主要有從量稅和從價稅兩種，在這兩種主要方法的基礎上又派生出混合稅和選擇稅兩種。

1. 從量稅（Special Duties）（從量計徵關稅）

它是指按照商品的重量、數量、容量、長度、面積、體積等計量單位為標準計徵的關稅。

從量稅額＝商品數量×每單位從量稅率

如美國對薄荷腦的進口徵收從量稅，普通稅率為每磅 50 美分，最惠國稅率為 17 美分。其中按重量計收關稅的方法，通常又有三種情況：①按商品的淨重計收；②按商品的毛重計收；③按法定重量徵收（法定重量是指商品本身重量加上它的直接包裝物的重量）。

從量計收的優點是簡便易行、操作簡單，但缺點是隨著商品的價格不斷上漲，相對固定的從量稅率對商品的限制進口作用被不斷削弱。

2. 從價稅（Ad Valorem Duties）（從價計徵關稅）

它是指按照進出口商品的價格為標準計徵的關稅，其稅率表現為貨物價格的百分比。

從價稅額＝商品總值×從價稅率

美國稅則規定自行車內胎進口普通稅率為 30%，最惠國稅率為 15%。

按從價法計徵關稅，其關鍵而又複雜的問題是如何確定商品的完稅價格，完稅價格是經海關審定作為計徵關稅依據的貨物價格。

確定完稅價格的標準大體有四個：

（1）以到岸價格（CIF）作為徵稅價格標準；

（2）以離岸價格（FOB）作為徵稅價格標準；

（3）以法定價格作為徵稅價格標準；

（4）以實際成交價格作為徵稅價格標準。

3. 混合稅（Mixed or Compound Duties）（混合計徵關稅）

混合稅又稱複合稅，是對某種進出口商品同時採用從量計徵和從價計徵兩種方法，既從量又從價。日本稅則規定對價格 6,000 日元以下的手錶進口徵收從價稅 15%，再加徵從量稅每只 150 日元。

4. 選擇稅（Alternative Duties）（選擇計徵關稅）

它是對某種進出口商品同時訂有從價稅和從量稅兩種稅率，一般選擇其中稅額較高的一種徵收。例如，印度對含酒精的飲料進口規定從量計徵每公斤 0.60 盧比，從價稅 170%，擇高而徵。

此外，歐盟還實行滑動關稅（Sliding Duties）（差價計徵），以農畜產品為主，先確定「指標價格」，扣除運雜費，計算「門檻價格」，然后根據「門檻價格」與 CIF 進價的差額徵收關稅。

3.3　非關稅措施

非關稅壁壘措施比關稅更能直接限制進口，對國際貿易會產生阻礙作用，而且非關稅壁壘措施不符合自由貿易的要求。因此，研究非關稅壁壘的目的是為了防止非關稅壁壘對國際貿易的損害，以及掌握新的非關稅壁壘措施。

3.3.1　非關稅壁壘概述

非關稅壁壘（Non-tariff Barriers，NTBs）是指除關稅以外的各種限制進口的措施。關稅壁壘和非關稅壁壘合稱為貿易壁壘，指一國政府對外國商品進口所採取的一切限制措施。

非關稅壁壘包括直接的非關稅壁壘和間接的非關稅壁壘。直接非關稅壁壘是指進口國直接對進口商品數量或金額加以限制，或迫使出口國直接限制商品的出口（包括進口配額制、進口許可證制、「自動」出口限額、外匯管制等）。間接非關稅壁壘是對進口商品制定嚴格的條例或規定，間接地限制商品的進口，如歧視性的政府採購政策、歧視性的國內稅、最低進口限制價、進口押金制、專斷的海關估價、複雜苛刻的技術性貿易壁壘等。

非關稅壁壘的作用特點：

1. 非關稅壁壘比關稅壁壘具有更大的靈活性和針對性

各國稅率的制定需要通過立法程序，具有相對的穩定性。如要調整或更改，要通過較為繁瑣的法律程序和手續，而制定和實施非關稅壁壘，通常採用行政程序，比較便捷，手續也比較簡單，顯得就比較靈活，並且能隨時針對不同的商品採取相應的保護措施，因而能較快、較好地達到限制進口的目的。

2. 非關稅壁壘比關稅壁壘能更有效地限制進口

關稅壁壘是通過徵收高額關稅，提高進口商品的成本和價格，以削弱其競爭能力，從而間接地達到限制進口的目的，但是，若出口國採用出口補貼、商品傾銷等辦法降低出口商品的成本和價格，關稅措施往往可以起到限制商品進口的作用。而非關稅壁壘，如進口配額制，直接規定商品進口的數量或金額，超過限額就完全禁止進口，這就能更有效地起到限制進口的作用。

3. 非關稅壁壘比關稅壁壘更具有隱蔽性和歧視性

各國的關稅稅率確定后，一般都以法律的形式公之於眾，任何國家的出口商都可以獲悉有關的稅率。但是，一些非關稅壁壘往往並不公開，而且多變，使外國出口商難以對付和適應。同時一些國家還往往針對某個國家採取相應的限制性的非關稅壁壘，這就使非關稅壁壘比關稅壁壘更具有歧視性。

3.3.2 直接非關稅壁壘

1. 進口配額制（Import Quotas System）

進口配額又稱進口限額，是一國政府對一定時期（一季度、半年或一年）內某種商品的進口數量或金額所規定的限額，在規定的限額以內商品可以進口，超過配額不準進口或者徵收較高的關稅或罰款以后才予以進口。

進口配額又可分為絕對配額和關稅配額兩種：

（1）絕對配額（Absolute Quotas），是指在一定時期內，對某種商品的進口數量或金額規定一個最高額數，達到這個額數后，便不準進口。

絕對配額又可分為全球配額和國別配額：

1）全球配額（Global Quotas），它是一種面向全世界的絕對配額，這種配額對於來自任何國家的商品一律適用，不作國別分配。如加拿大規定由 1981 年 12 月起至 1984 年 12 月止三年內皮鞋以外各種鞋類的進口配額，第一年為 3,560 萬雙，以后每年遞增 3%。這些配額不分國別來源。

2）國別配額（Country Quotas），即在總配額內按不同國家分配給一定的配額，超過規定的配額便不準進口。如義大利於 1989 年年底公布從中國進口的 11 種商品的最高限額，其中海關稅則號 2801 項規定化工品 57.6 億里拉、橡膠和塑膠鞋 4.5 億里拉、各種傘 31.7 萬把、陶瓷 2,345 噸、菸花 220 噸。

國別配額又有兩種情形，即自主配額和協議配額：

①自主配額（Autonomous Quotas）是由進口國單方面自主規定在一定時期內從某國進口某種商品的配額，而不必徵得對方（出口國）同意，所以又稱為單方面配額。如 1986 年美國單方面規定自該年 8 月起未來一年中，由中國進口麻棉衫最高限額為 99 萬打。

②協議配額（Agreement Quotas）是由進口國與出口國舉行談判達成雙邊協議所確定的配額，所以又稱為雙邊配額。如 1987 年年底經中美兩國政府有關部門協商達成協議，在 1988 年期間，由中國進口麻棉衫最高限額為 210 萬打。

（2）關稅配額（Tariff Quotas），是指對商品進口的絕對數額不加硬性限制，而對在一定時期內，在規定的配額以內的進口商品給予低稅、減稅或免稅待遇，對超過配額的進口商品則徵收較高的關稅、附加稅或罰款。

關稅配額按關稅徵收的情況不同，又可分為優惠性關稅配額和非優惠性關稅配額。

1）優惠性關稅配額，這是對關稅配額內的進口商品給予較大幅度的關稅減讓，甚至免稅，超過配額的進口商品即徵收原來的關稅（較高關稅）。如日本與歐共體簽訂 1986 年至 1990 年的皮鞋貿易協議，規定日本由歐共體進口皮鞋，1989 年的配額為 326 萬雙，1990 年配額為 359 萬雙，配額以內進口徵收從價稅 30%，超過配額徵稅 60%。

2）非優惠性關稅配額，是指在關稅配額內的進口商品，仍徵收原來的進口稅，對超過配額的進口商品則徵收極高的附加稅或罰款。如歐共體從 20 世紀 80 年代初對蘑菇罐頭進口實行關稅配額制，在配額以內的徵收 23% 的正常關稅，超過配額部分另外加徵每公斤 1.6 歐洲貨幣單位的特別關稅。

2. 「自動」出口配額制（「Voluntary」Export Quotas System）

這是出口國在進口國的要求或壓力下，「自動」規定在某一時期內某種商品對該國的出口限額，在限定的配額內自動控制出口，超過配額即禁止出口。

「自動」出口配額制實際上是進口配額制的變種，它與進口配額制的主要區別是：進口配額制是由進口國家直接控製進口配額來限制商品的進口，而「自動」出口配額是由出口國家自行控製這些商品對指定進口國家的出口。

兩者本質上是一樣的，都是進口國家限制進口的一種手段。對進口國家來說，不管是進口配額制，還是「自動」出口配額制，都能起到限制進口的作用。

「自動」出口配額制也有兩種類型，即單方面的限額（自主限額）和雙方協定限額。

（1）單方面限額是出口國在進口國的要求和壓力下，為免遭報復性的懲罰，單方面規定在一定時期某種商品的出口數量或金額。

（2）協定限額是出口國與進口國經過談判簽署協定，規定在一定時期內某種商品的最高出口限額，由出口國在限額內自行安排和控製出口數量。

「自動」出口配額制曾經被廣泛應用於限制紡織品和服裝、鋼鐵、小汽車、農產品、機械工具、電子產品、鞋類等商品的進口。

3. 進口許可證制（Import Licence System）

這是一國政府規定，某些商品進口必須由進口商事先申領許可證，並憑許可證進口商品的制度。

4. 外匯管制

外匯管制（Foreign Exchange Control System），是指一國政府通過法令對外匯的收支、結算、買賣和使用所採取的限制性措施，以平衡國際收支和維持本國貨幣匯價的一種制度。實行外匯管制的國家一般規定出口商必須將其出口所得的外匯收入按官方匯率（Official Exchange Rate）結售給外匯管理機構，進口商也必須通過外匯管理機構按官方匯率申請購買外匯。這樣，政府就可以通過官方匯率、集中外匯收入、控製外匯支出、實行外匯分配等辦法來控製進口商品的種類、數量和來源國別，從而達到限制進口的目的。

3.3.3 間接非關稅壁壘

1. 歧視性的政府採購政策（Discriminatory Government Procurement Policy）

許多國家往往通過制定法令，規定政府機構在採購時要優先購買本國產品，從而導致對外國產品的歧視和限制，故稱為歧視性的政府採購政策。

2. 歧視性的國內稅（Discriminatory Internal Taxes）

這是指用對外國產品徵收較高國內稅的辦法來限制外國商品的進口。由於消費者在購買外國進口商品時要支付較高的國內稅（如消費稅等），因而會影響到他們對外國產品的購買，從而間接起到限制外國商品進口的作用。

3. 進口最低限價（Import Floor Price）

由一國政府規定某種商品的最低進口價格，凡進口商品的價格低於最低限價時，就徵收進口附加稅，甚至禁止進口。如歐共體對農畜產品進口規定門檻價格，低於此價格即徵收差價稅。

4. 進口押金制（Advanced Deposite）

進口押金制又稱進口存款制。按照這種制度，進口商在進口商品時，必須預先按進口金額的一定比率，將一筆現金無息存放在指定的銀行，方能獲準進口。存款須經一定時期以後才發還給進口商。這種辦法增加了進口商的進口成本，影響到進口商的

資金週轉，從而起到了限制進口的作用。

5. 專斷的海關估價制（Arbitrary Customs Valuation System）

這是指有些國家不採取通常的海關估價辦法，而武斷地提高某些進口商品的海關估價，以增加進口商的關稅負擔，阻礙商品的進口。

6. 技術性貿易壁壘（Technical Barriers to Trade）

這是指進口國家有意識地利用複雜苛刻的產品技術標準、技術法規、衛生檢疫規定、商品包裝和標籤規定等來限制商品的進口。這類措施一般都是以保證產品質量、維護消費者安全和人民身體健康為理由而制定的，但由於它名目繁多，規定又複雜苛刻，而且經常變化，國外出口商往往難以適應，從而使它可以起到限制外國商品進口的作用。目前常見的技術壁壘有以下幾種：

（1）技術標準。發達國家普遍對製成品的進口規定極為嚴格、繁瑣的技術標準，而且涉及的範圍越來越廣，進口商品必須符合這些標準才能進口。

如發達國家對中國中藥出口一般要求中藥的種植和生產應達到國際公認的 GAP 和 GMP 標準，而中國的 GAP 標準尚未實施，GMP 標準剛剛實施，很多中藥尚未達到規範化種植和生產，被迫中斷出口。

有些技術標準不僅在條文本身上限制商品進口，而且在實施過程中也為外國產品的銷售設置了重重障礙。

（2）衛生檢疫規定。衛生檢疫標準主要適用於農副產品、食品、藥品、化妝品等。現在各國要求衛生檢疫的商品越來越多，規定也越來越嚴。

（3）商品包裝和標籤規定。很多國家對在本國市場上銷售的商品規定了各種包裝和標籤條例，內容複雜，手續麻煩，商品的包裝材料、包裝方式甚至罐頭、瓶型都有具體的規定。進口商品必須符合這些規定才能進口。許多外國產品為了符合這些規定，不得不重新包裝和改換商品標籤，因而費時費工，商品成本增加，競爭力削弱，影響了商品的銷路。

（4）環境壁壘。環境壁壘又稱綠色壁壘，是近幾年興起的一種新的技術性貿易壁壘措施。它以保護生態環境、自然資源和人類健康為理由，通過國內立法的方式要求進口商品不但要符合質量標準，而且從設計製造、包裝到消費均要符合環境保護的要求。這種措施可以有效地阻止外國特別是環保技術落後的發展中國家的產品進口。

20 世紀 90 年代以來，發達國家不斷提高進口商品的環境標準，實行綠色標誌再生標誌（即綠色通行證）認證的市場准入制度，達到限制進口的目的。

近年來，環境壁壘涉及的範圍越來越廣，從初級產品到工業製成品，從生產、包裝、貯運到使用的全過，都有不同程度的環境限制。按產品生產及流通的不同階段，大致可分為生產方法、加工過程的限制，包裝貯運的限制和有關產品成分、性能及使用的限制。

3.4 鼓勵出口的措施

許多國家除了利用關稅和非關稅措施限制進口外，還採取各種鼓勵出口的措施來擴大商品的出口並爭奪國外市場。另外，出於政治、經濟或軍事方面的原因，一些國家對某些重要資源和戰略物資實行出口管制，限制或禁止出口。

各國鼓勵出口的做法很多，牽涉到經濟、政治和法律等方面，既有微觀的方面，又有宏觀的方面。在這裡，主要從國家宏觀經濟政策方面論述鼓勵出口的措施，其中

主要有以下幾種：

1. 出口信貸

出口信貸是一個國家為了鼓勵商品出口，增強商品的競爭能力，通過銀行對本國出口商或國外進口廠商提供的貸款。它是一國的出口廠商利用本國銀行的貸款擴大商品，特別是金額較大、期限較長的商品，如成套設備、船舶等出口的一種重要手段。

2. 出口信貸國家擔保制

出口信貸國家擔保制是出口國政府設立專門機構，為本國出口商或商業銀行向國外進口商或銀行提供的信貸進行風險擔保，當外國債務人拒絕付款時，由國家擔保機構按承保的金額給予補償的一種方式。採用這一辦法，出口國可以擴大出口，出口商也可以減少經營風險，但出口商須向國家保險機構繳納保險費及其他有關費用，因此，出口商通過提高貨價將這些費用轉嫁到外國進口商身上。

3. 出口補貼

出口補貼是國家為了降低出口商品價格，加強競爭能力，對出口商品給予出口廠商的現金補貼或財政優惠待遇。

4. 商品傾銷

商品傾銷是指一些國家的大企業在控制國內市場的條件下，以低於國內市場的價格，甚至低於商品生產成本的價格，在國外市場拋售商品，打擊競爭者以占領市場。

5. 外匯傾銷

外匯傾銷是各國利用本國貨幣對外貶值的時機，擴大出口爭奪國外市場的一種措施。當一國貨幣貶值，即本幣匯率下降，外幣匯率上升後，用一定數額的外國貨幣能兌換更多的本國貨幣，這使得以外幣表示的本國出口商品的價格降低，並提高了出口商品在國際市場上的競爭能力，從而有利於擴大商品出口；同時，以本幣表示的進口商品的價格會上漲，從而削弱進口商品的競爭能力，起到限制進口的作用。第二次世界大戰後，許多發達國家有意識地提高外國貨幣匯率，使匯率上漲的幅度大於國內物價上漲的幅度，借以用低於國際市場的價格輸出商品，爭奪銷售市場。但是，一國降低了本國貨幣匯率，通過使本幣貶值獲得了擴大出口、限制進口的利益，而其他國家則受到相應的損失。為了避免損失，其他國家也會隨之降低本國貨幣匯率，進而導致各國之間的貨幣戰。

6. 促進出口的組織措施

第二次世界大戰後，西方國家為了促進出口貿易的擴大，在制定一系列的鼓勵出口政策的同時，還不斷加強出口組織措施。

7. 其他措施

為了推動出口，不論是發達國家還是發展中國家，都千方百計採取各種方式調動出口商的積極性。有的採取外匯分成的方法，讓出口商從外匯中提取一定比例的外匯自留；有的採用獎勵證制，對出口商取得顯著成績的發給獎勵證，憑證可以進口一定數量的商品；還有的採用復匯率制（政府規定不同的出口商品適用不同匯率，以促進某些商品的出口）和進出口連鎖制（政府規定進出口商必須履行一定的出口義務方可獲得一定的進口權利，或獲得一定的進口權利的進出口商必須承擔一定的出口義務）。

8. 促進對外貿易發展的經濟特區措施

經濟特區是一些國家為了促進本國經濟的發展和鼓勵對外貿易而採取的一項重要

措施。所謂經濟特區，是指一國或地區在其國境以內、關境以外劃出的一定範圍的區域，在交通運輸、通信聯絡、倉儲與生產方面提供良好的基礎設施並給予免除關稅等優惠待遇，用以吸引外國企業從事貿易與出口加工工業活動的區域。經濟特區的建立，有助於吸引外國投資，引進先進的生產與科學技術，增加本國的財政收入和外匯收入，從而繁榮本國的經濟。具體形式有以下幾種：

(1) 自由港或自由貿易區

自由港有的稱為自由口岸，一般設在港口或港口地區；自由貿易區有的稱為自由區或對外貿易區，一般設在鄰近港口的地區或港口的港區。

自由港和自由貿易區除名稱不同，所處的地理位置略有不同外，在性質、特徵和作用等方面基本上是一樣的，所以人們一般都把它們並為一類。無論是自由港還是自由貿易區都劃在關境以外，對進口商品的全部或大部分免徵關稅，並且允許外國或本國的廠商在港內或區內自由從事生產、加工、儲存、展覽和拆改裝等業務活動，然后免稅出口，以發揮促進本港或本地區經濟發展和對外貿易的發展、增加財政收入和外匯收入的作用。中國的香港是把港口及港口所在的城市均劃為自由港；漢堡是把港口及港口所在城市的一部分劃為自由貿易區。

(2) 保稅區

有些國家如日本、荷蘭等，沒有設立自由港或自由貿易區，但實行保稅區制度。保稅區又稱保稅倉庫區，是海關所設置的或經海關批准註冊的，受海關監督的特定地區和倉庫，外國商品存入保稅區內，可以暫時不繳納進口稅，如再出口，繳納出口稅；如要運進所在國的國內市場，則需辦理報關手續，繳納進口稅。運入區內的外國商品可進行儲存、改裝、分類、混合、展覽、加工和製造等。此外，有的保稅區還允許在區內經營金融、保險、房地產、展銷和旅遊業務。因此，許多國家對保稅區的規定與自由港、自由貿易區的規定基本相同，起到了類似自由港或自由貿易區的作用。

(3) 出口加工區

這是一些國家或地區在其鄰近港口或機場附近的地區，劃出一定的區域範圍，配以良好的碼頭、車站、道路、倉庫和廠房等基礎設施和生活服務設施以及提供免稅等各種優惠待遇，以吸引外國企業和本國企業在區內投資辦廠，生產的產品全部或大部分出口銷售的加工區域。

出口加工區可分為綜合性出口加工區和專業性出口加工區兩種。

(4) 多種經營的經濟特區

多種經營的經濟特區是指一國在其港口或港口附近等地劃出一定的範圍，新建或擴建基礎設施和提供減免稅收等優惠待遇，吸引外國或境外企業在區內從事外貿、加工工業、農畜業、金融保險和旅遊業等多種經營活動的區域。中國所設立的經濟特區就屬於這一種。從 1979 年以來，中國先后在深圳、珠海、汕頭、廈門等城市和海南省設立這種經濟特區。這是中國貫徹與實行對外開放政策所採取的一系列重要措施的組成部分。

(5) 過境區

沿海國家為了便利內陸鄰近的進口貨運，開闢某些海港、河港或過境城市作為貨物過境區。過境區規定，對於過境貨物，簡化海關手續，免徵關稅或只徵小額的過境費用。過境貨物一般可在過境區內作短期儲存，重新包裝，但不得加工。

3.5 合同的標的及其相關條款

國際貿易合同的「標的」（Subject of Matter）就是交易的對象，在國際貨物買賣中表現為各種各樣的有形商品。在國際貿易中，商品是一切交易的核心。交易的商品種類很多，每種商品都有具體的名稱，並表現為一定的質量，每筆交易的商品都有一定的數量，而且交易的大多數商品都需要有一定的包裝。因此，交易雙方在洽商交易時，必須首先就商品的名稱、品質、數量、包裝這些主要交易條件談妥，並在國際貿易中作出明確規定。

3.5.1 商品的品名和品質

在國際貨物買賣合同中，商品品質名稱是構成商品說明的一個重要組成部分，是買賣雙方交接貨物的一項基本依據，它關係到買賣雙方的權利和義務，若賣方交付的貨物不符合約定的品名和說明，買方有權提出損害賠償，甚至拒收貨物或撤銷合同。因此，在合同中列名商品的具體名稱，就成為必不可少的內容。

按照國際上通常的做法，合同中的品名條款通常都是在「商品名稱」或「品名」的標題下，列明交易雙方成交商品的名稱，或在合同中直接寫明雙方交易的具體商品名稱，也有的合同將品名條款和品質條款合併在一起。

國際貨物買賣合同的品名條款，是合同中的主要條件。因此，在規定此條款時，應該注意下列事項：

1. 必須明確、具體

表達條款內容時，必須能確切反應交易標的物的特點，避免空泛、籠統的規定，以利合同的履行。

2. 針對商品實際作出實事求是的規定

條款中規定的品名，必須是賣方能夠供應而買方所需的商品，凡做不到或不必要的描述性詞句，都不應列入，以免給履行合同帶來困難。

3. 盡可能使用國際上通用的名稱

有些商品的名稱，各地叫法不一，為了避免誤解，應盡可能使用國際上通行的稱呼。若是用地方性名稱，交易雙方應事先就其含義取得共識，對於某些新商品的定名及其譯名，應力求準確、易懂，並符合國際上的習慣稱呼。

4. 注意使用合適的品名

有些商品具有不同的名稱，因而存在著同一商品因名稱不同而支付關稅和班輪運費不一的現象，且其所受的進出口限制也不同。為了減低關稅、方便進出口和節省運費開支，在確定合同的品名時，應當選用對我方有利的名稱。

3.5.2 商品的品質

商品的品質是指商品的內在素質和外觀形態的綜合。前者是指商品的物質性能、機械性能、化學成分和生物的特徵等自然屬性；后者包括商品的外形、色澤、款式。作為合同的主要條件之一，品質條款一經訂立便成為交易雙方交接貨物的品質依據。因此，在交易磋商及合同訂立過程中，雙方應正確把握和訂立品質條款。

1. 對進出口商品品質的要求

合同中的品質條件，是構成商品說明的重要組成部分，是買賣雙方交接貨物的依據。國際公約規定賣方交貨必須符合約定的質量，如賣方交貨不符約定的品質條件，買方有權要求損害賠償，也可要求修理或交付替代物，甚至拒收貨物和撤銷合同。顯

然，合同中的品質條款十分重要。

為了適應國際貿易發展的需要，國際標準化組織（International Standardization Organization，ISO）於 1987 年頒布了《ISO9000 質量管理與質量保證》系列標準。1991 年 10 月，中國決定對出口商品生產企業實行質量管理體系認證制度，根據 ISO9000 系列標準建立質量管理體系，這意味著通過 ISO9000 認證的企業在國際市場上就具有了品質競爭優勢。同時，隨著國際社會對環境保護的關注，以及國際貿易中環境壁壘的加強，ISO 於 1996 年頒布了《ISO14000 國際環境管理體系》系列標準。ISO14000 系列標準的認證能夠提高商品的「環境品質」，是國際市場的綠色通行證。

2. 表示商品品質的方法

在國際貿易中，所交易的商品種類繁多，特點各異，表示商品品質的方法主要有實物表示和憑說明約定兩大類。現分別介紹如下：

(1) 實物表示商品品質的方法

以實物表示商品的品質，通常有兩種方法：看貨買賣和憑樣品買賣。

1) 看貨買賣

看貨買賣又稱看貨成交，即賣方向買方展示雙方擬成交的商品，經買方檢驗滿意以後成交，交貨品質的標準是買方檢驗貨物時的品質狀態，只要賣方對所交付的貨物是經買方所檢驗過的貨物，買方不得以任何理由或借口對其品質提出異議。

看貨買賣一般用於現貨交易，而且要求買方親臨貨物存放地點查看貨物。在國際貿易中，由於雙方相距遙遠，所以這種交易方式主要用於零售、拍賣、展賣等業務中。

2) 憑樣品買賣

所謂樣品是指從一批商品中隨機抽取出來，或是由生產部門設計、加工出來的可以代表整批貨物品質的少量實物。憑樣品買賣就是以樣品表示商品品質並以此作為交貨依據。在國際貿易中，該方法主要適用於服裝、輕工業品等一些難以用科學的方法表示商品品質的買賣。根據樣品提供者的不同，樣品買賣可分為以下幾種具體做法：

①憑賣方樣品買賣

由賣方提供的樣品稱為「賣方樣品」。憑賣方樣品買賣就是交易雙方約定以賣方樣品為交貨的品質依據。在出口貿易中，賣方應特別注意樣品的代表性。同時，賣方向買方寄送樣品時，應考慮留存「復樣」，備作交貨或處理糾紛時核對。

②憑買方樣品買賣

由買方提供的樣品稱為「買方樣品」。憑買方樣品買賣就是交易雙方約定以買方提供的樣品為交貨的品質依據。習慣上稱為「來樣成交」。憑買方樣品成交時，由於製造技術或其他方面的原因，難以做到貨樣一致時，可考慮訂立帶有彈性的合同條款，如「品質與樣品大致相同」。此外，賣方還應註明由買方樣品引起的任何第三者權利問題概由對方負責。

③憑對等樣品買賣

對等樣品是指賣方按買方來樣複製、加工出一個類似的樣品交買方確認，也可稱為「回樣」或「確認樣品」。憑對等樣品買賣實際上是賣方日後交貨的品質以「對等樣品」為準，也就是將「憑買方樣品買賣」轉變為「憑賣方樣品買賣」，這樣賣方可爭取主動。

憑樣品買賣的基本要求就是賣方交貨品質必須與樣品完全一致，為了避免履行合

同時發生不必要的糾紛，必要時可使用「封樣」，具體做法為：出證機構在一批商品中抽取同樣品質的樣品若干份，在每份樣品上燙上火漆或鉛封，交易雙方在封口上簽字或蓋章，供交易當事人使用。同時留一份交公證機關存查。封樣可以由發樣人自封，或買賣雙方會同加封。

④樣品操作及管理

所謂樣品是指從一批商品中隨機抽取出來，或是由生產部門設計，加工出來的可以代表整批貨物品質的少量實物。憑樣品買賣就是以樣品表示商品品質並以此作為交貨依據。在國際貿易中，該方法主要適用於服裝、輕工業品等一些難以用科學的方法表示商品品質的買賣。根據樣品提供者的不同，樣品買賣可分為以下幾種具體做法：

A. 外貿樣品的作用

外貿樣品在憑樣買賣時，主要有兩方面的作用：a. 樣品代表整批貨物的水平；b. 樣品室驗貨和索賠的依據。

B. 外貿樣品的種類

原樣（Original Sample）	生產樣（Production Sample）
復樣（Duplicate Sample）	出貨樣（Shipping Sample）
對等樣品（Counter Sample）	款式樣（Pattern Sample）
測試樣（Test Sample）	水洗樣（Washed Sample）
修改樣（Modified Sample）	色樣（Lab Dip）
確認樣（Approved Sample）	綉花樣（Embroidery Sample）
產前樣（Pre-production Sample）	

C. 選樣

外貿業務員選樣應該遵循「平均品質」原則，即選取樣品的品質應該是整批貨物的平均品質。如果選擇較差的樣品，會降低出口價格；如果選擇品質較好的樣品，將會導致賣方無法履約。

D. 打樣

打樣是生產企業對產品生產工藝、生產工序和生產效率的確認，也是外貿企業對生產企業生產能力的檢驗。

E. 寄樣

這主要包括：寄樣費用（預付/到付）、寄樣通知、寄樣跟蹤。

(2) 憑說明約定商品的品質

凡以文字、圖表、相片等方式來說明商品的品質的方法，均屬於憑說明約定商品品質的範疇。

在國際貿易中，大部分商品適用以文字說明來表示品質。具體可分為以下幾種：

1) 憑規格、等級買賣

規格是指一些足以反應商品品質的主要指標，如商品的化學成分、含量、純度、性能、容量、長短、粗細等。在國際貿易中，買賣雙方洽談交易時，對於適於規格買賣的商品，應提供具體規格來說明商品的基本品質狀況，並在合同中訂明。憑規格買賣時，說明商品品質的指標因商品不同而異，即使是同一商品，也會因用途不同，對

規格的要求也就有所差異。交易時以規格來確定商品品質的方法稱為憑規格買賣。由於該方法簡單易行、明確具體，因而在國際貿易中被廣泛應用。

例1：白籼米：碎粒（最高）25%；雜質（最高）0.25%；水分（最高）15%

White rice, long-shade：broken grains（max）25%；admixture（max）0.25%；moisture（max）15%

商品的等級是指同一類商品，按規格上的差異，分為品質優劣各不相同的若干等級。憑等級買賣時，由於不同等級的商品具有不同的規格，為了便於履行合同和避免爭議，在品質條款列明等級的同時，最好一併規定每一等級的具體規格。上述這種表示品質的方法，對簡化手續，促進成交和體現按質論價等方面，都有一定的作用。

例2：鮮雞蛋：特級（蛋殼呈淺黃色，清潔，大小均勻，每枚蛋淨重60~65克）

Fresh hen eggs：Grade AA（shell light brown and clean, even in size, net weight 60~65 gm per egg）

2）憑標準買賣

商品的標準是指將商品的規格和等級標準化。在中國，商品標準是由國家或有關政府部門規定的。在國外，商品的標準由國家政府機構和國際標準化組織規定，也有由有關的行業公會、貿易協會或商品交易所制定的。值得一提的是，商品的標準常隨生產技術的發展和情況的變化而進行修改和變動，所以，同一國家頒布的某類商品的標準往往就有不同年份的版本，版本不同，品質標準的內容也不相同。因此，在援引標準時，應標明援引標準的版本年份，以免發生品質標準爭議。憑標準買賣，就是以標準來表示商品的品質。

例3：中國花生仁：良好平均品質，水分（最高）13%，雜質（最高）5%，含油量（最低）44%

Chinese groundnut：FAQ, moisture（max）13%, admixture（max）5%, oil content（min）44%

在憑標準買賣方面，國際上有兩個經常使用的標準：一個是「良好平均品質標準」，另一個是「上好可銷品質標準」。

① FAQ 標準

FAQ 標準是指一定時期內某地出口商品的平均品質水平。這是在國際市場上買賣農副產品時，常見的一種「標準」。中國出口某些農副產品也採用 FAQ 標準，習慣上稱為「大陸貨」。需說明的是，如果用 FAQ 標準表示商品的品質，仍應列明具體規格指標，否則易引起品質糾紛。

② GMQ 標準

GMQ 標準是指賣方須保證其交付的貨物品質良好，適合商品銷售，而在成交時無須以其他方式去說明商品的具體品質。在國際貿易中，這種方法適用於木材、冷凍魚蝦等水產品的買賣。由於該標準含義籠統，很容易引起爭議，因此，中國基本上不採用。在國外，如引用此標準，交貨后發生品質爭議，通常由同業公會聘請專家以仲裁方式解決。

3）憑牌名或商標買賣

牌名是指工商企業為了使其產品與其他企業的同類產品相區別，給其製造或銷售的產品冠以的名稱。商標是企業為了使其生產或銷售的商品與其他企業生產和銷售的

商品相區別而製作的標誌。由此可見，用牌名和商標能夠固定地表示商品的品質。這種方法適用於信譽良好、品質穩定，在國際市場上行銷已久的商品買賣。如：「白貓牌洗潔劑」「椰樹牌椰汁」等。

4）憑產地名稱買賣

某些商品由於受產地自然條件和傳統的生產技術、加工工藝的影響，在品質上具有其他地區產品所不具備的獨特風格或特色，因而其產地名稱成為代表該項產品的品質標誌。這種方法多用於農、副、土特產品，如：「東北大豆」「徽墨」「宣紙」「金華火腿」等。

5）憑說明書、圖樣買賣

在國際貿易中，有些機器、電器和儀表電子等技術密集型產品，因其結構複雜，加工精細，難以用幾個簡單的指標說明商品的品質，只能用詳細說明書和圖樣來說明其構造、用途、性能及使用方法等。因此，在進行這類商品的交易時，可憑說明書和圖樣買賣。

值得一提的是，上述各項表示品質的方法一般是單獨使用，但並不是彼此排斥的；相反，往往可以形成不同的組合，共同說明商品的品質。但要注意，盡量不要同時以幾種方法來表示商品某一方面的品質。

【項目自測】

一、單項選擇題

1. 與復式稅則相比，單式稅則（　　）。
   A. 又稱二欄稅則
   B. 只適用於享有最惠國待遇的國家
   C. 被大多數發展中國家採用
   D. 不利於實行差別待遇

2. 與從價稅相比，從量稅（　　）。
   A. 在商品價格上漲時保護作用更強
   B. 在商品價格下降時保護作用更強
   C. 能夠體現公平稅負原則
   D. 目前被大多數國家採用

3. 買方信貸是指（　　）。
   A. 出口方銀行向本國出口商提供的貸款
   B. 出口方銀行向外國進口商提供的貸款
   C. 進口方銀行向外國出口商提供的貸款
   D. 進口方銀行向本國進口商提供的貸款

4. 出口直接補貼的形式是（　　）。
   A. 提供給廠商比其在國內銷售貨物時更優惠的運費
   B. 退還或減免出口商品的直接稅
   C. 超額退還間接稅
   D. 給予廠商現金補貼

5. 進口附加稅是一種（　　）。

A. 特定的臨時性措施　　　　　　　B. 普遍採用的措施
C. 經常性的措施　　　　　　　　　D. 非關稅措施

6. 進口許可證中的公開一般許可證（　　）。
   A. 對進口國別或地區沒有限制
   B. 對進口國別或地區有限制
   C. 指定了進口國別或地區
   D. 又稱為非自動進口許可證

7. 進口國在總配額內按國別和地區分配一定的配額，超過該配額便不準進口，這是（　　）。
   A. 全球配額　　　　　　　　　　　B. 關稅配額
   C. 國別配額　　　　　　　　　　　D.「自動」出口配額

8. 出口補貼作為一種鼓勵出口的措施就是在出口某種商品時給予出口廠商（　　）優惠待遇。
   A. 在現金補貼或財政上的　　　　　B. 僅在現金補貼上的
   C. 僅在財政上　　　　　　　　　　D. 僅在退還進口稅上的

9. 按照徵稅的目的，關稅可分為（　　）。
   A. 進口稅、出口稅、過境稅　　　　B. 進口稅、進口附加稅
   C. 最惠國稅、特惠稅、普遍優惠稅　D. 財政關稅、保護關稅

10. 一般地，大多數國家的關稅結構是：對工業製成品的進口徵收較高的關稅，對半製成品的進口徵收的稅率（　　），對原料的進口甚至免稅。
    A. 最高　　　　　　　　　　　　　B. 較高
    C. 較低　　　　　　　　　　　　　D. 最低

11. 普惠制的三原則是（　　）。
    A. 普遍的、非歧視的、互惠的　　　B. 最惠的、非歧視的、非互惠的
    C. 普遍的、非歧視的、非互惠的　　D. 普遍的、對等的、特惠的

12. 《洛美協定》規定，歐共體對從參加該協定的發展中國家進口的製成品免徵進口稅，這種關稅是（　　）。
    A. 惠國稅　　　　　　　　　　　　B. 普通稅
    C. 特惠稅　　　　　　　　　　　　D. 普惠稅

13. 賣方根據買方來樣複製樣品，寄送買方並經其確認的樣品，被稱為（　　）。
    A. 復樣　　　　　　　　　　　　　B. 回樣
    C. 原樣　　　　　　　　　　　　　D. 確認樣
    E. 對等樣品

14. 在國際貿易中，造型上有特殊要求或具有色香味方面特徵的商品適合於（　　）。
    A. 憑樣品買賣　　　　　　　　　　B. 憑規格買賣
    C. 憑等級買賣　　　　　　　　　　D. 憑產地名稱買賣

15. 若合同規定有品質公差條款，則在公差範圍內，賣方（　　）。
    A. 不得拒收貨物
    B. 可以拒收貨物

C. 可以要求調整價格
D. 可以拒收貨物也可以要求調整價格

16. 大路貨是指（　　）。
    A. 適於商銷　　　　　　　　B. 上好可銷品質
    C. 質量劣等　　　　　　　　D. 良好平均品質

17. 賣方交貨是因採用 GMQ 標準而發生爭議，通常的解決方式是（　　）。
    A. 根據買方所在國法律解決　B. 根據賣方所在國法律解決
    C. 同業公會仲裁的方式解決　D. 國際法庭解決

18. 目前中國出口的某些工藝品、服裝、輕工業品等常用來表示品質的方法是（　　）。
    A. 憑樣品買賣　　　　　　　B. 憑規格買賣
    C. 憑等級買賣　　　　　　　D. 憑產地名稱買賣

19. 規定商品品名條款的注意事項有（　　）。
    A. 內容明確、具體　　　　　B. 切忌空泛、籠統
    C. 盡可能使用國際上通行的名稱　D. 不得選擇方便進口的名稱
    E. 不應使用描述性的詞句

20. 憑商品或牌號買賣，一般只適用於（　　）。
    A. 一些品質穩定的工業製成品　B. 經過科學加工的初級產品
    C. 機器、電器和儀表等技術密集產品　D. 造型上有特殊要求的商品
    E. 精選貨

21. 根據中國實際，品質增減價條款主要的規定方法有（　　）
    A. 對機動幅度內的品質差異，可根據交貨時的實際品質，按規定予以增價和減價
    B. 只規定交貨幅度的下項，對高於合同規定者，不予增價
    C. 對於在機動幅度範圍內，按低劣的程度，採用不同的扣價辦法
    D. 對於在機動幅度內的品質差異不予增加和減價
    E. 高於或低於機動幅度也不得拒收

二、多項選擇題

1. 進口附加稅的徵收目的主要有（　　）。
   A. 應付國際收支危機　　　　B. 維持進出口平衡
   C. 防止外國商品低價傾銷　　D. 對他國實行歧視或報復
   E. 增加財政收入

2. 外匯管制的方式一般可分為（　　）。
   A. 數量性外匯管制　　　　　B. 政策性外匯管制
   C. 成本性外匯管制　　　　　D. 混合性外匯管制
   E. 選擇性外匯管制

3. 關稅的稅收主體是（　　）。
   A. 外國進口商　　　　　　　B. 外國出口商
   C. 本國進口商　　　　　　　D. 本國出口商
   E. 進出口貨物

4. 從海關通關程序上和對進口價格的實施角度，非關稅壁壘有（　　）。
   A. 專斷的海關估價制　　　　　B. 繁瑣的通關手續
   C. 徵收國內稅　　　　　　　　D. 進口最低限價
   E. 進出口國家壟斷
5. 鼓勵出口的措施有（　　）。
   A. 出口信貸　　　　　　　　　B. 商品傾銷
   C. 外匯傾銷　　　　　　　　　D. 外匯管制
6. 海關對某種商品徵收最惠國稅，該稅率比同一產品的（　　）。
   A. 普通稅率低　　　　　　　　B. 特惠稅率高
   C. 普惠稅率高　　　　　　　　D. 從價稅率低
   E. 以上皆是

三、簡述
1. 什麼是對等樣品？
2. 什麼是品質公差？
3. 什麼是 FAQ？
4. 什麼是溢短裝條款？
5. 對溢短裝部分商品的價格應如何確定？

四、案例
　　我公司出口一批大麻去德國。成交前寄樣品給客戶。合同規定水分最高為 15%，雜質不超過 3%。交貨前客戶來電詢問品質，我公司回電表示與樣品相似。貨到德國后，客戶復驗，發現該批貨物的品質雖然達到合同的標準，但低於樣品品質的 7%。客戶根據復驗證明，提出索賠。我公司是否應給予賠償？

子項目 2　核算出口報價和書寫發盤函操作

【學習目標】

1. 能力目標：能確定出口價格構成、核算成本，書寫發盤函。
2. 知識目標：掌握主要國際貿易術語的價格構成及函電寫作。

【項目任務】

任務 1　出口報價核算
　　學習情景：2014 年 11 月 24 日，山東金葉進出口有限公司外貿業務員王芳收到山東佳美玩具廠回函。具體如下：

山東佳美玩具廠
山東省濟南市旅遊路 908 號

電話：0531-8879666　　傳真：0531-8879666

TO：山東金葉進出口有限公司

ATTN：王芳

FM：張英

尊敬的王小姐：

您好！收到您的傳真後，我馬上開始打樣，樣品已於今天下午寄出。KB0677 玩具熊的報價及相關信息如下：

含稅價：CNY ￥86/set（including VAT）

增值稅率：17%

包裝方式：用出口紙箱包裝，3 pcs/set；8 sets/ctn.

紙箱包裝尺寸：48cm×64cm×60cm

毛重：8.5 千克/箱

淨重：6 千克/箱

月生產能力：500 套/月

最低起訂量：500 套/款

付款方式：交貨時付款

交貨地點：工廠交貨

若有其他要求，我廠會盡力給予滿足。

祝工作愉快！

張英
2014 年 11 月 24 日

王芳根據山東佳麗服裝廠回函和以下信息，進行出口報價核算：

（1）玩具熊的出口退稅率為 8%。

（2）到美國紐約的一切險加戰爭險，保險費率兩者相加為 0.85%。

（3）從濟南運到上海港的國內運費為 1,200 元/20 英尺集裝箱。

（4）除國內運費以外的其他所有國內費用為採購成本的 5%。

（5）預期出口成本利潤率為 15%。

任務 2　書寫發盤函

2014 年 11 月 25 日，根據 2014 年 11 月 21 日 Copperfield 的電子郵件內容和以上出口報價核算的結果，王芳給 Copperfield 書寫發盤函。

【操作演示】

任務 1　出口報價核算

第一步：查詢匯率信息

王芳通過中國銀行網站 http://www.boc.cn（或其他銀行網站），查詢到 2014 年 11 月 24 日美元現匯買入價為：1 美元＝6.1305 元人民幣。

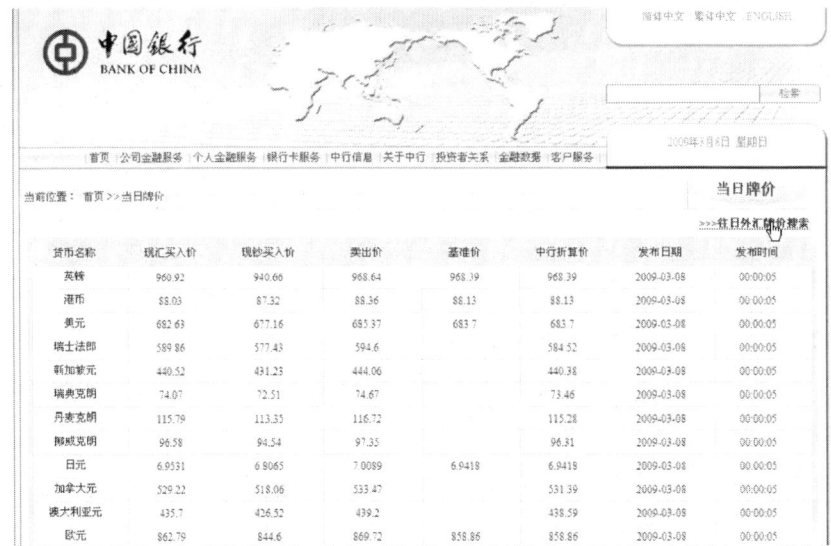

第二步：計算並查詢國外運費

（1）王芳根據工廠的報價單確定以1,000套的交易量核算報價。工廠的包裝方式為8套/紙箱（8sets/ctn），所以1,000套共裝125紙箱（ctns）。紙箱尺寸48厘米×64厘米×60厘米，即0.1843立方米。

1,000套容積是125×0.1843＝23.04（立方米）

1,000套重量是125×8.5＝1,062.5（公斤）＝1.0626（噸）

（2）王芳查詢20'GP、40'GP、40HQ集裝箱的裝運標準。得知：

名稱	20英尺GP	40英尺GP	40HQ
重量標準	17.5噸	22噸	22噸

表（續）

名稱	20 英尺 GP	40 英尺 GP	40HQ
容積標準	24~26 立方米	54 立方米	68 立方米
上海－紐約運費	1,000 USD	2,100 USD	2,150 USD

　　根據工廠提供的紙箱尺寸 48 厘米×64 厘米×60 厘米及毛重，計算出這樣的紙箱一個 20 英尺普通櫃的集裝箱最多能裝 130 箱、1,041 套的貨物。而 1,000 套的玩具熊只有 125 箱，因此一個 20 英尺的集裝箱能夠裝下。所以王芳按照船公司一個 20 英尺集裝箱的運價來計算國外運費。

　　（3）王芳登陸中國國際海運網 http://www.shippingchina.com

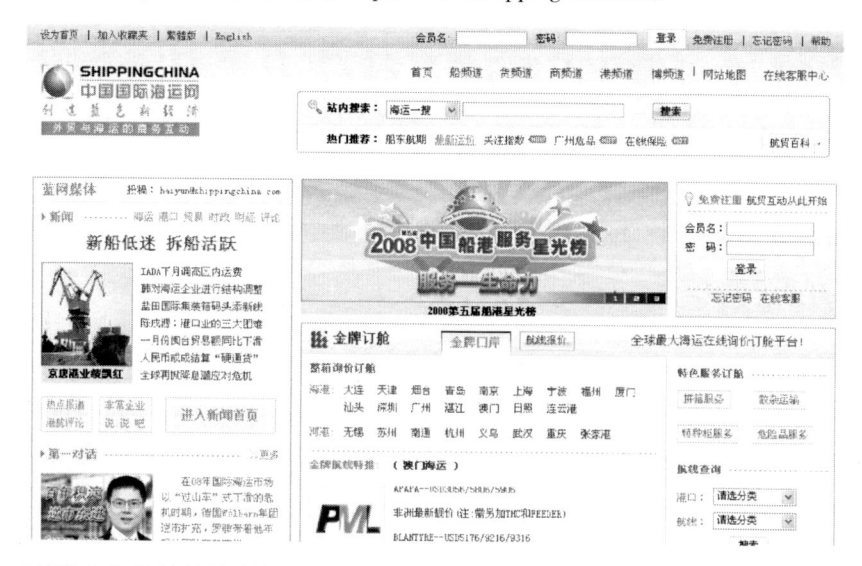

　　王芳進入集裝箱整箱運價查詢，選擇上海裝運港、紐約目的港航線，查到上海港至紐約港一個 20 英尺集裝箱的運價為 1,000 美元。

　　第三步：核算出口報價

　　假設出口價格為 x 美元/件。

　　（1）明確商品價格構成

　　CIF=出口成本+國內費用+國外運費+國外保費+出口利潤

　　（2）核算出口成本

　　出口成本=採購成本−出口退稅額

　　　　　　=採購成本−採購成本÷(1+增值稅率)×出口退稅率

　　　　　　=86−86÷(1+17%)×8%

　　　　　　=80.12(CNY/set)

　　（3）核算出口費用

　　國內費用=國內運費+其他國內費用

　　　　　　=1,200÷1,000+86×5%=5.5（CNY/set）

　　國外運費=1,000÷1,000=1（USD/set）

國外保費=$x \times 110\% \times 0.85\% = 0.00935x$ （USD/set）

（4）核算出口利潤

預期出口成本利潤率為15%，考慮討價還價因素，因此報價按20%的出口成本利潤率計算：

出口利潤=採購成本×成本利潤率=$86 \times 20\% = 17.2$（CNY/set）

（5）核算出口報價

出口價格=出口成本+國內費用+國外運費+國外保費+出口利潤。

$x = (80.12 + 5.5 + 17.2) \div 6.1305 + 1 + 0.00935x$

$x = 17.94$ (USD/set)

價格術語：USD 17.94 per set CIF New York

如果中間商有佣金5%，CIF. C. 5%=$17.94 \div (1-5\%) = 18.88$ (USD/set)

價格術語：USD 18.88 per set CIF . C. 5% New York

任務2　書寫發盤函

2014年11月25日，根據2014年11月21日Copperfield的電子郵件內容和以上出口報價核算的結果，王芳給Copperfield書寫發盤函。

電子郵件與普通郵件相比，更隨意、簡單，一般包括郵件頭、尊稱、正文、結尾套語和簽署五部分內容，對於關係好的老客戶，有時也省略結尾套語。也有企業規定用word、pdf等格式製作信函，以附件的形式附加在電子郵件中。

第一步：郵件頭

郵件頭一般包括發件人電郵地址（From）、收件人電郵地址（To）、抄送（Cc）、密件抄送（Bcc）、發信時間（Time）、主題（Subject）、優先級（Priority）、附件（Attachment）等欄目。如有圖片、技術資料，可通過附件傳送。本業務貨物玩具熊圖片放在附件中即可。

收件人	xyzco@ hotmail.com
發件人	wangfang@ sdjy.com.cm
主題	Offer on New Design Bear KB0677
附件	

第二步：尊稱

> Dear Mr COPPERFIELD

---

1. New Design Bear, Style KB0677.
2. Packing：3 pcs/set；8 sets/ctn.
   Measurement：48×64×60cm
   Gross/Net weight：8.5/6 kgs
3. Minimum Order Quantity：500 sets/style
4. Unit price：USD 17.94/set CIF New York
5. Payment：By L/C at sight
6. Shipment：To be effected within 60 days after receipt of the relevant L/C.

第三步：正文

第四步：結尾套語

> Yours faithfully,

第五步：簽署

外貿郵件的簽署一般包括寫信人姓名、頭銜、寫信人的公司名稱、地址、聯繫電話、傳真和電子郵箱。

Wang Fang
Shandong Jinye Import and Export Co., Ltd.
118 Lvyou Street, Jinan, China
Tel：0531-86739177
Fax：0531-86739178
Email：wangfang@sdjy.com.cn

第六步：發送

檢查書寫的詢盤內容正確無誤后，發送郵件給 XYZ CO., LTD. 的 DAVID COPPERFIELD，同時保存所發郵件。

郵件內容如下：

發件人：wangfang@ sdjy. com. cm
收件人：xyzco@ hotmail. com
日期：2014-11-25 09：56：22
主題：Offer on New Design Bear KB0677
附件：

Dear Mr Copperfield,

Thanks for your inquiry of Nov. 21, 2014. For the new design toy bear you enquired, we are giving you an offer as follows：

① Commodity：New Design Bear, Style KB0677.
② Packing：3 pcs/set；8 sets/ctn.
　　Measurement：48×64×60cm
　　Gross/Net weight：8.5/6 kgs
③ Minimum Order Quantity：500 sets/style
④ Unit price：USD 17.94/set CIF New York
⑤ Payment：By L/C at sight
⑥ Shipment：To be effected within 60 days after receipt of the relevant L/C.

This offer is subject to your reply here before Nov. 30, 2014.
Samples have been sent to you by DHL on Nov. 23, 2014.
Please kindly check.
If you want to modify the samples, please tell us.
We look forward to your early reply.

Yours faithfully,
Jinye Import and Export Co., Ltd.
WangFang

118 Lvyou Street, Jinan, China
Tel：0531-86739177
Fax：0531-86739178
E-mail：wangfang @ sdjy. com. cn

【擴展訓練】

項目：核算進口利潤率和書寫發盤函操作

實訓地點：多媒體教室

實訓課時：4 課時

實訓任務：

1. 要求學生掌握進口商品價格的發盤核算。

2. 能夠撰進口發盤函電。

任務：進口報價核算

學習情景：2011 年 4 月 24 日，山東金葉進出口有限公司外貿業務員王芳收到 Dirk Nowitzki 的郵件後回函如下：

發件人	wangfang@ sdjy. com. cm
收件人	dirkn@ cadj. com. cn
日期	2011-4-5，09：56：22
附件	Offer on Ladies Jacket
主題	Style No. F123. jpg　Style No. F125. jpg

Dear Mr Nowitzki,
Thanks for your E-mail on Apr. 21, 2011. Our offer is follows：
① Ladies Jacket：Style No. F123 & F125
　　Shell：100% cotton
　　Lining：polar fleece
② Packing：15pieces/carton　Size：57cm×44cm×43cm
③ Minimum Order Quantity：2,000 pieces/style
④ Unit price：USD13.83/pc　FOB Hamburg
⑤ Payment：By L/C at sight
⑥ Shipment：To be effected within 60 days after receipt of the relevant L/C.

This offer is valid subject to your reply here before Apr. 30, 2011.

Besides, one sample for each style of Ladies Jacket was mailed by DHL on Apr. 24, 2011. We check it and tell you we have received the sample.

We wish we could become your good trade partner.

Yours faithfully,

Wang Fang

Jinye Import and Export Co., Ltd.
118 Lvyou Street, Jinan, China
Tel：0531-86739177
Fax：0531-86739178
E-mail：wangfang @ sdjy. com. cn

王芳收集資料，進行進口成本核算：

(1) 全棉女式夾克的進口稅率為 5%。

(2) 從上海港運到濟南的國內運費為 1,200 元/20 英尺集裝箱。

（3）除國內運費以外的其他所有國內費用為採購成本的 5%。
（4）預期出口成本利潤率為 15%。

任務 1　進口報價核算

步驟一：查詢匯率信息。

通過中國銀行網站 http://www.boc.cn（或其他銀行網站），查詢到 2008 年 4 月 24 日美元現匯買入價。1 美元＝6.9760 元人民幣。

步驟二：查詢國外運費。

（1）學生以業務員王芳的身分根據工廠的報價單確定以 4,000 件的交易量核算報價。工廠的包裝方式為 16 件/紙箱，所以 4,000 件共裝 250 紙箱。王芳根據工廠提供的紙箱尺寸 57 厘米×44 厘米×43 厘米，計算出這樣的紙箱需要多少只 20 英尺集裝箱。本例計算出這樣的紙箱一個 20 英尺的集裝箱最多能裝 260 箱，而 4,000 件的女式夾克只有 250 箱，因此一個 20 英尺的集裝箱能夠裝下。所以王芳按照船公司一個 20 英尺集裝箱的運價來計算國外運費。

（2）按照船公司一個 20 英尺集裝箱的運價來計算國外運費。

（3）讓學生登陸中國國際海運網 http://www.shippingchina.com。

（4）學生進入集裝箱整箱運價查詢，選擇目的港上海裝運港、起運港德國漢堡和中歐航線，查到漢堡港至上海港一個 20 英尺集裝箱的運價。

王芳進入集裝箱整箱運價查詢，選擇上海裝運港、德國漢堡目的港和中歐航線，查到上海港至漢堡港一個 20 英尺集裝箱的運價為 1,000 美元。

步驟三：核算進口報價及利潤率，以便下一步還價。

進口成本由兩個部分組成：進口合同價和進口流通費用。

進口成本＝進口合同進價（1+進口流通費用率）

進口經濟效益分析指標：主要有進口商品盈虧率和進口每 1 美元賠賺額。

USD13.83/pc CIF Shanghai，核算進口報價，計算預期進口成本利潤率為 15%。

任務 2　書寫發盤函

2011 年 4 月 25 日，根據 2011 年 4 月 21 日 Dirk Nowitzki 的電子郵件內容和以上進口報價核算的結果，在德方報價基礎上降價 10%，王芳給 Dirk Nowitzki 書寫發盤函。

步驟一：正確書寫郵件頭，給學生 5 分鐘，檢查指正。

步驟二：尊稱。正確書寫郵件頭，給學生 5 分鐘，檢查指正。

步驟三：書寫發盤函，正文。重點。安排時間 30 分鐘，檢查。

步驟四：結尾套語，安排 2 分鐘。

步驟五：簽署。安排 2 分鐘。

步驟六：發送郵件。

檢查書寫的詢盤內容正確無誤後，發送郵件給 Cadi GmbH & Co. KG 的 Dirk Nowitzki。同時保存所發郵件。

發件人：wangfang@ sdjy. com. cm
收件人：dirkn@ cadj. com. cn
日期：2011-4-25 09：56：22
主題：Offer on Ladies Jacket
附件：Style No. F123. jpg Style No. F125. jpg

Dear Mr Nowitzki,
Thanks for your inquiry on Apr. 21, 2011. Our offer is as follows：
① Ladies Jacket：Style No. F123 & F125
Shell：100% cotton
Lining：polar fleece
② Packing：15pieces/carton Size：57cm×44cm×43cm
③ Minimum Order Quantity：2,000 pieces/style
④ Unit price：USD12. 44/pc CIF Shanghai
⑤ Payment：By L/C at sight
⑥ Shipment：To be effected within 60 days after receipt of the relevant L/C.

This offer is valid subject to your reply here before Apr. 30, 2011.
Besides, one sample for each style of Ladies Jacket was mailed by DHL on Apr. 24
Please check it and tell us if have received the sample. If there are amendments for the sample, we will remake the sample to meet your demand.
We wish we could become your good trade partner.
Yours faithfully,
Wang Fang

Jinye Import and Export Co., Ltd.
118 Lvyou Street, Jinan, China
Tel：0531-86739177
Fax：0531-86739178
E-mail：wangfang @ sdjy. com. cn

實訓評估與標準：

班級：   姓名：

項目	要求	分數	得分	評語
計算過程 (30分)	1-4 項計算正確	5		
	5-9 項計算正確	5		
	FOB 價計算正確	5		
	CFR 價計算正確	10		
	CIF 價計算正確	10		

表(續)

項目	要求	分數	得分	評語
完成發盤信函（40分）	商務信函的格式完整正確	10		
	寫出實盤的基本條件	25		
總結交流（30分）	參與熱情	10		
	言之有理	10		
	表達準確	10		
總分		100		

【相關知識連結】

3.6 價格術語及出口報價核算

在國際貿易中，價格是合同的一個主要組成部分。國際貿易商品單價，比國內貿易要複雜得多，它不能單獨存在。因此，如何使複雜的價格問題簡單化、條理化和規範化，降低交易成本，促進國際貿易的發展，就成為極其重要的問題。

《2010年國際貿易術語解釋通則》（INCOTERMS 2010）是國際商會新修訂的有關貿易術語的國際慣例，11種貿易術語的國際代碼、中文名稱，買賣雙方的風險、責任及費用劃分是買賣雙方進行合同磋商的主要參考慣例，特別是FOB、CFR、CIF、FCA、CPT、CIP現廣泛應用於國際貿易。

3.6.1 國際貿易術語的含義及作用

1. 國際貿易術語的含義

貿易術語是在長期的國際貿易實踐中產生的，用一個簡短的概念或三個縮寫的英文字母來表示商品的價格構成，並說明在貨物的交接過程中有關交貨地點、風險、責任、費用劃分等問題的專門術語。

2. 國際貿易術語的作用

國際貿易術語在國際貿易中起著積極的作用，主要表現在：

（1）有利於買賣雙方洽商交易和訂立合同。因為每個貿易術語都有其特定的含義，並且一些國際組織對每個貿易術語做了統一的解釋與規定，這些解釋與規定在國際上已被廣泛接受，並成為慣常奉行的做法或行為模式。因此買賣雙方在洽商交易時只要商定按哪個貿易術語成交，即可明確彼此在貨物交易過程中應承擔的責任、費用和風險，這就簡化了交易手續、縮短了洽商的時間，從而有利於買賣雙方迅速達成交易。

（2）有利於買賣雙方核算成交價格和交易成本。由於貿易術語表示了商品的價格構成因素，所以，買賣雙方在確定成交價格時，必然會考慮所採用的貿易術語中包括的有關費用，從而有利於買賣雙方進行比價和成本核算。

（3）有利於解決雙方在履約中的爭議。買賣雙方在履約中產生的爭議，如果不能依據合同的規定解決，在此情況下，可援引有關貿易術語的一般解釋來處理。因為貿易術語的一般解釋已成為國際慣例，被國際貿易界從業人員和法律界人士所接受，成為國際貿易中公認的一種類似行為規範的準則。

貿易術語是在長期的國際貿易實踐中產生和發展起來的，又因為它以簡略的文字說明了商品的價格構成和交貨條件，對於簡化交貨手續、節約時間和費用，都具有重要的作用。所以貿易術語的出現又促進了國際貿易的發展。

3. 有關貿易術語的國際貿易慣例

國際貿易術語在國際貿易中的運用可以追溯到二百多年前。例如，裝運港船上交貨的貿易術語 FOB 出現在 18 世紀末與 19 世紀初之際。CIF 的廣泛應用是在 19 世紀中葉。但是在相當長的時間內，在國際上沒有形成對國際貿易術語的統一解釋。各個國家和地區在使用貿易術語時，出現了各種不同的解釋和做法。這種差異，不利於國際貿易的發展。為了解決存在的分歧，國際商會（International Chamber of Commerce, ICC）、國際法協會等國際組織及美國的一些著名商業團體經過長期的努力，分別制定瞭解釋國際貿易術語的規則，這些規則在國際上被廣為接受，從而成為一般國際貿易慣例。國際貿易慣例是指國際貿易中經反覆實踐形成的並經國際組織加以編纂與解釋的習慣性做法。

國際貿易慣例本身不是法律，它對交易雙方不具強制約束力，因而，買賣雙方有權在合同中作出與某項慣例不符的規定。此外，國際貿易慣例對國際貿易實踐具有重要的指導作用。

有關貿易術語的國際慣例主要有以下四種：

（1）《1932 年華沙-牛津規則》（Warsaw-Oxford Rules 1932），簡稱（W. O. Rules 1932）。

（2）《1941 年美國對外貿易定義修訂本》（Revised American Foreign Trade Definition 1941）

（3）《2000 年國際貿易術語解釋通則》（INCOTERMS 2000）

《國際貿易術語解釋通則》（International Rules for the Interpretation of Trade Terms），簡稱 INCOTERMS 2000（以下簡稱《2000 通則》）。於 2000 年 1 月 1 日起生效。

《2000 通則》保留了《1990 通則》中包含的 13 種術語，並仍將這 13 種術語按不同類別分為 E、F、C、D 四個組。

E 組為啓運（Departure）術語。只包括 EXW 一種術語，指賣方的交貨義務是在其貨物所在地將貨物提供給買方。

F 組為主運費未付（Main Carriage Unpaid）術語。它包括有 FCA、FAS 和 FOB 三種術語。這組術語的特點是：由買方自費簽訂運輸合同，即成交價格中不包含有運費。

C 組為主運費已付（Main Carriage Paid）術語。它包括有 CFR、CIF、CPT 和 CIP 四種術語。在 C 組術語條件下，賣方需要自費訂立運輸合同，即成交價格中都含有主要運費。此外，CIF 和 CIP 術語還要求賣方辦理貨物運輸保險並支付保險費。但賣方不承擔從裝運地啓運后所發生的貨物損壞或滅失的風險及增加的額外費用。

D 組為到達（Arrival）術語。它包括 DAF、DES、DEQ、DDU 和 DDP 五種術語。按 D 組術語簽訂的合同，賣方必須在規定的交貨期內將貨物運送到指定的目的港或目的地，並承擔貨物交到指定目的港或目的地為止的一切風險、責任和費用。

《2000通則》中十三種貿易術語按不同類別的分組情況

E 組（啓運）	EXW（Ex Works）	工廠交貨
F 組（主運費未付）	FCA（Free Carrier）	貨交承運人
	FAS（Free Alongside Ship）	裝運港船邊交貨
	FOB（Free on Board）	裝運港船上交貨
C 組（主運費已付）	CFR（Cost and Freight）	成本加運費
	CIF（Cost, Insurance and Freight）	成本加保險費、運費
	CPT（Carriage Paid To）	運費付至
	CIP（Carriage and Insurance Paid To）	運費、保險付至
D 組（到達）	DAF（Delivered at Frontier）	邊境交貨
	DES（Delivered Ex Ship）	目的港船上交貨
	DEQ（Delivered Ex Quay）	目的港碼頭交貨
	DDU（Delivered Duty Unpaid）	未完稅交貨
	DDP（Delivered Duty Paid）	完稅后交貨

（4）《2010年國際貿易術語解釋通則》（International Rules for the Interpretation of Trade Terms 2010，縮寫 INCOTERMS 2010）是國際商會根據國際貨物貿易的發展，對《2000年國際貿易術語解釋通則》的修訂，2010年9月27日公布，於2011年1月1日實施。

《INCOTERMS 2010》對貿易術語的分類如下：

第一組：適用於任何運輸方式的術語七種——EXW、FCA、CPT、CIP、DAT、DAP、DDP。

1）EXW（ex works）：工廠交貨
2）FCA（free carrier）：貨交承運人
3）CPT（carriage paid to）：運費付至目的地
4）CIP（carriage and insurance paid to）：運費/保險費付至目的地
5）DAT（delivered at terminal）：目的地或目的港的集散站交貨
6）DAP（delivered at place）：目的地交貨
7）DDP（delivered duty paid）：完稅后交貨

第二組：適用於水上運輸方式的術語四種——FAS、FOB、CFR、CIF。

8）FAS（free alongside ship）：裝運港船邊交貨
9）FOB（free on board）：裝運港船上交貨
10）CFR（cost and freight）：成本加運費
11）CIF（cost, insurance and freight）：成本、保險費加運費

相對於 INCOTERMS2000，INCOTERMS 2010 的主要變化是貿易術語分類的調整：

其一，由原來的 E、F、C、D 四組分為兩類：適用於各種運輸方式和水運。

其二，貿易術語的數量由原來的 13 種變為 11 種。

其三，《2010年國際貿易術語解釋通則》刪去了《2000年國際貿易術語解釋通則》

4個術語：

    DAF（delivered at frontier）：邊境交貨

    DES（delivered ex ship）：目的港船上交貨

    DEQ（delivered ex quay）：目的港碼頭交貨

    DDU（delivered duty unpaid）：未完稅交貨

新增了2個術語：

    DAT（delivered at terminal）：在指定目的地或目的港的集散站交貨

    DAP（delivered at place）：在指定目的地交貨

即用DAP取代了DAF、DES和DDU三個術語，用DAT取代了DEQ，且擴展至適用於一切運輸方式。

3.6.2　六種常用的價格術語

傳統的三種價格術語：FOB、CFR、CIF。

向承運人交貨的三種貿易術語：FCA、CPT和CIP。

1. 傳統的三種價格術語：FOB、CIF、CFR。

（1）FOB（Free on Board）（…named port of shipment）

船上交貨（……指定裝運港）

賣方以在指定裝運港將貨物裝上買方指定的船舶或通過取得已交付至船上貨物的方式交貨。貨物滅失或損壞的風險在貨物交到船上時轉移，同時買方承擔那時起的一切費用。

如果當事各方無意以貨物交到船上作為完成交貨，例如用集裝箱運輸的貨物，則應採用FCA術語。

賣方的主要義務如下：

1）負責在合同規定的日期或期限內，在指定裝運港，按港口慣常方式，將符合合同的貨物交至買方指定的船上，並給予買方充分的通知。

2）自負費用和風險負責取得出口許可證或其他由當局簽發的核准書，並在適用的地方辦理貨物出口所需的一切海關手續。

3）負擔貨物交至裝運港買方指定的船舶之上或通過取得已交付至船上貨物的方式的一切費用和風險。

4）自負費用提供商業發票和貨物已經交至船上的通常單據。如果買賣雙方約定採用電子通信，則所有單據均可被具有同等效力的電子數據交換信息（EDI）所替代。

買方的主要義務如下：

1）負責按合同規定支付價款。

2）負責租船或訂艙，支付運費，並給予賣方關於船名、裝船地點和要求交貨時間的充分通知。

3）自負費用和風險取得進口許可證或其他由當局簽發的核准書，並在適用的地方辦理貨物進口以及經由另一國過境運輸的一切海關手續。

4）負擔貨物在裝運港買方指定的船舶或通過取得已交付至船上貨物的方式的一切費用和風險。

5）收取賣方按合同規定交付的貨物，接受與合同相符的單據。

由FOB變形而來的常用術語有：

FOB 班輪條件：指裝船費如同班輪裝運那樣，由支付運費的一方（即買方）負擔。

FOB 吊鉤下交貨：指賣方將貨物置於輪船鈞鉤下可及之處，從貨物起吊開始所發生的裝船費用由買方負責。

FOB 並理艙（FOBS）：指賣方負擔將貨物裝入船艙並支付包括理艙費在內的裝船費用。

FOB 並平艙（FOBT）：指賣方負擔將貨物裝入船艙並支付包括平艙費在內的裝船費用。

FOB 並理艙和平艙（FOBST）：指賣方負擔將貨物裝入船艙並支付包括理艙和平艙費在內的裝船費用。

FOB Vessel：指定裝運港船上交貨，出口方不負責取得出口許可證和繳納出口稅。

採用 FOB 術語需注意的問題：

其一，交貨與轉移風險：根據術語「貨物裝上買方指定的船舶或通過取得已交付至船上貨物的方式」風險轉移給買方。

其二，船貨銜接：買賣雙方應在合同中就有關船貨銜接事項作出具體規定，以防船貨脫節。

其三，裝貨費用的負擔：包括裝船費和與裝船有關的理艙費和平艙費。

(2) CIF (Cost, Insurance and Freight)（…named port of destination）

成本加保險費、運費（……指定目的港）

賣方必須在合同規定的裝運期內在裝運港貨物裝上船或通過取得已交付至船上貨物的方式，負擔貨物裝上船為止的一切費用和貨物滅失或損壞的風險，並負責辦理貨運保險、支付保險費、租船訂艙、支付運費。

若當事各方無意以貨物裝上船作為完成交貨，則應使用 CIP 術語。

賣方的主要義務如下：

1) 負責在合同規定的日期或期間內，在裝運港將符合合同規定的貨物交至運往指定目的港的船上，並給予買方充分的通知。

2) 自負費用和風險負責取得出口許可證或其他由當局簽發的核准書，並在適用的地方辦理貨物出口所需的一切海關手續。

3) 負責租船或訂艙，支付將貨物運至指定目的港的運費。

4) 負責辦理貨物運輸保險，支付保險費。

5) 負擔貨物在貨物裝上船為止的一切費用和風險。

6) 自負費用負責提供商業發票、保險單和貨物運往指定目的港的通常運輸單據。如果買賣雙方約定採用電子通信，則所有單據均可被具有同等效力的電子數據交換信息所替代。

買方的主要義務如下：

1) 負責按合同規定支付價款。

2) 自負費用和風險負責取得進口許可證或其他由當局簽發的核准書，在適用的地方辦理貨物進口以及必要時經由另一國過境的一切海關手續，並支付有關的捐稅和費用。

3) 負擔貨物在裝運港貨物裝上船后的一切費用和風險。

4) 收取賣方按合同規定交付的貨物，接受與合同相符的單據。

採用 CIF 術語需注意的問題：

其一，CIF 合同是「裝運合同」，風險點、交貨點與 FOB 術語完全相同。

其二，賣方租船或訂艙的責任：僅限於通常條件，經由慣常航線，通常可供合同所指貨物運輸的船舶。

其三，賣方辦理保險的責任：如無相反的明示協議，賣方只需按協會貨物保險條款或其他類似的保險條款中最低責任險別投保，投保金額為合同規定 CIF 價款加 10%，並以合同貨幣投保。

其四，卸貨費用的負擔：

CIF 班輪條件：支付運費的一方即賣方負擔。

CIF 吊鈎交貨：賣方負擔將貨物從艙底吊至碼頭或駁船卸離吊鈎為止的費用。

CIF 卸到岸上：賣方負擔將貨物卸到目的港碼頭的費用，包括駁船費和碼頭費。

CIF 艙底交貨：買方負擔從艙底起吊卸至碼頭或駁船的費用。

其五，象徵性交貨：賣方憑單交貨，買方憑單付款。

常用的 CIF 變形有：

CIF 班輪條件：支付運費的一方即賣方負擔。

CIF 吊鈎交貨：賣方負擔將貨物從艙底吊至碼頭或駁船卸離吊鈎為止的費用。

CIF 卸到岸上：賣方負擔將貨物卸到目的港碼頭的費用，包括駁船費和碼頭費。

CIF 艙底交貨：買方負擔從艙底起吊卸至碼頭或駁船的費用。

（3）CFR（Cost and Freight）（… named port of destination）

成本加運費價

賣方負責租船或訂艙，在合同規定的裝運期內將貨物交至運往指定目的港的船上，負擔貨物買方指定的船舶或通過取得已交付至船上貨物的方式為止的一切費用和風險，並支付貨物運至目的港的正常運費。

如當事各方無意越過船舷交貨，則應使用 CPT 術語。

（4）CFR 與 CIF 的比較

1）CFR 合同的賣方不負責辦理保險手續和支付保險費，不提供保險單。除此之外，CFR 與 CIF 合同買賣雙方義務的劃分基本上是相同的；CFR 和 CIF 也同屬象徵性交貨性質。

2）CFR 合同下，及時發出裝船通知十分重要，它關係到買方能否為進口貨物及時辦理保險的問題。

（5）FOB、CFR、CIF 的比較

1）相同點：

交貨性質相同：裝運合同、憑單交貨。

交貨地點相同：裝運港船上交貨。

運輸方式相同：內河或海洋運輸。

風險轉移相同：裝運港買方指定的船舶或通過取得已交付至船上貨物的方式。

2）不同點：

費用支出不同；

責任範圍不同。

2. 向承運人交貨的三種貿易術語

20世紀50年代以后，開始出現集裝箱運輸，國際運輸方式發生大變革，滾裝滾卸、拖車或渡輪運輸，尤其是國際多式聯運在國際運輸中被推廣運用，傳統的以貨物在裝運港裝上船作為交貨點的貿易術語已不合需要。因此，有必要將貨物於裝運以前運到陸地某一地點之處作為交貨點，並在那裡將貨物裝入集裝箱，或將已裝入貨物的集裝箱交由承運人掌管，以便經由海運或其他運輸方式繼續運往目的地。在此情況下，逐步形成了三種新興的貿易術語，即FCA、CPT和CIP。

（1）FCA（Free carrier）（… named place）

貨交承運人……指定地點

賣方在約定的日期或期限內將貨物在指定地點交給由買方指定的承運人，並在適用的地方辦理出口清關手續，即完成交貨。

承運人：就2010通則而言，承運人是指簽署運輸合同的一方。

出口清關：遵照各種規定辦理出口手續，並支付各種稅費。

1）交貨責任：若在賣方所在地交貨，則賣方負責將貨物裝上買方指定的承運人或代表買方的其他人提供的運輸工具。

2）若指定地點不在賣方所在地，則賣方不負責卸貨，即當貨物在賣方的運輸工具上，交給買方指定的承運人處置時即完成交貨。

3）若買方指定承運人以外的人領取貨物，則當賣方將貨物交給此人時，即視為已履行了交貨義務。

FCA貨交承運人買賣雙方的責任、義務：

賣方承擔的風險：承擔貨物在承運人承運之前的一切風險。

賣方承擔的責任：

①負責將貨物按期交給承運人，向買方發出通知。

②辦理出口手續。

③負責提供商業發票及單據。

賣方承擔的費用：承擔貨物交給承運人之前的一切費用和出口報關的稅費。

買方承擔的風險：承擔貨物在承運人承運之后的一切風險。

買方承擔的責任：

①取得進口手續和單證。

②負責運輸，將承運人有關情況通知賣方。

③辦理貨物運輸保險。

④收取貨物、單據，支付貨款。

買方承擔的費用：

①運費。

②保險費。

③承擔貨物交給承運人之后的一切費用和進口報關的稅費。

採用FCA術語需注意的問題：

1）合同的買方必須自負費用訂立自指定地點運輸貨物的合同。但是，如果買方提出請求，或可按照商業慣例，需要賣方提供協助訂立運輸合同時，賣方可以代辦，但有關費用和風險由買方負擔。賣方也可以拒絕，但應立即通知買方，以便買方另作

處理。

2）若在指定地點未規定具體交貨點，卻有幾個地點可供選擇，則賣方可以在幾個地點選擇最適合其完成交貨的地點。

（2）CPT（Carriage Paid To）（… named place of destination）

運費付至（……指定目的地）

賣方向其指定的承運人交貨，並支付將貨物運至目的地的運費。買方承擔交貨之後的一切風險和其他費用。賣方辦理出口清關手續。適用於各種運輸方式，包括多式聯運。

CPT 貨交承運人買賣雙方的責任、義務：

賣方承擔的風險：承擔貨物在承運人承運之前的一切風險。

賣方承擔的責任：

1）負責將貨物按期交給承運人，向買方發出通知。
2）辦理出口手續。
3）負責運輸。
4）負責提供商業發票及單據。

賣方承擔的費用：

1）運費。
2）承擔貨物交給承運人之前的一切費用和出口報關的稅費。

買方承擔的風險：承擔貨物在承運人承運之後的一切風險。

買方承擔的責任：

1）取得進口手續和單證。
2）辦理貨物運輸保險。
3）收取貨物、單據，支付貨款。

買方承擔的費用：

1）保險費。
2）承擔貨物交給承運人之后的一切費用和進口報關的稅費。

採用 CPT 術語需注意的問題：

1）「承運人」與 FCA 術語中的「承運人」相同。如果還使用后續的承運人將貨物運至約定目的地，則風險也自貨物交給第一承運人時轉移。

2）在 CPT 合同中，由賣方負責訂立運輸合同、裝運貨物，而由買方負責貨運保險。為防止脫節，賣方應及時向買方發出裝運通知。

（3）CIP（Carriage and Insurance Paid To）（…named place of destination）

運費和保險費付至……指定地

賣方向其指定的承運人交貨，並支付將貨物運至目的地的運費，辦理保險，支付保險費。買方則承擔賣方交貨之後的一切風險和額外費用。賣方辦理出口清關手續。適用於各種運輸方式，包括多式聯運。

CIP 買賣雙方的責任和義務：

賣方承擔的風險：承擔貨物在承運人承運之前的一切風險。

賣方承擔的責任：

1）負責將貨物按期交給承運人，向買方發出通知。

2）辦理出口手續。
3）負責運輸，辦理貨物運輸保險。
4）負責提供商業發票及單據。
賣方承擔的費用：
1）運費和保險費。
2）承擔貨物交給承運人之前的一切費用和出口報關的稅費。
買方承擔的風險：承擔貨物在承運人承運之后的一切風險。
買方承擔的責任：
1）取得進口手續和單證。
2）收取貨物、單據，支付貨款。
買方承擔的費用：承擔貨物交給承運人之后的一切費用和進口報關的稅費。
採用 CIP 術語需注意的問題：

1）CIP 術語只要求賣方投保最低限度的保險險別。如買方需要更高的保險險別，則需要與賣方明確地達成協議，或者自行作出額外的保險安排。

2）「承運人」與 FCA 術語相同。如果還需要后續承運人將貨物運至約定目的地，則風險自貨物交給第一承運人時轉移。

（4）FCA/CPT/CIP 與 FOB/CFR/CIF 的聯繫與區別

FCA/CPT/CIP 與 FOB/CFR/CIF 的聯繫：

FCA/CPT/CIP 三種術語是為了適應集裝箱運輸和多式聯運等新型運輸方式的需要而分別從 FOB/CFR/CIF 三種傳統術語發展演變而來的，其劃分責任的基本原則是相同的，但也有區別。

FCA/CPT/CIP 與 FOB/CFR/CIF 的區別：

1）適用的運輸方式不同：FOB/CFR/CIF 僅適用於海運和內河運輸；而 FCA/CPT/CIP 適用於各種運輸方式。

2）交貨和風險轉移的地點不同：FOB/CFR/CIF 的交貨點均為「買方指定的船舶或通過取得已交付至船上貨物的方式」，風險均以在裝運港「買方指定的船舶或通過取得已交付至船上貨物的方式」時從賣方轉移至買方；而 FCA/CPT/CIP 的交貨地點，需視不同的運輸方式和不同的約定而定，風險則於賣方將貨物交由承運人處置時，自賣方轉移至買方。

3）裝卸費用負擔不同：按 FOB/CFR/CIF 術語，賣方承擔貨物在裝運港越過船舷為止的一切費用。但在使用 FOB 時，應明確裝貨費用由誰負擔，在使用 CIF/CFR 時，應明確卸貨費用由誰負擔；而在 FCA/CPT/CIP 術語下，托運人將貨物交付承運人時，所支付的運費已經包含了承運人接管貨物后在裝運港的裝貨費用和在目的港的卸貨費用。

4）運輸單據不同：在 FOB/CFR/CIF 術語下，賣方應向買方提交已裝船提單，不可轉讓海運單或內河運單。而在 FCA/CPT/CIP 術語下，賣方所提交的運輸單據則視不同的運輸方式而定。

3. 其他貿易術語
（1）EXW（EX Works）（…named place）
工廠交貨（……指定地點）

賣方在其所在地或其他指定地點（如工場、工廠或倉庫等）將貨物交給買方處置時，即完成交貨。

賣方不辦理出口清關手續或將貨物裝上任何運輸工具。

該術語是賣方承擔責任最小的術語。買方必須承擔在賣方所在地受領貨物的全部費用和風險。

適合於任何運輸方式。

（2）FAS（Free Alongside Ship）（⋯named port of shipment）

船邊交貨（⋯⋯指定裝運港）

賣方在指定裝運港將貨物交到船邊，即完成交貨義務。買賣雙方的風險和費用都以約定的船邊為界。

賣方辦理貨物出口清關手續。

適用於海運或內河運輸。

（3）DAF（Delivered at Frontier）（⋯named place）

邊境交貨（⋯⋯指定地點）

當賣方在邊境的指定地點和具體交貨點，在毗鄰國家海關邊界前，將仍處於交貨的運輸工具上尚未卸下的貨物交給買方處置，辦妥貨物出口清關手續時，即完成交貨。

「邊境」一詞可用於任何邊境，包括出口國邊境。因而，用指定地點和具體交貨點來準確界定所指邊境是極為重要的。

適用於陸地邊界交貨的各種運輸方式，當在目的港船上或碼頭上交貨時，應使用DES或DEQ術語。

（4）DES（Delivered EX Ship）（⋯named port of destination）

目的港船上交貨（⋯⋯指定目的港）

賣方在指定目的港的船上將貨物交給買方處置，但不辦理貨物進口清關手續，即完成交貨。賣方必須承擔貨物運至指定目的港卸貨前的一切風險和費用。

適用於海運或內河運輸或多式聯運在目的港船上交貨的合同。

如果當事各方希望賣方負擔卸貨的風險和費用，則應使用DEQ術語。

（5）DEQ（Delivered EX Quay）（⋯named port of destination）

目的港碼頭交貨（⋯⋯指定目的港）

賣方在指定的目的港碼頭將貨物交給買方處置，不辦理進口清關手續，即完成交貨。賣方應承擔將貨物運至指定目的港並卸至碼頭的一切風險和費用。

買方辦理進口清關手續並在進口時支付一切辦理海關手續的費用、關稅、稅款和其他費用。

適用於海運或內河運輸或多式聯運且在目的港碼頭卸貨的情況。

（6）DDU（Delivered Duty Unpaid）（⋯named place of destination）

未完稅交貨（⋯⋯指定目的地）

賣方在指定目的地將貨物交給買方，不辦理進口手續，也不從交貨的運輸工具上將貨物卸下，即完成交貨義務。

賣方承擔將貨物運至指定目的地的一切費用，不包括在需要辦理海關手續時在目的國進口應交納的任何「稅費」，買方必須承擔此項「稅費」和因未能及時辦理貨物清關手續而引起的費用和風險。

適用於各種運輸方式。

（7）DDP（Delivered Duty Paid）（…named place of destination）
完稅后交貨（……指定目的地）

賣方在指定目的地，辦理進口清關手續，將在交貨工具上尚未卸下的貨物交給買方，完成交貨。

賣方必須負擔將貨物運至目的地的一切費用和風險，包括在需要辦理海關手續時在目的地應交納的任何進口「稅費」。

該術語是賣方責任最大的貿易術語。適用於一切運輸方式。

《2000 通則》13 種貿易術語的列表對比

貿易術語	交貨地點	風險轉移界限	出口海關手續的責任、費用	進口海關手續的責任、費用	適用的運輸方式
EXW	商品產地、所在地	貨交買方	買方	買方	任何運輸方式
FCA	出口國內地、港口	貨交承運人	賣方	買方	任何運輸方式
FAS	裝運港口	貨交船邊后	賣方	買方	海運或內河航運
FOB	裝運港口	貨越船舷后	賣方	買方	海運或內河航運
CFR	裝運港口	貨越船舷后	賣方	買方	海運或內河航運
CIF	裝運港口	貨越船舷后	賣方	買方	海運或內河航運
CPT	出口國內地、港口	貨交承運人	賣方	買方	任何運輸方式
CIP	出口國內地、港口	貨交承運人	賣方	買方	任何運輸方式
DAF	邊境指定地點	貨交買方	賣方	買方	任何運輸方式
DES	目的港口	目的港船上	賣方	買方	海運或內河航運
DEQ	目的港口	目的港碼頭	賣方	買方	海運或內河航運
DDU	進口國內	貨交買方	賣方	買方	任何運輸方式
DDP	進口國內	貨交買方	賣方	賣方	任何運輸方式

4. 2010 價格術語新增

《2010 通則》新增了兩種術語——DAT 和 DAP。

通則已經將 13 種不同的術語減為 11 種。DAT 和 DAP（指定目的地和指定地點交貨），取代了 DAF、DES、DEQ 和 DDU。所謂 DAT 和 DAP 術語，是「實質性交貨」術語，在將貨物運至目的地過程中涉及的所有費用和風險由賣方承擔。此術語適用於任何運輸方式，因此也適用於各種 DAF、DES、DEQ 以及 DDU 以前被使用過的情形。

DAT（Delivered at Terminal）是指在指定目的地或目的港的集散站交貨，「Terminal」可以是任何地點，如碼頭、倉庫、集裝箱堆場或者鐵路、公路或航空貨運站等。

DAP（Delivered at Place）是指在指定目的地交貨。兩者的主要差異是 DAT 下賣方需要承擔把貨物由目的地（港）運輸工具上卸下的費用，DAP 下賣方只需在指定目的地把貨物置於買方控製之下，而無須承擔卸貨費。在《2010 通則》中，DAP 取代了先

前的 DAF、DES 和 DDU 三個術語，而 DAT 取代了先前的 DEQ，且擴展至適用於一切運輸方式。

使用 INCOTERMS2010 貿易術語需要注意的問題：

（1）使用貿易術語的格式要求

在使用任何貿易術語時都需要將「Incoterms © 2010」或「國際貿易術語解釋通則 © 2010」作為后綴或者貿易術語選擇的必要構成要件在合同中說明。例如，盡可能對地點和港口作出詳細說明。

（2）貿易術語中地點的重要性

在使用貿易術語 Ex Works（EXW，工廠交貨）、Free Carrier（FCA，貨交承運人）、Delivered at Terminal（DAT，運輸終端交貨）、Delivered at Place（DAP，目的地交貨）、Delivered Duty Paid（DDP，完稅后交貨）、Free Alongside Ship（FAS，船邊交貨）和 Free on Bord（FOB，船上交貨）時，指定地點是指風險從賣方轉移到買方的交貨地點。

在使用貿易術語 Carriage Paid To（CPT，運費付至）、Carriage and Insurance Paid To（CIP，運費、保險費付至）、Cost and Freight（CFR，成本加運費）和 Cost, Insurance and Freight（CIF，成本、保險費加運費）時，指定地點並非交貨地點。在使用此四種貿易術語時，指定地點是指運費已付至於此的目的地。

（3）術語指明地點的法律意義

1）在 EXW、FCA、DAT、DAP、DDP、FAS 和 FOB 術語中，指定地點是交貨（delivery）地點，即風險轉移地點，建立了風險承擔的認定基礎。

2）在 CPT、CIP、CFR 和 CIF 術語中，指定地點是指運費已付至於此的地點，風險如何承擔尚不清楚，即還需要明確交貨地點。

3）「交貨」（delivery，也可譯為交付）的特定法律意義：法律意義上控製權的轉移，可成為風險轉移的基礎，也可成為所有權轉移的基礎。

使用 CPT、CIP、CFR、CIF、DAT、DAP 和 DDP 術語時，賣方需安排貨物運輸至指定目的地。運費雖由賣方支付，但買方為實際支付方，因為實際上運費已包含在貨物總價之中。運輸費用有時會包括在港口或集裝箱碼頭設施內處理和移動貨物的費用，而承運人或港口營運人很可能向接收貨物的買方索要這些費用。除另有約定，賣方承擔「交貨」前費用。

（4）貿易術語的選用：

1）在國際貨物買賣合同中明確選用《2000 INCOTERMS》。

2）按不同運輸方式正確選用貿易術語。

3）積極推廣使用 FCA/CPT/CIP 術語。

4）謹慎使用貿易術語的變形。

5）規範使用貿易術語。

6）要從交易的實際出發，慎重選用貿易術語。

3.6.3 商品的價格構成及主要貿易術語換算

1. 商品的單價

在國際貿易中，商品的價格除少部分交易是按總價達成外，通常是指商品的單價。商品的單價由計量單位、單價金額、計價貨幣和貿易術語四部分組成。

例如：單價構成

計量單位、計價金額、計價貨幣和貿易術語。

例如：每公噸　　　　　　300　　　　　　美元　　　　　FOB 上海
　　　（計量單位）　（單價金額）　（計價貨幣）　（貿易術語）

（1）計量單位

單價條款中的計量單位應與數量條款中的計量單位一致。若數量條款中的計量單位為「M/T」，則單價條款中的計量單位也應用「M/T」，而不應用「L/T」或「S/T」。

（2）單價金額

單價中涉及的計價數量單位、計價貨幣、裝卸地名稱等必須書寫正確、清楚，以利合同的履行。

（3）計價貨幣

盡量使用可以自由兌換、匯率比較穩定的貨幣，而且出口時爭取使用匯率向上浮的貨幣，即「硬幣」；進口時爭取使用匯率呈下浮趨勢的貨幣，即「軟幣」。在必要時加訂匯率保值條款。

（4）選用適當的貿易術語

在考慮有利於本國經濟發展及企業的經營意圖的情況下，出口一般盡量使用 CIF（或 CIP）價，進口使用 FOB（或 FCA）價。

2. 主要貿易術語的價格構成

FOB、CFR、CIF 三種貿易術語的價格構成：

僅適用於海上或內河運輸。在價格構成中，通常包括三方面內容：進貨成本、費用和淨利潤。費用的核算最為複雜，包括國內費用和國外費用。國內費用有：

1）加工整理費用；

2）包裝費用；

3）保管費用（包括倉租、火險等）；

4）國內運輸費用（倉至碼頭）；

5）證件費用（包括商檢費、公證費、領事簽證費、產地證費、許可證費、報關單費等）；

6）裝船費（裝船、起吊費和駁船費等）；

7）銀行費用（貼現利息、手續費等）；

8）預計損耗（耗損、短損、漏損、破損、變質等）；

9）郵電費（電報、電傳、郵件等費用）。

國外費用主要有：

1）國外運費（自裝運港至目的港的海上運輸費用）；

2）國外保險費（海上貨物運輸保險）；

3）如果有中間商，還包括支付給中間商的佣金。

計算公式如下：

FOB 價＝進貨成本價+國內費用+淨利潤

CFR 價＝進貨成本價+國內費用+國外運費+淨利潤

CIF 價＝進貨成本價+國內費用+國外運費+國外保險費+淨利潤

3. 主要貿易術語的價格換算

FOB、CFR 和 CIF 三種術語的換算：

（1）FOB 價換算為其他價

CFR 價＝FOB 價＋國外運費

CIF 價＝（FOB 價＋國外運費）/（1－投保加成×保險費率）

（2）CFR 價換算為其他價

FOB 價＝CFR 價－國外運費

CIF 價＝CFR 價/（1－投保加成×保險費率）

（3）CIF 價換算為其他價

FOB 價＝CIF 價×（1－投保加成×保險費率）－國外運費

CFR 價＝CIF 價×（1－投保加成×保險費率）

FCA、CPT 和 CIP 三種術語的換算：

（1）FCA 價換算為其他價

CPT 價＝FCA 價＋國外運費

CIP 價＝（FCA 價＋國外運費）/（1－保險加成×保險費率）

（2）CPT 價換算為其他價

FCA 價＝CPT 價－國外運費

CIP 價＝CPT 價/（1－保險加成×保險費率）

（3）CIP 價換算為其他價

FCA 價＝CIP 價×（1－保險加成×保險費率）－國外運費

CPT 價＝CIP 價×（1－保險加成×保險費率）

4. 佣金和折扣

在進出口合同的價格條款中，有時會涉及佣金（Commission）和折扣（Discount, Allowance）。價格條款中所規定的價格，可分為包含佣金或折扣的價格和不包含這類因素的淨價（Net Price）。包含有佣金的價格，在業務中通常稱為「含傭價」。

（1）佣金（Commission）

1）佣金的含義

在國際貿易中，有些交易的達成是通過中間代理商的幫助而實現的。中間代理商通過提供介紹生意或代買代賣服務而向服務的接受方收取一定的酬金，此項酬金就叫佣金。佣金直接關係到商品的成交價格，貨價中是否包括佣金和佣金比例的大小，都影響商品的價格。顯然，如果成交價格是含傭價，它一定比不含佣金的淨價要高。正確運用佣金，有利於調動中間商推銷和經營商品的積極性，增強商品的市場競爭力，從而擴大交易。

2）佣金的種類

凡在合同的價格條款中，明確規定佣金率的百分比，叫做「明傭」；如不標明佣金的百分比，甚至連「佣金」字樣也不標示出來，有關佣金的問題，由雙方當事人另行約定，這種暗中約定佣金的做法，叫做「暗傭」。中國的一些專業外貿公司，在代理國內企業進出口業務時，通常由雙方簽訂協議規定代理佣金比率，而外貿公司在對外報價時，佣金率不直接明示在進出口合同中，這種就屬於暗傭；在國外，還有一些中間代理商採用暗傭的目的有時是為了達到逃匯或逃稅的目的。此外，中間代理商會分別從買方和賣方兩處都獲得佣金，這種叫做「雙頭傭」。

3）佣金的規定辦法

①在合同成交價格中包括佣金時，通常可以用百分數來表示。例如：「每公噸 1,000美元 CIF 舊金山，包括 2%佣金」(US ＄ 1,000 per M/T CIF San Francisco including 2% commission)。

②在合同價格條款的貿易術語部分加註佣金的縮寫英文字母「C」和佣金的百分比來表示。例如：「每公噸 200 美元 CIFC2% 舊金山」(US ＄ 200 per M/T CIF San Francisco including 2% commission)。有些進出口合同中還將佣金的百分號省略，簡單表示成「每公噸 200 美元 CIFC2 舊金山」。

③商品價格中所包含的佣金除用百分比和字母表示外，也可以用絕對數來表示。例如：「每公噸支付佣金 25 美元」(The commission is US ＄ 25 per M/T)。

在進出口業務中，用百分數來表示佣金的做法比較常用。給予中間代理商佣金會提高其與我成交的積極性，有利於擴大銷路。但是，支付佣金也意味著交易費用的增加。因此，佣金的規定應合理，其比率一般應掌握在1%～5%的範圍，不宜偏高。

4）佣金的計算與支付方法

①佣金的計算。在國際貿易中，計算佣金的方法各不相同。有的按成交金額約定的百分比計算，有的按成交商品的數量來計算，即按每一單位數量收取若干佣金計算。在中國進出口業務中，計算方法也不一致，按成交金額和成交商品的數量計算的都有，主要取決於買賣雙方在合同中的規定。在按成交金額計算時，有的以發票總金額作為計算佣金的基數，有的則以 FOB 總值為基數來計算佣金。如按 CIF 成交，而以 FOB 值為基數計算佣金時，則應從 CIF 價中減去運費和保險費，求出 FOB 值，然後以 FOB 值乘佣金率，即得出佣金額。按實際成交金額計算比較方便，操作上比較簡便，實際中使用較多。

關於計算佣金的公式如下：

單位貨物佣金額＝含佣價×佣金率

淨價＝含佣價－單位貨物佣金額

上述公式也可寫成：

淨價＝含佣價×(1－佣金率)

假如已知淨價，則含佣價的計算公式應為：

含佣價＝淨價/(1－佣金率)

在這裡，值得注意的是，如在洽商交易時，我方報價為 10,000 美元，對方要求 3%的佣金，在此情況下，我們改報含佣價，按上述公式算出應為 10,309.3 美元，這樣才能保證我方實收 10,000 美元。

［例題］佣金計算的應用

我某貿易公司向美國商人出口商品一批，出口報價是每件 100 美元 CFRC3% 舊金山。現在美國商人要求改報 CIFC5% 價，美國商人要求按發票金額 110%投保一切險和戰爭險，保險費率二者合計為 0.5%。問：在不影響我方外匯淨收入的前提下，所報 CIFC5%價應是多少？

解：已知　CFRC3% ＝ 100 美元

則 CFR 價＝CFRC3%×(1－C)＝100×(1－3%)＝97(美元)

CIF 價＝CFR÷(1－110%×0.5%)

　　　＝97÷(1－110%×0.5%)

　　　　　= 97.54（美元）

　　　CIFC5% = CIF÷(1-5%) = 97.54÷(1-5%) = 102.7（美元）

　　所以，在不影響我方外匯淨收入的前提下，所改報的價格應該是每件102.7美元CIFC5%舊金山。

　　②佣金的支付。佣金的支付要根據中間商提供服務的性質和內容來定，一般有三種做法：

　　第一種做法是出口商收清貨款之後，再按事先約定的期限和佣金比率，將佣金另行付給中間代理商。這種做法有利於合同的履行，因為合同順利履行是中間商獲得佣金的前提條件，中間商為了取得佣金，他會盡力促成交易，督促買賣雙方認真履行合同。在中國出口業務中，常用的佣金支付方式就是這種，即收到全部貨款後再另行支付。可以在合同履行后支付，也可以按月、按季、按半年或一年匯總支付。

　　第二種是由中間代理商在支付貨款時直接從貨價中扣除佣金。在這種情況下，出口企業收到的貨款是除去佣金后的部分，所以應注意防止重複支付佣金。

　　第三種是中間商要求出口企業在交易達成后就支付佣金。

　　為了避免與中間商發生爭議，甚至影響合同的履行，出口商應與中間商事先商定佣金的支付方法，並按約定的方法按時支付佣金，同時要防止錯付、漏付和重複支付等事故發生。

　　按照一般慣例，在獨家代理情況下，如委託人同約定地區的其他客戶達成交易，即使未經獨家代理過手，也得按約定的比率付給其佣金。

　　(2) 折扣（Discount, Rebate）

　　1）折扣的含義

　　折扣是指賣方按原價給予買方一定百分比的減讓，即在價格上給予適當的優惠。

　　2）折扣的種類

　　①凡在價格條款中明確規定折扣率的，叫做「明扣」；

　　②凡是交易雙方就折扣問題已達成協議，而在價格條款中都不明示折扣率的，叫做「暗扣」。

　　3）折扣的表示辦法

　　在國際貿易中，通常在規定價格條款時折扣可採用以下幾種方法：

　　①在合同的價格條款中用文字明確表示出來。例如：「每公噸200美元CIF倫敦，折扣3%」（US＄200 per metric ton CIF London including 3% discount）。此例也可這樣表示：「每公噸200美元CIF倫敦，減3%折扣」（US＄200 per metric ton CIF London less 3% discount）。

　　②折扣也可以用絕對數來表示。例如：「每公噸折扣8美元」（US＄8 per metric ton for Discount）。

　　在實際業務中，也有用「CIFD」或「CIFR」來表示CIF價格中包含折扣。這裡的「D」和「R」是「Discount」和「Rebate」的縮寫。鑒於在貿易術語中加註的「D」或「R」含義不清，可能引起誤解，故最好不使用此縮寫語。

　　當交易雙方採取「暗扣」的做法時，則在合同價格條款中不予規定，有關折扣的問題，按交易雙方暗中達成的協議處理。這種做法屬於不公平競爭。公職人員或資方僱傭人員拿「暗扣」，應屬貪污受賄行為。

4）折扣的計算與支付方法

折扣通常是以成交額或發票金額為基礎計算出來的。例如，CIF 倫敦，每公噸 2,000 美元，賣方的實際收入為每公噸 1,960 美元。其計算方法如下：

單位貨物折扣額＝原價（或打折之前的價格）×折扣率

賣方的實際收入＝原價−單位貨物折扣額

在進出口合同的價格條款中，有時會涉及佣金（Commission）和折扣（Discount, Allowance）。

3.7 交易磋商概述

交易磋商是指進出口商就商品的各項交易條件進行談判，以達成交易的過程。在業務中，又稱為貿易談判。

3.7.1 交易磋商方式

一般講來，交易磋商的方式有四種：

1. 口頭磋商

口頭磋商是指交易雙方在談判桌上，面對面地談判或通過國際長途電話洽商。如參加各種商品交易會、洽談會、展銷會、拍賣會以及商務出訪等。

2. 書面磋商

書面磋商是指交易雙方通過信函、電報、電傳、傳真、EDI 等通信方式進行業務洽商。在通常的交易中以書面洽商形式居多。

3. 無紙貿易

這是指通過電子數據交換，也就是按照協議，通過具有一定結構的標準信息系統在計算機網絡中進行交易。目前，無紙貿易在國際貿易中已獲得廣泛使用。

4. 以行為表示方式

如在拍賣市場進行拍賣式購進等。

國際貿易中的交易條件是交易磋商的主要內容，包括商品名稱、品質、規格、數量、包裝、價格、裝運、保險、支付、商檢、索賠、不可抗力、仲裁等。從理論上講只有就交易條件的各項內容逐一磋商、達成一致的意見，才能充分體現「契約自由」的原則。但是，在實際交易業務中必不是對交易條件的各項內容逐一磋商的，只要明確了主要交易內容，合同就成立。

（1）主要交易條件

主要交易內容包括貨物的品質、數量、包裝、價格、交貨和支付條件。

（2）一般交易條件

這包括檢驗、索賠、不可抗力和仲裁。一般交易條件是指由出口商或進口商為購買貨物而擬定的對每筆交易都適用的一套共性的交易條件。這些交易條件具有適用於特定行業所有交易的特點，或單獨成文，或打印在進出口商製作的標準合同上。

一般交易條件的內容各有不同，但就中國出口企業所擬定的一般交易條件而言，通常包括以下幾個方面：

1）有關預防和處理爭議的條件。如關於貨物檢驗、索賠、不可抗力和仲裁的規定。

2）有關主要交易條件的補充說明。如品質機動幅度、數量機動幅度、允許分批/轉運、保險金額、險別和適用的保險條款、信用證開立的時間和日期、到期日、到期

地點的規定。

3）個別的主要交易條件。如通常採用的包裝方法、憑不可撤銷即期信用證支付的規定。

3.7.2 交易磋商的程序

在進出口業務中，每一筆交易磋商的程序不完全相同，一般情況下交易磋商的程序可分為詢盤、發盤、還盤和接受四個環節。其中，發盤和接受是達成交易和合同成立的必不可少的兩個環節。在外貿業務中，無論交易雙方採取口頭還是書面方式磋商，均需通過發盤和接受這兩個基本環節才能達成交易。

1. 詢盤

詢盤（Enquiry），是指交易的一方有意購買或出售某一種商品，向對方詢問買賣該商品的有關交易條件及希望對方發盤的要求。詢盤可由買方發出，也可由賣方發出。由買方發出的詢盤一般稱為「邀請發盤」（Invitation to make an offer），由賣方發出的詢盤一般稱為「邀請遞盤」（Invitation to make a bid）。從實踐上看，詢盤的內容一般包括：品名、價格、規格、數量、交貨期等，也可詢問其中一項或幾項交易條件。詢盤可採用口頭方式，亦可採用書面方式。以下為兩則電報詢盤的實例：

買方詢盤：

（請報 500 輛飛鴿牌自行車成本加運費至新加坡的最低價，五月裝運，盡速電告）

賣方詢盤：

（可供 99% 鋁錠，七月份裝運，如有興趣請電告）

邀請發盤的另一種常見做法是提出內容不肯定或附有保留條件的建議。這種建議對於發盤人沒有約束力，它只是起到邀請對方發盤的作用。在業務中往往是賣方貨源尚未落實提出的條件帶有不確定性，或者為爭取較好的價格，同一批貨向兩個以上客戶邀請遞盤，以便擇優成交。也有的是買方為了探詢市場情況和便於進行比價，同時向多家供貨商提出發盤的邀請。

這類邀請發盤從形式上看，有的內容不明確，如在提出價格時使用參考價或價格傾向；有的主要交易條件不完備，即使對方表示接受，仍需要商定其他主要交易條件，除非雙方事先已有約定或有習慣做法；還有的附有保留條件，如在提出交易條件之後，註明「以我方最后確認為準」，或者「有權先售」等。這樣即使提出的交易條件明確、完備，仍不能算是有效的發盤，而屬於邀請發盤。

例：某公司對中國棉織品的詢盤。

ENQUIRY FOR CHINESE COTTON PIECE GOODS

DEAR SIR,

WE ARE GLAD TO LEARN FROM YOUR LETTER OF MARCH 9 THAT, AS EXPORTERS OF CHINESE COTTON PIECE GOODS, YOU ARE DESIROUS OF ENTERING INTO DIRECT BUSINESS RELATIONS WITH US. THIS HAPPENS TO COINCIDE WITH OUR DESIRE.

AT PRESENT, WE ARE INTERESTED IN PRINTED SHIRTING AND SHALL BE PLEASED TO RECEIVE FROM YOU BY AIRMAIL CATALOGUES, SAMPLES AND ALL NECESSARY INFORMATION REGARDING THESE GOODS SO AS TO ACQUAINT US WITH THE QUALITY AND WORKMANSHIP OF YOUR SUPPLIES. MEANWHILE PLEASE

QUOTE US YOUR LOWEST PRICE, C. I. F. VANCOUVER, INCLUSIVE OF OUR 5% COMMISSION, STATING THE EARLIEST DATE OF SHIPMENT.

SHOULD YOUR PRICE BE FOUND COMPETITIVE AND DELIVERY DATE ACCEPTABLE, WE INTEND TO PLACE A LARGE ORDER WITH YOU.

WE TRUST YOU WILL GIVE US AN EARLY REPLY.

YOURS FAITHFULLY

詢盤對於詢盤人和被詢盤人均無法律上的約束力，但詢盤常常是交易的起點。所以應慎重對待，詢盤方應在充分調研國際市場的基礎上，有針對性地向一個或幾個對方發出，以便從其答復中進一步磋商，擇優成交。被詢盤方對接到的詢盤也應予以重視，根據本公司的條件和需求情況作出及時和恰當的處理，盡量避免只是詢價而不購買或不出售，以免失掉信譽。此外，在詢盤時，不應只考慮詢問商品的價格，也應適當詢問其他交易條件，從而為達成交易獲得較多的交易信息或條件。

2. 發盤

發盤（Offer）也稱發價，法律上稱為要約，是發盤人（Offeror）向受盤人（Offeree）提出各項交易條件，並願意按這些條件與受盤人達成交易、訂立貿易合同的一種肯定的表示。

（1）有效發盤的條件

在外貿交易磋商中，發盤是發盤人向受盤人發出的訂立一項合同的一種肯定表示。所以，構成有效發盤必須具備以下條件：

1）必須明確訂立合同的意圖，即發盤必須表明發盤人在得到受盤人的承諾時，將按發盤條件承受約束，並與受盤人訂立合同。在具體的發盤中通常採用「發盤」（Offer）、「發實盤」（Offer Firm）、「實盤」（Firm Offer）、「遞盤」（Bid）、「遞實盤」（Bid Firm）、「訂購」（Book）、「訂貨」（Order）等術語，以表示發盤人肯定訂立合同的意圖。相反，如果一方當事人在他所提出的購買或出售某種商品的意思表示中未表現訂立合同的意圖，則該意思表示就不能構成發盤，只能視為發盤的邀請。

2）內容必須明確、完整和終局。所謂發盤內容的完整是指提出的交易條件是完整的。根據《聯合國國際貨物銷售合同公約》的規定，一項發盤所列的交易條件只要包括貨物、數量和價格三項，即構成完整性，其他條件如交貨時間、地點、付款方式、包裝、保險、運輸等未作規定，這並不影響發盤中交易條件的完整性，這些條件可以在簽訂合同時加以補充。

3）必須向一個以上特定的人提出。該特定的人可以是一個或一個以上的自然人或法人，即受盤人可以是一個人或一家公司，也可以是數家公司。《聯合國國際貨物銷售合同公約》（以下簡稱《公約》）第十四條第二款明確規定：「非向一個或一個以上特定的人提出的建議，僅視為邀請做出報價。除非提出建議的人明確表示相反的意向。」因此，不指定受盤人時，只能構成「發盤邀請」。

4）發盤必須送達受盤人。發盤只在發盤的有效期內送達受盤人，該項發盤才能生效。發盤送達受盤人的時間也就是發盤生效的時間。如果發盤的載體（如電報、書信等）在傳遞途中遺失，以至於受盤人未能收到，則該發盤不能生效。

例：某公司電冰箱的發盤。

AN OFFER OF REFRIGERATORS

DEAR SIR,

YOUR FAX OF FEBRUARY 10 ASKING US TO OFFER YOU THE SUBJECT ARTICLE HAS RECEIVED OUR IMMEDIATE ATTENTION. WE ARE PLEASED TO KNOW THAT YOU ARE INTERESTED IN OUR PRODUCTS.

IN REPLY TO YOUR INQUIRY, WE TAKE PLEASURE IN MAKING YOU AN OFFER AS FOLLOW, PROVIDED YOUR REPLY REACHES US WITHIN 7 DAYS FROM TODAY:

SPECIFICATION:	QUANTITY (SET):	PRICE (US $)
BYD212	2000	400.00
BYD17	3000	370.00
BYD21	1000	390.00

THE PRICE IS ON THE BASIS OF CIF ALEXANDRIA.

PACKING: AT BUYER'S OPTION.

SHIPMENT: TOTAL QUANTITY TO BE DELIVERED BY 3 EQUAL MONTHLY SHIPMENTS, MARCH THROUGH MAY, 2003.

PAYMENT: 100% BY IRREVOCABLE, REVOLVING LETTER OF CREDIT.

IN VIEW OF THE FACT THAT OUR STOCK ON HAND HAS BEEN QUITE LOW OWING TO HEAVY COMMITMENT, YOUR EARLY ORDER IS ABSOLUTELY ESSENTIAL.

YOURS FAITHFULLY

（2）發盤的生效和有效期

按照《公約》第15條的解釋：「發盤於送達受盤人時生效」。這就是說發盤雖已發出，但在到達受盤人之前並不產生對發盤人的約束力，受盤人也只有在接到發盤后，才可考慮接受與否的問題，在此之前憑道聽途說表示接受，即使巧合也屬無效。

在實際業務中，發盤人對發盤有效期的規定通常有三種方法：

1）明確規定有效期。這種情況下的發盤自發盤送達受盤人時開始生效，到規定的有效期結束時終止。通常有兩種做法：一是規定最遲接受的期限，如「發盤……限本月20日復到」。二是規定一段接受的時間，如「發盤……限10天內收到」。對於上述第二種做法中關於有效期的起算《公約》第二十一條第一款規定：「發價人在電報或信件內容中規定的接受期間，從電報發出的時刻或信上載明的發信日期起算，如信上未載發信日期，則從信封上所載日期起算。發價人的電話、電傳或其他快速通信方法規定的接受期間，從發價送到被發價人時起算。」無論上述的第一種還是第二種情況，如果在允許表示接受期間遇有節假日，則《公約》第二十一條第二款中規定：「在計算接受期間時，接受期間內的正式假日或非營業日應計算在內。但是，如未接受通知在接受期間的最后一天未能送到發價人地址，因為那天發價人營業地是正式假日或非營業日，則接受期間應順延至下一個營業日。」

2）不明確規定發盤的有效期。這種情況下，發盤人只對發盤的有效期作籠統的規定。如「發盤……速（急、盡快）復」。發盤中未明確規定具體的有效期，並不意味著該發盤沒有有效期。根據《公約》第十八條的規定，此時，受盤人必須在合理時間內做出接受表示，否則接受無效。所以，此類發盤的有效期為「合理時間」。但所謂「合理時間」，各國法律並無統一明確的解釋。因此，在實際業務中，為避免理解不一

而產生糾紛，一般不宜採用這種規定方法。

3）口頭發盤。按《公約》規定，如果當事人沒有另外約定，那麼，原則上要求「立即接受」。在中國的對外貿易實踐中，不採用口頭發盤方式。

（3）發盤的撤回與撤銷

發盤的撤回，是指發盤人在其發盤送達發盤人以前，將該項發盤取消的行為。《公約》第十五條第二款規定：「一項發盤，即使是不可撤銷的，也可以撤回，如果撤回的通知在發盤到達受盤人之前或同時到達受盤人，發盤在未被送達受盤人之前，如果發盤人改變主意，可予以撤回，但發盤人必須將撤回通知於發盤送達之前或同時送達受盤人。」

發盤的撤銷，是指發盤人在其發盤已送達發盤人之後，將該項發盤取消的行為。前者發生在發盤生效之前，后者發生在發盤生效之後。

對於已生效的發盤能否撤銷，目前，在法律上有三種解釋：第一種是英美法系國家的法律認為，發盤在被受盤人接受之前，發盤可以撤銷，即使發盤中規定了有效期，在有效期內發盤人仍可以撤銷，除非是受盤人已付出某種「對價」的發盤以及由發盤人簽字蠟封的發盤。第二種是大陸法系國家的法律認為，發盤生效后，原則上發盤人不得撤銷該發盤。第三種是《公約》第十六條對上述兩種法律體系的解釋所作的折中規定：已為受盤人收到的發盤，如果撤銷的通知在受盤人發出接受通知前送達受盤人，可以撤銷，但在下列情況下不得撤銷：①發盤是以規定有效期或以其他方式表明為不可撤銷的；②受盤人有理由信賴該項發盤是不可撤銷的，並已本著對該發盤的信賴採取了行動。

（4）發盤的失效

發盤的失效是指已生效的發盤失去法律效力。發盤的失效對發盤人來說，不再受該發盤的約束，對受盤人來說，也就失去了接受該發盤的權利。因此，如果受盤人對已失效的發盤表示接受，則不能導致合同的成立，只能視為新的發盤，須經原發盤人接受后合同才能成立。一項已生效的發盤，在發生下列情況后，將失去效力：

1）發盤的有效期已過，或發盤未規定有效期時已超過了合理時間，發盤人仍未收到受盤人的答復。

2）被受盤人拒絕或還盤，即受盤人對發盤作出了拒絕或還盤的答復，即使在發盤的有效期內，該發盤也立即失效。

3）被發盤人撤銷，即允許撤銷的發盤，被發盤人在受盤人表示接受前終止了其效力。

4）因發生了某些特定情況而依法失效。如發盤人在發盤被接受前喪失了行為能力或正式宣告破產並將有關破產的書面通知送達受盤人；發盤人因從事違反國家法令的行為而被取消經營權；發盤中特定的或獨一無二的、不可替代的標的物被毀滅；發盤中的商品被政府宣布禁止出口或進口等。

【項目自測】

一、單項選擇題

1.《聯合國國際貨物銷售合同公約》規定，合同成立的時間是（　　　）。

A. 交易雙方書面合同簽訂時

B. 合同獲得相關部門批准時

C. 接受生效的時間

D. 發盤送達受盤人時

2. 《聯合國國際貨物銷售合同公約》規定，接受的生效時間是（　　）。

A. 接受表示向發盤人發出時

B. 接受表示送達發盤人時

C. 發盤人收到接受表示后以特定方式確認時

D. 合理時間內

3. 《聯合國國際貨物銷售合同公約》規定，發盤的生效時間是（　　）。

A. 合理時間內　　　　　　B. 向特定的人發出時

C. 送達受盤人時　　　　　D. 受盤人收到並確認

4. 《聯合國國際貨物銷售合同公約》關於逾期接受的規定是（　　）。

A. 逾期接受一律無效

B. 逾期接受完全有效

C. 逾期接受是否有效取決於發盤人

D. 逾期接受是否有效取決於受盤人

5. 某個發盤的訂約建議附帶「以上價格僅供參考」字樣，則這一訂約建議為（　　）。

A. 發盤　　　　　　　　　B. 遞盤

C. 還盤　　　　　　　　　D. 邀請發盤

6. 進口關稅的計算通常是以（　　）價格計算的。

A. FOB　　　　　　　　　B. CFR

C. CIF　　　　　　　　　D. CIP

7. 採用 CIF 條件成交，買賣雙方風險劃分的界限是（　　）。

A. 裝運港船邊　　　　　　B. 裝運港船上

C. 裝運港船舷　　　　　　D. 目的港船舷

8. CFR 貿易術語下，賣方無義務承擔（　　）。

A. 提交貨運單據　　　　　B. 租船訂艙

C. 辦理貨運保險　　　　　D. 取得出口許可證

9. 按照《2000 年通則》，「運費付至目的地」的是（　　）。

A. CFR　　　　　　　　　B. CPT

C. CIP　　　　　　　　　D. CIF

10. 按照《2000 年通則》的解釋，採用 FOB 術語時賣方應承擔的義務有（　　）。

A. 貨物裝船以及支付正常運費

B. 辦理貨運保險

C. 負擔貨物運至目的港之前的風險

D. 辦理出口通關手續

二、多項選擇題

1. 一般而言，交易環節有四個，其中達成交易必不可少的是（　　）。

A. 詢盤　　　　　　　　　B. 發盤

　　　　C. 還盤　　　　　　　　　　D. 接受
　2. 交易磋商之前的準備事項包括以下幾個主要方面：（　　）。
　　　　A. 選擇洽談人員　　　　　　B. 選擇目標市場
　　　　C. 選擇交易對象　　　　　　D. 制定磋商方案
　3. 下列情況下，發盤一旦生效則不得撤銷：（　　）。
　　　　A. 在發盤中明確規定有效期
　　　　B. 以某種方式規定該發盤是不可撤銷的
　　　　C. 受盤人有理由相信該發盤不可撤銷，並已經採取了相應的行動
　　　　D. 受盤人已經發出了接受通知
　4. 有關國際貿易術語的慣例有（　　）。
　　　　A.《華沙—牛津規則》
　　　　B.《約特—安特衛普規則》
　　　　C.《美國對外貿易定義》
　　　　D.《2000年通則》
　5. 國際貿易術語可以用以確定交貨條件，包括（　　）。
　　　　A. 確定貨物所有權轉移的時間地點
　　　　B. 確定風險轉移的界限
　　　　C. 確定交貨方式
　　　　D. 確定交易雙方承擔責任和費用的界限
　6. 按照《2000年通則》的解釋，採用CFR術語時賣方應承擔的義務有（　　）。
　　　　A. 租船訂艙、貨物裝船以及支付正常運費
　　　　B. 辦理貨運保險
　　　　C. 負擔貨物運至目的港之前的風險
　　　　D. 辦理出口通關手續
　7. 按照《2000年通則》的解釋，FOB、CFR和CIF的共同點表現在（　　）。
　　　　A. 交貨地點都是在裝運港
　　　　B. 均適用於水上運輸方式
　　　　C. 風險劃分都以越過轉運港船舷為界
　　　　D. 運費承擔都以越過裝運港船舷為界

三、判斷題
　1. 交易磋商對於簽訂買賣合同是必不可少的。　　　　　　　　　　　（　　）
　2. 詢盤是交易磋商的必經階段。　　　　　　　　　　　　　　　　　（　　）
　3. 受盤人變更了原發盤的外包裝條件被認為是否定了原發盤，因為這構成了對原發盤的實質性變更。　　　　　　　　　　　　　　　　　　　　　　　　（　　）

四、簡答題
　1. 一項有效發盤的條件是什麼？
　2. 什麼是接受？構成一項有效接受應當具備什麼條件？

五、案例分析題
　案例1：2004年2月1日巴西大豆出口商向中國某外貿公司報出大豆價格，在發盤中除列出各項必要條件外，還表示「編織袋包裝運輸」。在發盤有效期內我方復電表示

接受,並稱:「用最新編織袋包裝運輸。」巴西方收到上述復電后即著手備貨,並準備在雙方約定的 7 月份裝船。之后 3 月份大豆價格從每噸 420 美元暴跌至 350 美元左右。我方對對方去電稱:「我方對包裝條件作了變更,你方未確認,合同並未成立。」而巴西出口商則堅持認為合同已經成立,雙方為此發生了爭執。分析此案應如何處理,簡述你的理由。

案例 2:我公司與外商按 CIF 成交一批出口貨物。貨物在合同規定的時間和裝運港裝船。受載船只在航運中觸礁沉沒。當我出口公司憑提單、保險單、發票等單據要求國外進口商支付貨款時,進口方以貨物已全部損失,不能得到貨物為由,拒絕接受單據和付款。請分析出口方有無權利憑規定的單據要求進口方付款。

案例 3:我方甲公司擬進口一批貨物,請國外乙公司發盤。5 月 1 日乙公司發盤:「5 月 31 日前答復價格為 CFR 價,每箱 2 美元共 200 箱罐裝巴沙魚 7 月紐約港裝運。」甲則發出以下還盤:「對你 5 月 1 日報價還盤為 5 月 20 日前答復,CFR 價每箱 1.8 美元,共 200 箱罐裝巴沙魚,7 月份紐約裝運。」到 5 月 20 日甲尚未收到回電。鑒於該貨價上漲,甲於 5 月 22 日去電:「你 5 月 1 日電……我們接受。」

請問:本例中,乙公司原報價是否繼續約束乙公司至 5 月 31 日?乙公司能否因貨價看漲而不理甲?

案例 4:7 月 17 日中國某出口公司 A 向荷蘭 B 公司電報發盤:「售農產品 C514 300 噸即期裝船,不可撤銷即期信用證付款,每噸 CIF 鹿特丹 U.S. $ 900,7 月 25 日前電復有效。」B 公司於 7 月 22 日復電如下:「你 7 月 17 日發盤,我接受 C514 300 噸,即期裝船,不可撤銷即期信用證付款,每噸 CIF 鹿特丹 U.S. $ 900,除通常的裝運單據以外,要求提供產地證、植物檢疫證明書、適合海洋運輸的良好包裝。」A 於 7 月 25 日復電如下:「你 22 日電,十分抱歉,由於世界市場價格變化,收到你接受電報以前,我貨已另行售出。」為此,雙方就合同是否成立發生激烈的爭論。請闡述你的觀點及理由。

案例 5:某出口公司按 CIF LONDON 向英商出售一批核桃仁,由於該商品季節性較強,雙方在合同中規定,買方須於 9 月底前將信用證開到,賣方保證運貨船不得遲於 12 月 2 日駛抵目的港,如果貨輪遲於 12 月 2 日抵達目的港,買方取消合同,如果貨款已收,賣方須將貨款退還買方。試分析這一合同的性質。

六、計算題

1. 原賣方報價 CFR C5%價 1,000 美元,現買方要求按發票金額 CIF 價加兩成投保一切險(保險費率為 1%),現改報 CIF C7%價,若賣方考慮收入不變,應如何報價?

2. 若我出口公司原報價 CFR 單價是 100 美元,現外商要求改報 CIF 價,在不影響我外匯淨收入的前提下,我應報價多少?(按發票金額 110% 投保一切險和戰爭險,保險費率二者合計為 0.5%。)

3. 中國一公司某商品對外報價為每箱 VS $100 CIFC5% 倫敦,英方要求改報 FOBC5%(即佣金 5% 的 FOB)天津新港,已知每箱貨物運費為 10 $,投保加成一成,保險費 0.5%。這個公司如何改報?

子項目 3　核算出口還價和書寫還盤函操作

【學習目標】

1. 能力目標：能根據國外客戶還價和採購成本核算預期出口利潤率；能根據國外客戶還價和預期出口利潤率核算採購成本；能根據還價核算和還價策略給國內供應商和國外客戶分別書寫還盤函。

2. 知識目標：掌握還價核算的計算公式；熟悉常見的還價策略；掌握還盤函的書寫要求。

【項目任務】

學習情景：2015 年 1 月 8 日，山東金葉進出口有限公司外貿業務員王芳收到了 XYZ CO., LTD. 經理 DAVID COPPERFIELD 回復的電子郵件，具體內容如下：

發件人	xyzco@hotmail.com
收件人	wangfang@sdjy.com.cm
日期	2015-1-8, 16：55：36
主題	Counter-offer on New Design Bear KB0677
附件	

Dear Miss Wang,

　　Thanks for your samples of new design bear and offer on Nov. 21, 2014.

　　We find out that your offer is much higher than that in the Vietnamese market while the products are of the same types. Although we are satisfied with your samples, we cannot accept the price. We will order 1,000 pieces of Style No. KB0677, if the price can be reduced to USD 15.90/set CIF New York, and the term of payment can be changed to by L/C at 90 days after sight. The other terms of your offer remain valid.

　　We are looking forward to receiving your prompt reply.

　　Best regards,

　　Yours sincerely,

　　Mananger David Copperfield

　　XYZ CO., LTD.

　　Purchase Manager

任務 1　進行還價核算

2015 年 1 月 9 日上午，王芳根據國外客戶 Mr. David Copperfield 的郵件還價到每套 15.90 美元，考慮國內供應商採購成本核算出口利潤率，並根據國外客戶還價和 15% 的預期出口利潤率核算國內供應商預期採購成本，為還價奠定基礎。（一年期貸款年利率為 6.93%）

任務2　給國內供應商書寫還盤函

1月9日上午，王芳根據山東佳美玩具廠壓價彈性比較小的報價風格，準備壓價8%，並結合這筆業務特點給山東佳美玩具廠書寫並傳真還盤函。

任務3　給國外客戶書寫還盤函

1月9日下午，山東佳美玩具廠張廠長同意王芳的降價要求。然后王芳按照16%預算出口成本利潤率計算還盤的出口價格，給XYZ CO., LTD. 經理David Copperfield 書寫並還盤的電子郵件。

【操作演示】

任務1　進行還價核算

2015年1月9日上午，王芳根據國外客戶還價（15.90USD/set）和國內供應商採購成本核算出口利潤率，並根據國外客戶還價和15%的預期出口利潤率核算國內供應商預期採購成本，為還價奠定基礎。（一年期貸款年利率為6.93%）

第一步：王芳根據國外客戶還價和國內供應商採購成本核算預期出口利潤率

王芳通過中國銀行網站查詢到2015年1月9日的美元現匯買入價 1USD=6.1305CNY。

$$成本利潤率=出口利潤÷採購成本=\frac{出口報價-出口成本-出口費用}{採購成本}$$

1. 核算出口成本

   出口成本＝採購成本－出口退稅額
   　　　　＝採購成本－採購成本÷(1+增值稅率)×出口退稅率
   　　　　＝86－86÷(1+17%)×8%
   　　　　＝80.12(CNY/set)

2. 核算出口費用

   由於付款時間變成了見票后90天付款，比原先的即期付款延長了90天，因此國內費用比原先增加了90天的貸款利息，即：

   貸款利息＝15.90×6.1305×6.93%×90÷360＝1.689（CNY/set）
   國內費用＝國內運費+貸款利息+其他國內費用
   　　　　＝1,200÷1,000+1.689+86×5%
   　　　　＝7.189(CNY/set)
   國外運費＝1,000÷1,000×6.1305＝6.1305(CNY/set)
   國外保費＝15.90×110%×0.85%×6.1305＝0.9114(CNY/set)
   出口費用＝國內費用+國外運費+國外保費
   　　　　＝7.189+6.1305+0.9114
   　　　　＝14.2309(CNY/set)

3. 計算成本利潤率

   成本利潤率＝出口利潤÷採購成本

$$=(出口報價-出口成本-出口費用)÷採購成本$$
$$=(15.90×6.1305-80.12-14.2309)÷86×100\%$$
$$=3.6\%$$

因此，如果接受客戶 15.90USD/set 的還價，則成本利潤率為 3.6%，低於金葉公司預定的每筆業務 15% 的利潤率目標。

第二步：王芳根據國外客戶還價和 15% 預期出口利潤率核算國內供應商預期採購成本

出口價格＝出口成本＋出口費用＋出口利潤
　　　　＝採購成本－出口退稅額＋出口費用＋出口利潤
採購成本＝出口價格－出口利潤－出口費用＋出口退稅額

1. 核算出口利潤

設採購成本為 X

出口利潤＝採購成本×出口成本利潤率＝X×15%＝0.15X

2. 核算出口費用

貸款利息＝15.90×6.1305×6.93%×90÷360＝1.689（CNY/set）
國內費用＝國內運費＋貸款利息＋其他國內費用
　　　　＝1,200÷1,000＋1.689＋X×5%
　　　　＝2.889＋0.05X
國外運費＝1,000÷1,000×6.1305＝6.1305（CNY/set）
國外保費＝15.90×110%×0.85%×6.1305＝0.9114（CNY/set）
出口費用＝國內費用＋國外運費＋國外保費
　　　　＝2.889＋0.05X＋6.1305＋0.9114
　　　　＝9.9309＋0.05X

3. 核算出口退稅額＝採購成本÷（1＋增值稅）×出口退稅率
　　　　　　　　＝X÷（1＋17%）×8%
　　　　　　　　＝0.0684 X

4. 核算採購成本＝出口價格－出口利潤－出口費用＋出口退稅額

X＝15.90×6.1305－0.15X－（9.9309＋0.05X）＋0.00684 X

X＝77.4（CNY/set）

因此：若接受客戶 USD15.90/set 的還價，又要維持 15% 的利潤率目標，必須將採購成本從 CNY 86 /set 降至 CNY 77.363 /set。

任務2　給國內供應商書寫還盤函

1 月 9 日上午，王芳根據山東佳美玩具廠壓價彈性比較小的報價風格，準備壓價 10%，即還價為 CNY 77.4 /set（86×90%），並結合這筆業務特點給山東佳美玩具廠書寫並傳真還盤函。

尊敬的張廠長：

您好！

非常感謝貴廠1月5日寄的新式玩具熊樣品及其價格等信息！

國外客戶已來函，貴廠樣品已通過檢測，但認為價格偏高。分析客戶的來函，他還與越南企業在磋商，估計價格比我們便宜得多。若價格合理，國外客戶準備下1,000套的試訂單。

我們認為該訂單對貴廠來講，可以降低成本，因為該訂單產品是貴廠一直在生產的產品和款式，可以節省加工成本；另外該訂單結構單一，就只有一個款式，可以節省殘料數量。另外，該客戶的試訂量比較大，以前我司接到的試訂單量一般為300~500套，可見該客戶是比較有實力的。若能成功接下這個試訂單，可預見這將是我們的一個大客戶。

為順利接下該訂單，開拓新客戶，與貴廠進一步加大合作力度，希望您能把價格降到77.4元/套。望貴廠能在今天答復，謝謝配合！

工作順利！

王芳

2015年1月9日

任務3 給國外客戶書寫還盤函

第一步：計算對外還價的出口價格

假設出口價格為X。

1. 明確商品價格構成

CIF＝出口成本+國內費用+國外運費+國外保費+出口利潤

2. 核算出口成本

出口成本＝採購成本－出口退稅額

＝採購成本－採購成本÷(1+增值稅率)×出口退稅率

＝77.4－77.4÷(1+17%)×8%

＝72.11(CNY/set)

3. 核算出口費用

貸款利息＝X×6.1305×6.93%×90÷360＝0.1062X

國內費用＝國內運費+貸款利息+其他國內費用

＝1,200÷1,000+0.1062X+77.4×5%

＝5.07+0.1062X

國外運費＝1,000÷1,000＝1(USD/set)

國外保費＝X×110%×0.85%＝0.00935X

4. 核算出口利潤

為了給今后磋商繼續讓價留下空間，按16%的預期成本利潤率計算出口利潤。

出口利潤＝採購成本×成本利潤率

＝77.4×16%＝12.384(CNY/set)

5. 核算出口報價

出口價格＝出口成本+出口費用+出口利潤+國外運費+國外保費

X＝(72.11+5.07+0.1062X+12.384)÷6.1305+1+0.00935X

X＝16.04（USD/set）

第二步：根據以上計算的出口價格書寫還盤函

王芳根據以上計算的出口價格，維持 16% 的預期成本利潤率，報價 USD 16.04 / set，考慮其他因素，報價 USD 16.93 /set。王芳給 XYZ CO., LTD. 公司的經理 David Copperfield 書寫還盤函。

1. 郵件頭

收件人	xyzco@hotmail.com
主題	Latest Offer on New Design Bear KB0677
附件	

2. 尊稱

Dear Mr COPPERFIELD

3. 正文

Dear Mr. Copperfield,
　　From your e-mail of Jan. 5, 2015, we know that you are not satisfied with our offer. We admit that the price in Vietnam is lower than us, but you should know that the quality of our products is much higher than that in Vietnam. Furthermore, the cost of labor in China is rising rapidly this year.
　　Since we want to be your trade partner and remain a good relationship with you, we agree to reduce the price to 16.93USD/set CIF NewYork. Hope you will be satisfied with our new offer.

4. 結尾套語

　　Best regards,
　　Sincerely yours,

5. 簽署

WANGFANG
Shandong Jinye Import and Export Co., Ltd.
118 Lvyou Street, Jinan, China
Tel：0531-86739177
Fax：0531-86739178
Email：wangfang@sdjy.com.cn

6. 發送郵件

發送郵件給 XYZ CO., LTD. 經理 David Copperfield，同時保存所發郵件。

【擴展訓練】

實訓地點：綜合實訓室

實訓課時：4 課時

實訓目的：通過實訓，要求學生掌握還盤核算的技巧，學會基本的討價還價方法及規則，恰當合理地進行磋商談判，並擬寫還盤函電。

學習情景：2011 年 4 月 28 日，山東金葉進出口有限公司外貿業務員王芳收到了 Cadi GmbH & Co. KG 經理 Dirk Nowitzki 回復的電子郵件，根據進口成本核算及利潤率分析，書寫還盤函。

任務 1　進行還價核算

2011 年 4 月 29 日上午，王芳根據成本核算進口利潤率，並根據國外客戶發盤價和 15% 的預期進口利潤率核算，為還價奠定基礎。（一年期貸款年利率為 6.93%）

任務 2　給國外客戶書寫還盤函

4 月 29 日上午，王芳準備壓價 8%，並結合這筆業務特點給國外客戶 Cadi GmbH & Co. KG 經理 Dirk Nowitzki 書寫並還盤的電子郵件，並傳真。

實訓評估與標準：

班級：　　　　　　　　　　　　　　　　　　　　　　　姓名：

項目	要求	分數	得分	評語
還盤核算計算過程（30 分）	還盤後我公司是否還有利潤	10		
	總利潤好和利潤率計算正確	10		
	我公司應掌握的國內收購價	10		
完成我公司的第二次報盤信函（40 分）	商務信函的格式完整正確	15		
	報盤內容正確、完整	25		
總結交流（30 分）	參與熱情	10		
	言之有理	10		
	表達準確	10		
總分		100		

【相關知識連結】

還盤（Counter Offer）又稱還價，是指受盤人在接到發盤後，不同意或不完全同意發盤人在發盤中提出的條件，為繼續進行交易磋商而對發盤提出修改或變更的表示。從法律角度來看，還盤既是受盤人對發盤的一種拒絕，也是受盤人從發盤人的角度所提出的新發盤。原發盤經受盤人還盤即失去效力，除非得到原發盤人同意，受盤人不得在還盤後再反悔去接受原發盤。從法律上來講，雖然還盤並非是交易磋商的必經環節，但在實際的交易磋商過程中，很少有一方發盤即被對方接受的情況，有時一項交易的達成要經過反覆多次還盤（即多次討價還價）。

還盤是對交易條件的實質性改變。

說明：

（1）一筆交易有時不經過還盤即可達成，有時要經過還盤，甚至往返多次的還盤才能達成。

（2）進行還盤時，可用「還盤」術語，但一般僅將不同條件的內容通知對方，即意味著還盤。

（3）還盤一經作出，原發盤即失去效力，發盤人不再受其約束。

（4）只有受盤人可以還盤，非受盤人還盤無效。

還盤作出後，還盤方與原發盤方在地位上發生了改變，還盤方由原來的受盤方變成了新的發盤方，而原發盤方則變成了新的受盤方。原發盤方在接到對方還盤後，通常有三種處理方法：一是再還盤；二是接受或停止磋商；三是堅持原發盤，但可延長發盤的有效期，讓對方再考慮。

例如：某商人（前面所舉的運動衫發盤的受盤人）根據發盤作出如下答復：

（1）你10日電收悉，還盤每打70美元CIF紐約。

（2）你10日電收悉，裝運期5月D/P遠期30天。

上述第二種答復中雖未使用「還盤」字眼，但由於對發盤中規定的裝運期和支付方式作出了修改，所以，它與第一種答復一樣，也可以構成還盤。

原發盤人對還盤的處理：

（1）分析是否是實盤；

（2）與原發盤的條件進行比較，分析有哪些不同；

（3）分析原受盤人還盤的目的；

（4）分析市場情況的變化；

（5）決定如何答復。

例：對電冰箱價格的還盤。

COUNTER-OFFER ON PRICE OF REFRIGERATOR

DEAR SIR,

WE HAVE RECEIVED YOUR OFFER NO. 087 OFFERING US 6,000 SETS FOR THREE DESIGNS OF THE SUBJECT GOODS.

IN REPLY, WE REGRET TO INFORM YOU THAT OUR CLIENTS FIND YOUR PRICE MUCH TOO HIGH. INFORMATION INDICATES THAT SOME KINDS OF THE SAID ARTICLES MADE IN OTHER COUNTRIES HAVE BEEN SOLD HERE AT A LEVEL ABOUT

10% LOWER THAN THAT OF YOURS.

  WE DO DENY THAT THE QUALITY OF YOUR PRODUCTS IS SLIGHTLY BETTER, BUT THE DIFFERENCE IN PRICE SHOULD, IN NO CASE, BE SO BIG. TO STEP UP THE TRADE, WE COUNTER OFFER AS FOLLOWS, SUBJECT TO YOUR REPLY HERE BY 6 P. M. OUR TIME, FEBRUARY 15:

  US $ 396.00 FOR BYD 212
  US $ 333.00 FOR BYD 175
  US $ 351.00 FOR BYD 219

  AS THE MARKET IS OF KEEN COMPETITION, WE RECOMMEND YOUR IMMEDIATE ACCEPTANCE.

YOURS FAITHFULLY

  還盤只有受盤人才可以做出，其他人做出的無效。由於還盤常建立在原發盤的基礎上，所以還盤方只需對原發盤中不能接受的交易條件加以修改，同意的部分則在還盤中可以省略。還盤可使用「還盤」字樣，也可不使用，只要是在內容中明確提出對發盤的修改或變更意見，即可認定是有效的還盤。

3.8 出口核算及效益分析

3.8.1 出口成本核算

1. 出口成本包括出口商品進價和出口流通費用

  出口商品進價是指購進用於出口的商品的價格。

  出口商品進價＝購貨合同價格×(1+增值稅率)

  出口流通費用又稱為定額費用或出口經營費，它指出口企業就某一商品的出口，從國外進口商進行交易磋商起，一直到商品出口、收取貨款為止，除出口商品進價外所發生的一切費用開支。

  出口流通費用＝出口商品進價×出口流通費用率（出口經營費率）

  一般在業務中確定一個出口流通費用率（5%～10%）並由各企業自行核定，一般用以支付銀行利息、業務定額費、商檢費、郵電通信費、倉儲碼頭費、交通費、招待費、工資等支出。

  中國實行退增值稅制度，鼓勵企業出口。當商品出口后，由出口企業按當時國家規定的退稅率獲取一定退稅額。

  退稅額＝出口商品進價(含增值稅)÷(1+增值稅率)×退稅率

  退稅后出口總成本＝出口商品進價(含增值稅)+出口流通費用－出口退稅額＝出口商品進價×(1+出口流通費用率)－出口商品進價(含增值稅)÷(1+增值稅率)×退稅率

2. 出口還價核算

（1）根據進口商的還價和國內供應商採購成本對預期出口利潤率進行核算。

  出口利潤＝出口價格－出口成本－出口費用

  成本利潤率＝出口利潤÷採購成本＝$\dfrac{出口報價-出口成本-出口費用}{採購成本}$

（2）根據進口商的還價和預期出口利潤率對採購成本進行核算。

  採購成本＝出口價格－出口利潤－出口費用+出口退稅額

3. 出口經濟效益分析指標

企業的盈虧是考核企業經營管理水平的重要指標。所以，企業在對外報價或交易磋商以前都必須對擬出口的商品進行經濟效益核算，只有在可能盈利的情況下才進行出口交易。核算出口經濟效益的指標很多，最為常用的是出口商品換匯成本（Cost of Export Goods to Revenue in Foreign Exchange）。出口商品換匯成本是指出口商品獲得1美元淨收入所需的人民幣成本，或者說一筆出口業務交易中需要用多少人民幣才能換回1美元。出口商品的換匯成本不應高於單位外匯的銀行買入價，否則就會虧損。

其出口商品的換匯計算公式為：

$$出口商品換匯成本 = \frac{退稅后出口總成本（人民幣）}{出口銷售外匯淨收入（美元）}$$

例：某外貿公司出口1,000輛自行車，每輛自行車購進價格為400元人民幣（含增值稅），增值稅稅率為17%，出口經營費率為10%，出口退稅率為14%，出口價為每輛58美元CIF紐約，價格構成中含1.74美元佣金，10美元運費及0.44美元保險費，當時銀行的外匯（美元）買入價為8.3032，核算該項出口交易的經濟效益。

計算如下：

$$出口自行車換匯成本 = \frac{400+(400\times10\%)-[400\div(1+17\%)\times14\%]}{58-1.74-10-0.44} = 8.5582(美元)$$

由於出口商品的換匯成本高於銀行的外匯買入價，故不應該實施該項出口交易，如果進行該項交易，公司將會虧損人民幣11,684.1元，計算過程如下：

$(58-1.74-10-0.44)\times(8.5582-8.3032)\times1,000 = 11,684.1(元)$

3.8.2 出口還價策略

針對進口商還盤，出口商主要有四種策略：一是說服客戶接受原價，不作讓步；二是降低出口成本或者出口費用或出口利潤等辦法，作出讓步；三是迫使對方讓步；四是阻止對方進攻。

1. 不讓步策略

（1）關於商品品質；

（2）關於商品包裝；

（3）關於商品交易數量。

2. 讓步策略

讓步時須考慮三個問題：怎麼讓步，分幾次讓步，每次讓步幅度為多少。

3. 迫使對方讓步策略

（1）利用競爭。當一方存在競爭對手時，其談判的實力就大為減弱。

（2）最後通牒。運用該策略的前提條件是我方處於一個強有力的地位。

4. 阻止對方進攻策略

這包括限制策略、示弱以求憐憫、以攻對攻。

3.9 進口貿易

3.9.1 進口貿易流程

進口貿易又稱輸入貿易，是指將外國商品輸入本國市場銷售。輸往國外的商品未經消費和加工又輸入本國，稱為復進口或再輸入。

（1）簽訂進口合同：經過與客戶充分協商，雙方簽訂進口合同。

（2）到銀行開具 L/C、贖單。
（3）客戶發貨后做接貨準備。
（4）收到全套單據后辦理清關、商檢，也可委託當地的貨運代理代辦。
（5）完成交貨手續，並結清所有通關費用。
（6）提貨。
（7）到銀行付款，到外管局核銷。

3.9.2　進口核算及效益分析

1. 進口成本核算
進口成本由兩個部分組成：進口合同價和進口流通費用。
進口成本＝進口合同進價×（1+進口流通費用率）
2. 進口經濟效益分析指標
主要有進口商品盈虧率和進口每1美元賠賺額。
3. 影響國際經濟效益的因素
影響國際經濟效益的因素有很多，主要有：①價格；②匯率；③稅收；④商品流通費用；⑤經營管理。

【項目自測】

一、根據擴展訓練撰寫詢盤函、發盤函、還盤函
模擬練習：與客戶建立業務關係
1. 教學目的：使學生掌握與客戶聯繫的基本溝通方法，能夠撰寫建立業務聯繫函。
2. 重點難點：建立業務關係的通信內容。
3. 模擬內容：撰寫建立業務聯繫函，熟悉建立業務關係實務。
要求：你是濟南職業學院貿易公司（JVC Trading Co., Ltd.）的業務員。在第85屆廣交會（The 85th Session of the Chinese Export Commodities Fair）上認識了ABC公司的代表。請根據你公司的介紹資料發函給名片上的XYZ公司，並告訴該公司你已向其寄出樣本，希望與該公司建立業務關係，開展出口貿易。

濟南職業學院貿易公司是在濟南市註冊的一家外貿企業，主要經營各類輕工業產品的進出口業務。近年來，隨著公司內部的改革及業務量的迅速增加，公司在增強經濟實力和改革管理體制方面已經取得了巨大的成績。

紡織部是濟南職業學院貿易公司的主要業務部門之一，專營各類毛紡產品，其夾克衫主要銷往中國香港、歐洲、美國及亞洲市場。該公司擁有諸多富有經驗的開發人員及商務人員，並與濟南周邊地區的十余家工廠建立了密切的聯繫，公司可按客戶的要求大批量定做各類夾克衫。

濟南職業學院貿易公司在尋求與國內外客戶的合作機會。該公司將提供最佳服務，按照互惠互利、共同發展的原則同全世界的經銷商建立長期穩固的聯繫。

業務員名字：試一試
濟南職業學院貿易公司地址：濟南市山大路42號
郵編：200433　電話：65111000　傳真：021—65222000
電子信箱：SUFE@online.sh.cn
ABC CO., LTD.

項目三　交易磋商

```
PURCHASING MANAGER
                    CHILA TROOBORG
BERSTOFSGADE 48, ROTTERDAM, THE NETHERLANDS
TEL：+（31）74, 12, 37, 21　FAX：+（31）74, 12, 37, 38
EMAIL：CHILA@WWW.TVL.COM.NTL
```

JVC TRADING CO., LTD.

42, SHANDA Road, Jinan, China

Zip：200433　Tel：021-65111000　Fax：021-65222000

E-mail：sufe@www.online.sh.cn

To：ABC CO., LTD.

FM：JVC TRADING CO., LTD.

DT：May 20, 2000

二、模擬練習：出口成本經濟效益核算，對外報價與還價核算。

1. 教學目的：進行出口成本核算，對外報價與還價核算。

2. 重點難點：出口成本、利潤的核算；對外報價與還價核算。

3. 模擬內容：出口成本核算，對外報價與還價核算。

出口報價資料：

國內稅：增值稅17%，退稅率8%。

國內費用：出口一個20英尺集裝箱所需費用為：運雜費860元；商檢報關費150元；港區港雜費600元；認證費80元；業務費1,000元；其他費用800元。

海洋運費：從上海出口毛絨玩具至荷蘭鹿特丹，一個20英尺集裝箱的包箱費率為2,070美元。

海運保險：一切險加戰爭險，保險費率兩者相加為0.85%。

客戶佣金：出口報價的3%。

利潤率：8%。

匯率：1美元兌換8.25元人民幣。

起訂量：20英尺集裝箱。

New Design Brown Bear

Article No.：KB0677

Means of Package：3 pcs/set；8 sets/ctn

Measurement：48cm×64cm×60cm

Gross/Net Weight：8.5/6kgs

Cost Price：RMB ￥86/set（including VAT）

三、案例

案例1：我出口企業7月3日用電傳向美商發盤出售某商品，限7月10日復到有效。7月6日收到美商發來電傳稱：「接受但價格減5%。」我尚未答復，該商品國際市場價格上漲，美商又於7月8日來電傳表示：「無條件接受你7月3日發盤，請告合同號碼。」試問合同是否成立？為什麼？

案例2：我方甲公司擬進口一批貨物，請國外乙公司發盤。5月1日乙公司發盤：「5月31日前答復價格為CFR價，每箱2美元共200箱罐裝巴沙魚7月紐約港裝運。」甲則發出以下還盤：「對你5月1日報價還盤為5月20日前答復，CFR價每箱1.8美元，共200箱罐裝巴沙魚，7月份紐約裝運。」到5月20日甲尚未收到回電。鑒於該貨價上漲，甲於5月22日去電：「你5月1日電……我們接受。」請分析A 5月22日的去電是否有效。

案例3：A國商人將從別國進口的初級產品專賣，向B國商人發盤，B國商人復電接受發盤，同時要求提供產地證。兩周后，A國商人收到B國商人開來的信用證，正準備按信用證規定發運貨物，獲商檢機構通知，因該貨物非本國產品，不能簽發產地證。經電請B國商人取消信用證中要求提供產地證的條款，遭到拒絕。於是引起爭議。A國商人提出，其對提供產地證的要求從未表示同意，依法無此義務；而B國商人堅持A國商人有此義務。請根據《國際貨物買賣合同公約》的規定，對此案作出裁決。

項目四
簽訂合同

【學習目標】

1. 能力目標：能根據雙方達成價格核算預期出口利潤率；能根據雙方達成的協議條款擬訂一份完整的出口合同。

2. 知識目標：掌握出口合同各主要條款的表示方法和擬訂技巧；熟悉出口合同種類；熟悉接受的構成條件及其核算。

【項目任務】

學習情景：2015 年 1 月 15 日，山東金葉進出口有限公司外貿業務員王芳通過與 XYZ CO., LTD. 經理 Mr. COPPERFIELD 反覆磋商，達成了 USD 16.93/set，CIF 紐約的成交價，並就其他條款達成了一致的協議。主要磋商結果如下：

1. 商品：新式玩具熊，New Design Bear
2. 型號、數量、顏色：款式號 KB0677；數量 1,000 套；顏色白色

3. 價格：16.93 美元/套 CIF 紐約
4. 金額：16,930.00 美元
5. 包裝：一個紙箱裝 8 套，一套裝 3 個。
   紙箱尺寸：48cm×64cm×60cm
   毛重/淨重：8.5/6kgs
   正嘜：XYZ/銷售合同號/款式號/目的港名稱/箱號
   側嘜：顏色/紙箱尺寸/每箱數量
6. 運輸：收到信用證后 2 個月內裝運；從中國上海運至美國紐約；允許轉運和不分批裝運。
7. 付款：見票后 90 天付款信用證，要求在 2015 年 1 月 30 日之前開到賣方。
8. 保險：由賣方按發票金額的 110%投保中國保險條款的一切險與戰爭險，保險費率兩者相加為 0.85%。

表（續）

> 9. 單據：
> （1）發票一式三份；
> （2）裝箱單一式三份；
> （3）全套清潔已裝船海運提單，做成空白指示抬頭，空白背書，標註運費預付，通知買方；
> （4）保險單一式兩份；
> （5）普惠制產地證格式A；
> （6）賣方在裝運後3天內發給買方的裝運通知傳真副本，通知信用證號碼、商品名稱、數量、包裝數量、金額、船名航次和裝運日期。

任務1　接受時核算預期出口成本利潤率

2015年1月15日，王芳根據與國外客戶及國內供應商達成的價格，核算預期出口成本利潤率。

任務2　簽訂合同

2015年1月15日，王芳根據與XYZ. CO., LTD經理Mr. COPPERFIELD達成的上述協議條款，擬訂一份合同號碼為SDJY1101908的出口合同並訂立合同。

【操作演示】

任務1　接受時核算預期出口成本利潤率

2015年1月15日，外貿業務員王芳通過中國銀行網站http://www.boc.com（或其他銀行網站），查詢到當日美元現匯買入價為：1美元=6.1305元人民幣。

1. 核算出口成本

出口成本 = 採購成本 − 出口退稅額
　　　　 = 採購成本 − 採購成本÷(1+增值稅率)×出口退稅率
　　　　 = 77.4 − 77.4÷(1+17%)×8%
　　　　 = 72.11（CNY/set）

2. 核算出口費用

貸款利息 = 16.93×6.1305×6.93%×90÷360 = 1.7982（CNY/set）
國內費用 = 國內運費 + 貸款利息 + 其他國內費用
　　　　 = 1,200÷1,000 + 1.7982 + 77.4×5% = 6.8682（CNY/set）
國外運費 = 1,000÷1,000×6.1305 = 6.1305（CNY/set）
國外保費 = 16.93×110%×0.85%×6.1305 = 0.9704（CNY/set）
出口費用 = 國內費用 + 國外運費 + 國外保費
　　　　 = 6.8682 + 6.1305 + 0.9704 = 13.969（CNY/set）

3. 核算成本利潤率

成本利潤率 = 出口利潤 ÷ 採購成本
　　　　　 =（出口報價 − 出口成本 − 出口費用）÷ 採購成本
　　　　　 =（16.93×6.1305 − 72.11 − 13.969）÷ 86
　　　　　 = 20.59%

即接受國外客戶 16.93 美元/套的報價后，能實現 20.59%的出口成本利潤率

任務 2　簽訂出口合同（約首、本文、約尾）

第一步：王芳分別從約首、本文和約尾三部分內容擬訂出口合同

1. 約首：一般包括合同的名稱、合同編號、訂購日期、訂約雙方當事人的名稱和地址、雙方訂立合同的意願和執行合同的保證等。

SALES CONTRACT

NO. SDJY1101908　　　　　　　　　　　　　　　　DATE：January 15, 2015

THE SELLER：Shandong Jinye Import and Export Co., Ltd.
　　　　　　　118 Lvyou Street, Jinan, China
　　　　　　TEL：0531-86739177　FAX：0531-86739178

THE BUYER：XYZ. CO., LTD.
　　Add：623 West End Avenue, Unit 4-A, New York, NY 10024, USA
　　Tel：+（001）212,917560815
　　Fax：+（001）212,917560815
　　Email：xyzco@hotmail.com

This contract is made by and between the buyer and seller, whereby the buyer agrees to buy and the seller agrees to sell the under-mentioned commodity according to the terms and conditions stipulated below:

---

2. 本文：是合同的主體部分，主要包括品名和品質條款、數量條款、價格條款、包裝條款、裝運條款、保險條款、支付條款、單據條款、檢驗條款、索賠條款、仲裁和不可抗力條款等。

（1）品名、品質、數量、價格條款

DESCRIPTION OF GOODS	QUANTITY	UNIT PRICE	AMOUNT
New Design Bear Style KB0677 Color：White As per the confirmed Sample of January 5, 2015	1,000sets	CIF NEW YORK	16,930.00USD
Total	1,000sets		16,930.00USD

More or less 5% of the quantity and the amount are allowed.

（2）尺碼和顏色明細

Color Assortment for Style No. KB0677　　　　　　　　　　　　　　　unit：set

Color	Total
white	1,000
total	1,000

（3）包裝條款

PACKING: to be packed in cartons of 8 set each; 3 pcs/set. Measurement: 48cm×64cm×60cm. Gross/Net Weight: 8.5/6kgs.
MARKS:
Shipping mark includes cadi, s/c no, style no port of destination and carton no.
Side mark must show the color, the size of carton and pieces per carton.

（4）裝運條款

TIME OF SHIPMENT:
Within 60 days upon receipt of the L/C which accords, with relevant clauses of this contract.
PORT OF LOADING AND DESTINATION
From Shanghai, China to New York USA transshipment is allowed and partial shipment is prohibited.

（5）保險條款

INSURANCE: to be covered by the seller for 110% of Invoice value covering all risks as per CIC of PICC dated 01/01/1981.

（6）支付條款

TERMS OF PAYMENT: BY Letter of Credit at 90 days after sight, reaching valid for negotiation in China for further 15 days after the effected shipment. In case of late arrival of the L/C the seller shall not be liable for any delay in shipment and shall have the right to rescind the contract and/or claim for damages.

（7）單據條款

DOCUMENTS:
+invoice in triplicate.
+packing list in triplicate.
+full set of clean on board ocean bill of lading marked 「freight prepaid」 made out to order blank endorsed notifying the buyer.
+insurance policy in duplicate.
+GSP Certificate of Origin FORM A.
+Shipping advice showing the name of the carrying vessel, date of shipmengt, marks, quantity, net weight and gross weight of the shipment to applicant within 3 days after the date of bill of lading.

（8）檢驗條款

INSPECTION:
The certificate of quality issued by the China Entry-Exit Inspection and Quarantine Bureau shall be taken as the basis of delivery.

(9) 索賠條款

CLAIMS：
  In case discrepancy on the quality or quantity (weight) of the goods is found by the buyer, after arrival of the goods at the port of destination, the buyer may, within 30 days and 15 days respectively after arrival of the goods at the port of destination lodge with the seller a claim which should be supported by an inspection certificate issued by a public surveyor approved by the seller. The seller shall, on the merits of the claim, either make good the loss sustained by the buyer or reject their claim, it being agreed that the seller shall not be held responsible for any loss or losses due to natural cause failing within the responsibility of ship-owners of the underwriters. The seller shall reply to the buyer within 30 days after receipt of the claim.

(10) 遲交貨和罰金條款

LATE DELIVERY AND PENALTY：
  In case of late delivery, the buyer shall have the right to cancel this contract, reject the goods and lodge a claim against the seller. Except for force majeure, if late delivery occurs, the seller must pay a penalty, and the buyer shall have the right to lodge a claim against the seller. The rate of penalty is charged at 0.1% for every day. The total penalty amount will not exceed 5% of the shipment value. The penalty shall be deducted by the paying bank or the buyer from the payment.

(11) 不可抗力條款

FORCE MAJEURE：
  The seller shall not be held responsible if they, owing to force majeure cause or causes, fail to make delivery within the time stipulated in the contract. However, in such a case, the seller shall inform the buyer immediately by cable and if it is requested by the buyer, the seller shall also deliver to buyer by registered letter, a certificate attesting the existence of such a cause or causes.

(12) 仲裁條款

ARBITRATION：
  All disputes in connection with this contract or the execution thereof shall be settled amicably by negotiation. In case no settlement can be reached, the case shall then be submitted to the China International Economic Trade Arbitration Commission for settlement by arbitration in accordance with the Commission's arbitration rules. The award rendered by the commission shall be final and binding on both parties. The fees for arbitration shall be borne by the losing party unless otherwise awarded.

  3. 約尾一般包括合同份數、使用文字及其效力、生效時間以及雙方當事人的簽字等內容。如果通過傳真進行簽約，則可不列明合同份數；如果合同使用兩種或以上的語言，要明確使用文字及其效力；如果合同生效受某個條件約束，則合同需註明生效時間。

  外貿業務員王芳把擬訂的出口合同給總經理李立簽字，如下：

Signed by：
THE SELLER   THE BUYER
Shandong Jinye Import
and Export Co., Ltd.
李立

第二步：對方會簽合同

外貿業務員王芳把出口合同傳真給 Mr COPPERFIELD 當天收到對方公司蓋章簽名的出口合同傳真件，該合同開始生效。

【擴展訓練】

實訓地點：國際貿易綜合實訓室

實訓課時：4 課時

實訓任務：掌握進口合同各主要條款的表示方法和擬訂技巧；熟悉進口合同種類；熟悉接受的構成條件及其核算。

學習情景：2011 年 5 月 5 日，山東金葉進出口有限公司外貿業務員王芳通過與 Cadi GmbH & Co. KG 經理 Dirk Nowitzki 反覆磋商，就款式號 F123，2,000 件和款式號 F125，2,000 件以 12.50 美元/件 FOB 漢堡成交，並就其他條款達成了一致的協議。主要磋商結果如下：

1. 商品：女式夾克；面料：全棉；裡料：搖粒絨
2. 數量：款式號 F123：2,000 件；款式號 F125：2,000 件

F123 顏色和尺碼明細：　　　　　　　　　　　　　　　　　　　　　單位：件

尺寸\顏色	S	M	L	XL	合計
白色	80	400	400	80	960
黑色	80	400	480	80	1,040
合計	160	800	880	160	2,000

F125 顏色和尺寸明細：　　　　　　　　　　　　　　　　　　　　　單位：件

尺寸\顏色	S	M	L	XL	合計
白色	80	400	400	80	960
黑色	80	400	480	80	1,040
合計	160	800	880	160	2,000

3. 價格：12.50 美元/件 CIF 上海
4. 金額：50,000.00 美元
5. 包裝：16 件裝 1 個出口標準紙箱，同箱衣服齊色起碼。
   正嘜：Cadi/銷售合同號/款式號/目的港名稱/箱號
   側嘜：顏色/紙箱尺寸/每箱數量
6. 運輸：收到信用證后 2 個月內裝運；從德國漢堡運至中國上海；允許轉運和不分批裝運。
7. 付款：見票后 90 天付款信用證，要求在 2008 年 5 月 20 日之前開到賣方。
8. 保險：由賣方按發票金額的 110% 投保中國保險條款的一切險。
9. 單據：
(1) 發票一式三份；
(2) 裝箱單一式三份；
(3) 全套清潔已裝船海運提單，做成空白指示抬頭，空白背書，標註運費預付，通知買方；
(4) 保險單一式兩份；
(5) 普惠制產地證格式 A；
(6) 賣方在裝運后 3 天內發給買方的裝運通知傳真副本，通知信用證號碼、商品名稱、數量、包裝數量、金額、船名航次和裝運日期。

任務1　接受時核算預期進口成本利潤率

2011年5月5日，外貿業務員王芳通過中國銀行網站http：//www.boc.com（或其他銀行網站），查詢到當日美元現匯買入價為：1美元＝6.9760元人民幣。請根據王芳與國外客戶及國內供應商達成的價格，作出詳細的進口合同核算，其中包括：進口成本、出口費用、成本利潤率。

任務2　以王芳的身分給國外客戶寫一封簽約函，感謝對方的訂單，繕制出口合同

2011年5月5日，王芳根據與Cadi GmbH & Co. KG經理Dirk Nowitzki達成的上述協議條款，擬訂一份合同號碼為SDJY1101908的進口合同並訂立合同。

步驟一：根據雙方在信中確定的條件，製作銷售確認書。

步驟二：繕制進口合同，包括約首、本文和約尾三部分內容。

要求：本文應包括品名、品質、數量、價格條款、尺碼和顏色明細、包裝條款、裝運條款、保險條款、支付條款、單據條款、檢驗條款、索賠條款、遲交貨和罰金條款、不可抗力條款、仲裁條款；約尾包括合同份數、使用文字及其效力、生效時間以及雙方當事人的簽字等內容。

步驟三：簽訂合同，生效。

學生以外貿業務員王芳的身分把進口合同傳真給Cadi Gmbh & Co. KG郵箱，當天收到對方公司蓋章簽名的進口合同傳真件，該合同開始生效。

實訓評估與標準：

班級：　　　　　　　　　　　　　　　　　　　　　　　　　姓名：

項目	要求	分數	得分	評語
詳細的出口核算過程（35分）	1. 購貨總成本	5		
	2. 總退稅收入	5		
	3. 各項費用總額	5		
	4. 費用率細目	10		
	5. 成交總利潤額及成交利潤率	10		
完成簽約函（35分）	內容正確完整	35		
繕制銷售合同（30分）	合同內容正確完整	30		
總分		100		

【相關知識連結】

4.1 接受

接受（Acceptance）是買方或賣方同意對方在發盤中提出的各項交易條件，並願按這些條件與對方達成交易、訂立合同的一種肯定的表示。

說明：

（1）一方的發盤經另一方接受，交易即告達成，合同即告訂立，雙方就應分別履行其所承擔的合同義務。同發盤一樣，它屬於商業行為，也屬於法律行為。

（2）在實際業務中，受盤人向發盤人表示接受時一般不需重複列出雙方協商一致的各項交易條件。但有時由於交易磋商延續時間較長，雙方交換的函電較多時，受盤人可在表示接受時，將雙方最後商定的各項交易條件一一列出。

（3）表示接受的術語：accept，agree，confirm

說明：

詢盤和還盤並不是每筆交易磋商必不可少的環節，而發盤和接受是達成交易不可缺少的兩個基本環節。

構成有效接受的條件：

（1）接受必須由特定的被發盤人作出。
（2）接受的內容必須與發盤的內容相符。
（3）接受必須以一定的方式表示出來。
（4）接受必須在發盤的有效期內送達發盤人，過期無效。

4.1.1 有條件接受

這是指受盤人在表示接受的同時，對發盤的內容作某些修改、限制或增添。

（1）如果受盤人對發盤內容有實質性的更改，則接受無效，相當於還盤，如對貨物的價格、付款、質量和數量、交貨時間和地點、賠償責任範圍、解決爭端的添加、限制或更改等。

（2）如果受盤人對發盤內容進行非實質性的更改，除非發盤人在不過分遲延的時間內以口頭或書面通知受盤人，反對受盤人所作的更改，否則接受有效。如要求提供重量單、裝箱單、商檢證等單據，要求增加提供裝船樣品或某些單據的份數，要求分兩批裝運等。

《公約》規定：有關貨物價格、付款、質量與數量、交貨時間與地點、一方當事人對另一方當事人賠償責任範圍或解決爭端等方面的更改，均視為實質性更改。

4.1.2 過期接受的條件

（1）發盤人立即以口頭或書面方式通知受盤人，確認該「過期接受」是有效的。

（2）如果載有逾期接受的信件或其他書面文件能表明是傳遞方面的失誤，「接受」遲到不屬於受盤人的責任，則逾期接受也是有效的。

但如果發盤人立即以口頭或書面方式通知受盤人，認為該發盤已經失效，則該過期的接受無效。

4.1.3 接受的生效

（1）接受生效的法律規定：

英美法系：「投郵生效」（Dispatch Theory）

大陸法系:「到達生效」(Receipt Theory)

中國按《公約》採用「到達生效」原則。

(2) 雙方以口頭方式進行磋商時,「對口頭發盤必須立即接受,但情況有別者不在此限」。

(3) 如果受盤人以行為表示接受,「接受於該項行為做出時生效,但該項行為必須在發盤人規定的期限內或合理的時間內做出」。

4.1.4 接受的撤回

一項接受不能撤銷,但可以撤回;在接受生效之前,接受可以撤回。

撤回通知先於接受或與接受通知同時送達發盤人,則接受可以撤回或修改。

4.2 訂立合同

合同成立的證據;合同履行的依據;合同生效的條件。

4.2.1 合同成立的要件

所謂合同有效成立,是指合同必須符合法律規範才能有效。《公約》中雖然僅規定了存在有效的發盤和接受時,合同即告有效成立,但根據《中華人民共和國合同法》的有關規定,一份有效的國際貿易合同還必須具備以下條件:

1. 合同當事人具有行為能力

首先,外貿交易雙方在法律上必須具有簽訂合同的能力和資格,例如對中國企業而言,只有政府批准有外貿經營權的企業才能就其有權經營的商品對外達成買賣合同。同樣,外商也應具備簽訂合同的能力和其本國法律確定的簽訂合同的資格。其次,簽訂合同的企業代表應有行為能力,即簽字的自然人必須是企業授權的代表且具有民事行為能力。對合同當事人資格和能力的審核是確保合同有效的一個不可忽視的步驟。

2. 合同當事人的意思表示必須是真實的

合同是當事人按照自願和真實的原則通過發盤與接受達成的協議。任何詐欺、脅迫、虛假等非自願和不真實情況下簽訂的合同都是無效的合同,且自始無效。

3. 合同雙方互為有償

所謂互為有償是指在買賣合同中,雙方各自以有償的權利為目的,一方所享有的權利以承擔相應的義務為基礎,一方不履行義務時有向對方賠償的責任。這就是法律中所說的「對價」(Consideration) 或「約因」(Cause)。如賣方交出一定數量的貨物的「對價」是買方付款;而買方付款的「約因」是賣方交付符合合同規定的貨物。

4. 合同的標的和內容必須合法

合同的標的和內容不違背所在國或地區的法律、法規、政策及國際貿易中的法規、慣例。標的應是政府允許交易的商品,若屬政府管制的應持有許可證;合同的內容不違背國家的法律和公共政策。

5. 合同形式應符合法定要求

根據中國合同法的規定,在實際業務中,涉外經濟合同的訂立、變更或解除都必須採取書面形式,即合同書、信件、電報、傳真、電子數據交換和電子郵件等可以有形地表現所載內容的形式。此外,中國法律、行政法規規定應由國家批准的合同,獲得相應批准時方為有效。

4.2.2 合同成立的形式

1. 書面合同的形式

合同是一種條款完備、內容全面具體、帶有「合同」字樣的法律契約。

合同由賣方草擬，稱為「銷售合同」（Sales Contract）。

合同由買方草擬，稱為「購貨合同」（Purchase Contract）。

買賣雙方經過反覆交易磋商，以發盤與接受的方式確立了雙方的合同關係，但為了證明雙方合同關係的存在，並為今後發生爭議時向仲裁機構或法院證明合同關係存在提供書面證據，交易雙方會要求將磋商達成的交易條件及各自享受的權利和應承擔的義務用文字規定下來，簽訂書面合同。書面合同不僅是合同成立的依據，也是履行合同的依據。另外，簽訂書面合同在一些國家是合同生效的條件，中國就是如此。中國合同法規定：「當事人採用合同書形式訂立合同的，自雙方當事人簽字或簽章時合同成立。」當事人採用信件、數據電文等形式訂立合同的，可以在合同成立之前要求簽訂確認書，簽訂確認書時合同成立。可見《公約》中雖然不要求最終簽訂書面合同，但在實際的外貿業務中，簽訂書面合同已經成為一個必不可少的環節。

在國際貿易中，有關貨物買賣合同的名稱和形式，並無特定的限制。只要雙方同意，合同（Contract）、確認書（Confirmation）、協議書（Agreement）、備忘錄（Memorandum）等均可使用。在中國外貿業務中，主要使用合同和確認書兩種形式。

（1）合同

合同是買賣雙方經過交易磋商，就某種商品的買賣所達成的對雙方都有約束力的法律文件。合同對雙方的權利和義務以及發生爭議後的處理方式都有全面規定。由於這種形式的合同有利於明確雙方的權利和義務，因此，對於大額商品交易或大宗商品交易來說，通常採用這種形式。合同有「銷售合同」和「購貨合同」，前者由賣方草擬，后者由買方草擬，使用的文字是第三人稱的語氣。

（2）確認書

確認書屬於一種簡單合同。其格式、條款、項目和內容比合同簡單，一般只列明主要交易條件，省略了一般交易條件。

具體說來，確認書只列出商品品名、質量、數量、包裝、價格、交貨期、裝運期、目的地、付款方式等主要條款。由於確認書屬於一種簡式合同，它適用於金額不大、批數較多的商品交易，以及已訂有代理、包銷等長期協議的商品交易。由賣方出具的確認書稱為「售貨確認書」（Sales Confirmation）；由買方出具的確認書稱為「購貨確認書」（Purchase Confirmation），使用的文字是第一人稱語氣。

合同與確認書在形式和內容上雖然有些區別，但作為雙方協商一致的交易條件，都是明確的、完整的、終局的，經雙方簽署后都是法律上的有效文件，對買賣雙方都有同樣的約束力。在中國的出口業務中，通常由我方根據雙方達成的交易條件制成一式兩份的銷售合同或確認書，我方在上面簽字后寄給對方，對方經審核簽字后保留一份，將另一份寄還給我方。

2. 書面合同的結構與內容

國際貨物買賣合同一般由約首、正文和約尾三部分組成。約首即合同的首部，一般包括合同的名稱、編號、簽訂日期與地點、簽約雙方的名稱和地址等；正文即合同的主體部分，一般以合同條款的形式具體列出各項交易條件，規定雙方的權利和義務，

通常有品名、品質、數量、包裝、價格、支付、運輸、保險、爭議處理等條款；約尾即合同的尾部，一般包括合同的份數、附件及其效力、使用的文字、合同生效的時間、合同適用的法律、簽約雙方當事人（法人代表或其授權人）的簽字等。

例1：上海市某公司售貨合同例樣。

上海市××對外貿易公司

電傳/傳真：	中國上海浦東南路×××號	合同編號：
TELEX/FAX	SHANGHAI…FOREIGN TRADE CORP.	CONTRACT NO.
	×××PUDONG SOUTH STREET, SHANGHAI, CHINA	簽約日期：
		DATE

售貨合同
SALES CONTRACT

賣方：上海市××對外貿易公司　　　　　　買方：
Sellers：SHANGHAI…FOREIGN TRADE CORP.　　Buyers：

茲經買賣雙方同意，成交下列商品，訂立條款如下：
The undersigned buyers and sellers have agreed to close the following transactions according to the terms and conditions stipulated below：

品名及規格 Name of Commodity & Specification	單價 Unit Price	數量 Quantity	總價 Total Amount

數量及總值均允許增加或減少_____%，由賣方決定。
With _____ percent more or less both in amount and quantity of the S/C allowed.

包　裝：　　　裝　運　時　間：　　　裝　運　港　和　目　的　港：
Packing：　　　Time of Shipment：　　　Port of Loading and Destination：

是否允許分批裝運，是否允許分批轉船：
With Partial Shipment and Transshipment _____ Allowed：

保險：由賣方按中國人民保險公司條款照發票總值_____%投保一切險及戰爭險。如買方欲增加其他險別，須於裝船前徵得賣方同意，所增加的保險費由買方負擔。
Insurance：To be covered by the Sellers for _____ % of Invoice value against All Risks and War Risk as per the relevant clauses of The People's Insurance Company of China. If other coverage is required, the Buyers must have the consent of the Sellers before shipment and the additional premium is to be borne by the Buyers.

付款方式：買方應由賣方所接受的銀行，於裝運月份前_____天，開具以賣方為受益人的不可撤銷即期信用證。至裝運月份后第_____天在中國議付有效。
Payment：The Buyers shall open with a bank acceptable to the Sellers an irrevocable, confirmed, without recourse, transferable divisible Sight Letter of Credit to reach the Sellers _____ days before the month of shipment, valid for negotiation in China until _____ the days after the month of Shipment.

嘜頭：　　　　一般條款：請參看本合同背面
Shipping Marks：　General Terms and Conditions：

買方簽字：　　　　　　　　　　　　　　賣方簽字：
The Signature of Buyers：　　　　　　　The Signature of Sellers：

合同背面

一般條款（General Terms and Conditions）：

（1）付款條件：買方所開信用證不得增加和變更任何未經賣方事先同意的條款。若信用證與合同條款不符，買方有責任修改，並保證此修改之信用證在合同規定的裝運月份前至少 _____ 天送達賣方。即期付款交單：買方須憑賣方開具的即期跟單匯票，於見票時立即付款，付款後交單。否則賣方有權向買方追索逾期利息。Terms of Payment: In the Buyers' Letter of Credit, no terms and conditions should be added or altered without prior to the Sellers consent. The Buyers must amend the letter of credit, if it is inconsistent with the stipulation of this contract, and the amendment must reach the Sellers at least _____ days before the month of shipment stipulated in this contract.

（2）商品檢驗：買賣雙方同意以裝運口岸中國進出口商品檢驗局提供的檢驗證書作為品質和數量的交貨依據。Commodity Inspection: It is mutually agreed that the Certificate of Quality and Quantity issued by the Chinese Import and Export Commodity Inspection Bureau at the port of shipment shall be taken as the basis of delivery.

（3）裝船通知：賣方在貨物裝船後，立即將合同號、品名、數量、毛重、淨重、發票金額、提單號、船名及裝船日期以電報/傳真/電傳形式通知買方。Shipping Advice: The Sellers shall, immediately upon the completion of the loading of the goods, advise by cable/fax/telex the Buyers of the contract number, commodity, quantity, gross and net weight, invoiced value, bill of loading number, name of vessel and sailing date etc.

（4）索賠：有關質量的索賠，應於貨到目的地後 _____ 個月內提出；有關數量的索賠，應於貨到目的地後 _____ 天內提出。提出索賠時，買方須提供賣方認可的公證機構出具的檢驗報告，但屬於保險公司或輪船公司責任範圍內者，賣方不負任何責任。Claims: Claims concerning quality shall be made within _____ months and claims concerning quantity shall be made within _____ days after the arrival of the goods at destination. Claims shall be supported by a report issued by a reputable surveyor approved by the Sellers, claims in respect of matters within the responsibility of the insurance company or of the shipping company will not be considered or entertained by the Sellers.

（5）不可抗力：因不可抗力事故所致，不能如期交貨或不能交貨時，賣方不負任何責任。但賣方必須向買方提供由中國國際貿易促進委員會或其他有關機構所出具的證明。Force Majeure: The Sellers shall not be responsible for late delivery or non-delivery of the goods due to the Force Majeure. However, in such case, the Sellers shall submit to the Buyers a certificate issued by the China Council for the Promotion of International Trade or other related organization as evidence.

（6）仲裁：因執行本合同所發生的或與本合同有關的一切爭議，雙方應友好協商解決，若協商不能獲得解決，則應提交中國國際貿易促進委員會對外貿易仲裁委員會，根據該仲裁委員會的程序進行仲裁，仲裁裁決是終局的，對雙方均有約束力。Arbitration: All disputes arising from the execution of or in connection with this contract shall be settled through negotiation. If no settlement can be reached, the case shall then be submitted to the Foreign Trade Arbitration Commission of China Council for the Promotion of the International Trade, Beijing, for arbitration according to its provisional rules of procedure. The arbitral award is final and binding upon both parties.

（7）其他：對本合同的任何變更和增加，僅在以書面經雙方簽字後，方為有效，任何一方在未取得對方書面同意前，無權將本合同規定之權利及義務轉讓給第三者。Other Conditions: Any alterations and additions to the contract shall be valid only if they are made out in writing and signed by both parties. Neither party is entitled to transfer its right and obligation under this contract to a third party before obtaining a written consent from the other party.

（8）本合同附件為本合同不可分割的一部分，在合同中，中英文兩種文字具有同等法律效力。All annexes to this contract shall form an integral parts of this contract. Both texts of this contract in English and Chinese are equally valid.

本合同自雙方簽字之日起生效。

This contract shall be valid from the date when it is signed by both parties.

例 2：售貨確認書例樣。

售貨確認書
SALES CONFIRMATION

編號：
NO：

賣方：　　　　　　　　　　　　電傳/傳真：
SELLERS：　　　　　　　　　　TELEX/FAX：

地址：　　　　　　　　　　　　買方訂單號：
ADDRESS：　　　　　　　　　　BUYERS ORDER：

茲經買賣雙方同意，成交下列商品，訂立條款如下：
The undersigned buyers and sellers have agreed to close the following transactions according to the terms and conditions stipulated below：

品名及規格 Name of Commodity & Specification	單　價 Unit Price	數　量 Quantity	總　價 Total Amount

數量及總值均允許增加或減少_____％，由賣方決定。
With _____ percent more or less both in amount and quantity of the S/C allowed.

包裝：　　　　　　　　　　　　保險：
PACKING：　　　　　　　　　　INSURANCE：

裝運時間：　　　　　　　　　　裝運港和目的港：
TIME OF SHIPMENT：　　　　　PORT OF LOADING AND DESTINATION：

付款：　　　　　　　　　　　　嘜頭：
PAYMENT：　　　　　　　　　　SHIPPING MARKS：

一般條款：
GENERAL TERMS AND CONDITIONS：

買方簽字：　　　　　　　　　　賣方簽字：
The Signature of Buyers：　　　 The Signature of Sellers：

規定合同條款應注意的問題：要注意合同各條款之間的內在聯繫，各條款要前後呼應，相互銜接，不應出現矛盾；要注意合同生效的時間；合同條款要明確、完善和肯定。

4.2.3　簽訂進出口合同

合同的結構通常包括約首、正文和約尾三部分內容。下面就約首及正文進行介紹。

1. 約首部分

約首部分包括合同的名稱、編號、簽訂日期和地點以及進出口雙方名稱、地址、電話、傳真等。

2. 正文部分

正文部分是合同的主體部分，主要包括品名和品質條款、數量條款、價格條款、包裝條款、裝運條款、保險條款、支付條款等主要條款，也包括檢驗條款、索賠條款、仲裁和不可抗力條款等非實質性條款。

（1）合同中的品名和品質條款

商品的品名和品質是國際貿易中買賣雙方首先要確定或商定的交易條件，只有明確商品的品名，即買賣什麼商品，才能進一步確定商品的品質、數量及所需的包裝。（見項目三子項目1）

1）品質條款的基本內容

合同中的品質條款通常應列明商品的名稱、規格或等級、標準、牌名等。不同的商品應根據商品本身特性及市場特點選擇表示商品品質的方法。在憑樣品買賣時，還應列明樣品的編號及寄送日期，並規定交貨品質與樣品相同。

2）品質機動幅度和品質公差

為了避免交貨品質與買賣合同不符，在出口業務中，可以在合同的品質條款中作一些變通規定。其常見做法是規定品質機動幅度和品質公差。

品質機動幅度是指允許賣方所交商品的品質指標可在一定幅度內機動掌握。尤其是適用於一些農、副、土、特等初級產品，規定品質機動幅度的方法有以下三種：

①規定範圍

它是指對某項品質指標有差異的範圍，如：紗管重量，每只33~35克。

②規定極限

對某些商品的規格使用上下限，常用詞有：a. 最小、最低；b. 最高、最大。如：大豆：含油量18%（最低），水分14%（最高），雜質2%（最高）。

③規定上下差異

對某些商品的品質規定上下差異。例如：東北大豆：含油量18%，水分14%，雜質2%，均可增減1%。

品質公差是指有些工業製成品，在生產過程中不能做到很精確，可根據國際慣例或經買賣雙方同意，對合同的品質指標有合理的「公差」。如手錶走時的誤差，棉紗支數的確定等。品質公差的允許值可以是國際上同行業所公認的允許值，也可以是由買賣雙方商定的允許值。

3）訂立品質條款時應注意的問題

在訂立品質條款時，應注意以下一些問題：

第一，根據商品特性確定表示品質的方法。

第二，要準確、具體地描述品質要求，既忌籠統含糊，如大約、左右，又忌絕對化，如「棉布無批點」等。

第三，重視品質機動幅度和品質公差在表示品質方面的作用，凡是能採用和應該採用品質機動幅度和品質公差表示的商品，一般都要訂明具體的機動幅度或公差的允許值，以免日后產生爭議。品質條款應符合有關國家或相關國際組織的標準，以提高產品的競爭能力。

（2）合同中的數量條款

在國際貿易中，交易雙方必須約定成交數量，這就要求在合同中規定數量條款，

數量條款是買賣合同中不可缺少的主要條件之一，它是評價賣方交貨數量和處理數量爭議的主要依據。

1）計量單位和計量方法

現在國際上通常採用的度量衡制度有四種：國際單位制、公制、英制和美制。

《中華人民共和國計量法》第三條規定：「國家採用國際單位制。國際單位制計量單位和國家選定的其他計量單位，為國家法定計量單位。」自 1991 年 1 月起，除了個別特殊領域外，中國已不允許再使用非法定的計量單位。在對外貿易中，應採用法定計量單位，合同另有約定者除外，如需採用非法定計量單位，須經主管部門批准。

從國際貿易的實際情況來看，經常被採用的計量單位有 6 種：

①按重量計算

這是當前國際貿易中使用最多的一種計量方法，常見的重量單位有：公噸（Metric Ton，M/T）、長噸（Long Ton）、短噸（Short Ton）、磅（Pound，lb）、盎司（Ounce，oz）、千克（Kilogram，kg）、克（Gram，g）等，主要適用於大宗農副產品、礦產品及某些工業製成品。

②按個數計算

常用的具體計量單位有：件或只（Piece，pc）、套（Set）、打（Dozen，doz）、羅、令、箱、捆、聽、卷等，主要適用於有一定規格、尺寸成形、成件的日用品、輕工業產品、機械產品及部分土特產品。

③按長度計算

常用的計量單位有：米（Meter，m）、英尺（Foot，ft）、碼（Yard，yd）等。主要適用於繩索、紡織品的交易。

④按面積計算

常用的計量單位有：平方米、平方英尺、平方碼等。適用於按面積計算的商品，如地毯、皮革、玻璃板等。

⑤按體積計算

常用的計量單位有：立方米、立方英尺、立方碼、立方英吋等。適用於木材及化學氣體之類的交易。

⑥按容積計量

常用的計量單位有：升、加侖、浦式耳等。適用於穀物及液體商品的交易。

常見的計算重量的方法有四種：

①毛重

它是指商品本身的重量加包裝物的重量，適用於運輸計重。

②淨重

它是指商品本身的重量。計算淨重首先去除皮重，即包裝物的重量。常見的皮重計算方法有以下四種：

a. 按照實際皮重計算：按照包裝材料的實際重量計算。

b. 按照平均皮重計算：按照商品的實際皮重的平均值計算，適用於包裝材料和規格比較劃一的商品。

c. 按照習慣皮重計算：按商品包裝公認的重量計算，不必過秤，如「每只麻袋習慣皮重為 2.5 磅」。

d. 按約定皮重計算：按雙方約定的包裝物的重量計算。

散裝的大宗低價商品，一般無包裝物，或簡單包裝但同貨物重量相比很輕、價值很低，因此，在計價時，可以將毛重當作淨重，這種方法稱為「以毛作淨」。

③公量

它是指用科學的方法將商品的實際水分抽出，再加標準含水量所得的重量，這種方法適用於羊毛、生絲等經濟價值比較高但含水量又極不穩定的商品。計算公式為：

$$公量 = \frac{實際重量 \times (1+標準回潮率)}{1+實際回潮率}$$

④理論公量

它是根據每件商品的重量推出整批商品的總重量，適用於那些規格、尺寸固定，重量大致相等的商品，如馬口鐵、鋼板等。

另外，某些國家為了便於海關徵稅，還有使用法定重量和實物淨重的習慣。

2）合同中的數量條款

①數量條款的基本內容

國際貨物買賣合同的數量條款主要由成交數量和計量單位組成。按重量成交的商品，一般應明確計算重量的方法。

②數量的機動幅度

合同中的數量條款是買賣雙方交接貨物的量的依據，賣方必須嚴格按照合同規定的數量交貨。為了避免發生交貨數量與合同規定數量不符的爭議，一般在合同中訂立數量的機動幅度，其方法主要有以下幾種：

a. 採用「約」量

這是指在數量前加「約」「大約」「近似」等類似字樣，由於「約」量的含義在國際上沒有統一的標準，易引起糾紛，所以，只有買賣雙方採用信用證支付時，才可使用。按照 2007 年 7 月 1 日新修訂的《跟單信用證統一慣例》（600）第三十條的解釋，使用「約」或「大約」用語表示信用證金額或信用證規定的數量或單價時，應解釋為允許有關金額或數量或單價有不超過 10% 的增減幅度。

b. 溢短裝條款

所謂溢短裝條款就是在規定具體數量的同時，再在合同中規定允許多裝或少裝的一定比例。賣方交貨數量只要在允許的增減範圍內即為符合合同有關交貨數量的規定。

c. 合同中未明確規定數量機動幅度

這種情況下，賣方一般應按合同規定交貨。但採取信用證支付，根據 UCP600 第三十條，在信用證未以包裝單位件數或貨物自身件數的方式規定貨物數量時，貨物數量允許有 5% 的增減幅度，只要總支取金額不超過信用證金額。

（3）商品的包裝條款

在國際貨物買賣中，包裝條件是買賣合同的主要條件之一。按某些國家的規定，如果賣方所交貨物未按約定的條件包裝，或者貨物包裝與行業習慣不符，買方有權拒收貨物；或者貨物雖按約定的方式包裝但卻與其他貨物混淆在一起，買方可以拒收違反約定包裝的那部分貨物，甚至可以拒收整批貨物。包裝又是商品流通的重要條件，良好的包裝不僅可以吸引顧客、擴大銷路，而且可以起到宣傳、美化和提高商品檔次、增加售價的作用。

1）包裝的種類

根據在流通過程中所起的作用不同，可以將包裝分為運輸包裝和銷售包裝兩種類型。

①運輸包裝

國際貿易的商品運輸包裝應體現下列要求：a. 適應商品的特性；b. 適應各種不同運輸方式的要求；c. 考慮有關國家的法律和客戶要求；d. 便於有關人員操作；e. 在保證包裝牢固的前提下節省費用。

②運輸包裝的種類

a. 單件運輸包裝

這是指在運輸過程中作為一個計件單位的包裝，常見的有：箱、桶、袋、包、簍等。

b. 集合運輸包裝

這是指將若干單件運輸包裝組合成一件包裝，如托盤、集裝箱、集裝袋等。其中，集裝箱的使用更為廣泛，它是一種規格化的巨型箱，材料多為金屬的，有的配有空氣或溫度調節。

在實際業務中，以上包裝一般要根據商品的特點以及買賣雙方的約定選擇使用。

③銷售包裝

銷售包裝又稱為內包裝，它是直接接觸商品並隨商品進入零售網點與消費者直接見面的包裝，它除了具有保護商品的功能外，還有美化、宣傳商品的作用。銷售包裝應體現下列要求：a. 便於陳列、經銷；b. 便於識別；c. 便於攜帶和使用；d. 要有藝術吸引力。

銷售包裝有式樣、結構、用途等不同要求，導致銷售包裝的多樣性，按國際上較為流行的銷售包裝的分類方法可將其分為三大類：

A. 陳列展銷類，如掛式包裝結構、吊帶等。

B. 識別類，如窗式包裝。

C. 攜帶使用類，如攜帶式包裝、易開包裝等。

此外，還有一些商品不需加包裝而運輸，如汽車、內燃機車等，這些不需包裝的商品稱為裸裝貨。

在銷售包裝上，一般都附有裝潢畫面和文字說明，有的還印有條形碼的標誌。所謂條形碼，就是由一組帶有數字的黑白及粗細間隔不等的平行條紋所組成，它表示特定的信息，是利用光電掃描閱讀設備為計算機輸入數據的特殊代碼語言，只要將條形碼對準光電掃描器，計算機就能自動地識別條形碼的信息，確定品名、品種、數量、生產日期、製造廠商、產地等。

目前，國際上通用的條形碼主要有兩種：一種是由美國、加拿大組成的統一編碼委員會編製的，其物品標示符號是 UPC 碼；另一種是由歐盟成立的歐洲編碼協會（后改名為「國際物品編碼協會」）編製的，其標示符號為 EAN 碼。

為了與國際市場接軌，中國於 1988 年 12 月建立了「中國物品編碼中心」。1991 年 4 月 18 日「中國物品編碼中心」代表中國正式加入「國際物品編碼協會」，該中心在中國部分省市設立分中心，生產和經營出口商品的企業需要使用條形碼，可向物品編碼機構申請，由其統一向國際條形碼組織申請辦理註冊手續。「國際物品編碼協會」分

給中國的國別號是「690」。

2）包裝標誌

為了便於識別貨物，以利於運輸、倉儲、檢驗、報關和交接貨物的安全、順利進行，避免錯交錯運，貨物在交付運輸之前，應買方要求或由賣方決定，在商品外包裝上按合同規定刷上一定的標誌，這些簡單的文字、圖形或數字統稱為包裝標誌。包裝標誌分為運輸標誌、指示性標誌、警告性標誌、尺碼重量標誌等。

①運輸標誌

運輸標誌又稱嘜頭，它通常是由一個簡單的幾何圖形和一些字母、數字及簡單的文字組成。運輸標誌的內容繁簡不一，由買賣雙方根據商品特點和具體要求商定。通常包括收貨人或發貨人的代號、信用證號或合同號、目的地及貨物的批號。

運輸標誌俗稱「嘜頭」，一般包括以下幾部分內容：

a. 發貨人或收貨人名稱的縮寫或代號。通常用幾何圖形和英文字母或簡單的文字表示。

b. 目的地名稱。一般應寫全稱，不能用簡稱或縮寫。如有重名，則需列明國別或地區名稱。

c. 貨物件數。該項內容既要列明該件貨物的序號，又要列明該批貨物的總件數，如 NOS「1–10」表示該件貨物是該批 10 件貨物中的第一件。

d. 參考號。如：運單號、訂單號或發票號等。

為了適應單據標準化的需要，聯合國歐洲經濟委員會簡化國際貿易程序工作組在 ISO 和國際貨物裝卸協會的支持下，制定了一項運輸標誌並向各國推薦使用。該標準中運輸標誌的內容共 4 行，每行不超過 17 個字母。4 行的內容依次為：收貨人或買方名稱的英文縮寫字母或簡稱；參考號，如運單號、訂單號或發票號；目的地；件號。

如下圖：運輸標誌

XYZCO…………………………	收貨人代號
SC9778…………………………	參考號
HONG KONG …………………	目的地
NO. 1/20………………………	件數代號（分母表示整批的數量）

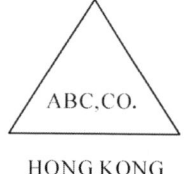

△ ABC,CO.
HONG KONG
CNT/NO. 1－200

SMITHCO
SC93410
DAR ES SALAAM
VIA HONGKONG
NO. 1-300

②指示性標誌

它是指根據商品的性能和特點，用簡單醒目的圖形和文字在商品的運輸標誌上標示倉儲、裝卸和運輸過程中需要注意的事項和要求。例如：「小心輕放」「此端向上」「不得用吊鉤」。

③警告性標誌

警告性標誌又稱危險性標誌，是指為了保障貨物和操作人員的安全，在易燃、易

爆、有毒等危險品的運輸包裝上標明危險性質的圖形和文字說明以示警告。例如：有毒品、爆炸物、腐蝕性物品等。

在實際業務中，中國出口危險品時應刷製中國和國際海運所規定的兩套標誌，以防到目的港時不准靠岸卸貨。關於製作危險品的標誌，中國頒布有《包裝儲運標誌》和《危險貨物包裝標誌》，其對危險品標誌的製作均有詳細的規定。

④尺碼重量標誌

在運輸包裝上還刷上包裝的毛重和淨重以及它的尺碼（長×寬×高）。尺碼、重量標誌一般與運輸標誌結合使用。

3）中性包裝和定牌包裝

中國出口商品，在商品的外包裝或內包裝上一般都需註明「中華人民共和國製造」或「中國製造」。但有時，在國外買方的要求下，商品的內外包裝上不註明生產國別、地點、廠名，這就是中性包裝，中性包裝有定牌中性和無牌中性之分。定牌中性是指在商品的包裝上不註明生產國別，但需註明買方指定的商標或牌名；無牌中性是指在商品和包裝上均不使用任何商標或牌名，也不註明生產國別。

除中性包裝外，中國在實際業務中還接受定牌、無牌的做法。定牌是指在買方的要求下，使用買方指定的商標或牌號，但需註明生產國別或產地；無牌是在商品和包裝上均不使用任何商標或牌名，但需註明生產國別或產地。定牌、無牌和中性包裝，是國際貿易的通常做法。

4）合同中的包裝條款

①包裝條款的內容

國際貨物買賣合同中的包裝條款主要包括包裝材料、包裝方式，有時還要規定包裝費用和運輸標誌等內容。

例：紙箱裝水果，每箱 4 盒，每盒約 9 磅，每顆塗蠟，包紙，每件貨物註明毛重、編號、淨重、尺碼、目的港、原產地並刷下列嘜頭：

89ZHPC-075

GUANG ZHOU

Fruits in cartons, each containing 4 boxes about 9 lbs., each fruit waxed and wrapped with paper. Each package shall be stenciled with gross and net weights, package number, measurement, port of destination, country of origin and the following shipping mark：

89ZHPC-075

GUANG ZHOU

②訂立包裝條款應注意的問題

a. 明確規定包裝材料和包裝方式

約定包裝材料和方式時要明確、具體，不宜籠統地規定，如不宜採用「適合海運包裝」「習慣包裝」之類的術語。因為這些術語含義模糊，易引起爭議。有時為了更加明確，在規定包裝材料和方式時，可訂明每件的重量或數量。

b. 包裝費用的負擔問題

包裝費一般包括在貨價之內，不另計價，但如果買方提出需要特殊包裝，額外的包裝費用應由買方承擔包裝費用，如果賣方技術達不到，也不宜輕易接受，以免引起糾紛。

c. 關於運輸標誌（嘜頭）

按國際交易習慣，嘜頭一般由賣方決定，而不必在合同中作具體規定，但如買方要求使用由其指定的嘜頭，則應在合同中明確規定嘜頭的具體式樣和內容，或規定買方提交嘜頭式樣和內容的時限，以免延誤賣方交貨。

[個案分析]

我某公司對英出口中國花生仁一批，合同規定水分最高不超過13%，不完善粒最高不超過5%，含油量最低不低於44%。成交前我方也曾向買方寄送過樣品，訂約後我方又電告對方成交貨物與樣品一致。貨到英國後，買方經過檢驗提出，貨物的質量比樣品低6%，並據此要求我方賠償。而我方拒賠。理由是：該批貨物是憑規格買賣而不是憑樣品買賣。你認為我方拒賠的理由充分嗎？

案例分析：

本案的焦點是，該批貨物是憑規格買賣還是憑樣品買賣。如果是憑規格買賣，賣方交貨的品質與合同規定的規格的各項指標相符。而本案中，對方並沒有對各項指標提出異議。如果是憑樣品買賣，根據英國《貨物買賣法》第15條第2款規定，凡憑樣買賣，樣品即成為履行合同時交接貨物的質量依據，賣方承擔交付的貨物質量與憑以達成交易的樣品完全一致的責任。否則，買方有權提出索賠甚至拒收貨物，這是憑樣買賣的基本特點。

從合同規定來看，該交易本身不是憑樣品買賣。但是約前賣方向買方寄送過樣品，並沒有聲明此樣品僅為參考樣品，約後又通知對方貨物與樣品一致，這就使人產生該交易既可以憑樣品買賣，又可以憑規格買賣。因此在這種情況下，賣很難以這筆業務僅憑規格買賣為理由推托責任。

（4）合同中的裝運條款

貨物的交付（Delivery）是賣方的基本義務。在國際貿易中，由於買賣雙方相距遙遠，通常採用象徵性交貨方式。所以，大多數情況下貨物所有權的移交過程實際上就是貨物裝運（Shipment）並取得相關單據的過程。為了確保貨物交付的順利完成，必須制定適當、明確的裝運條款。合同中的裝運條款主要涉及裝運時間、裝運港（地）和目的港（地）、分批裝運、轉運、裝運通知、滯期和速遣條款等內容。

1）裝運時間（Time of Shipment）的確定

裝運時間，又稱為裝運期，即裝運貨物的時間。它在合同中的法律地位是要件，在裝運地交貨的價格術語中，裝運期就是交貨期，延遲裝運屬根本性違約，買方有權要求撤銷合同並提出索賠。提前裝運也屬違約，買方可以收取貨物，也可以拒絕，但不能廢除合同。根據《跟單信用證統一慣例》（600）提單的出具日期將被視為裝運日期，除非提單包含註明裝運日期的裝船批註。在此情況下，裝船批註中顯示的日期將被視為裝運日期。如果提單包含「預期船」字樣或類似有關限定船只的詞語，裝上具名船只必須由註明裝運日期以及實際裝運船只名稱的裝船批註來證實。

2007修訂的ISBP（國際標準銀行實務）也有相關條款規定：運輸單據的出具日期將被視為發運、接受監管或者裝載以及裝運日期。然而，如果運輸單據以蓋章或者批註方式標明發運、接受監管或者裝載日期，則此日期將被視為裝運日期。

裝運期的規定通常有以下幾種方式：

①規定具體的裝運期限

可以規定某月或某幾個月裝運，也可以限定最遲裝運時間或規定跨月裝運。如 3 月份裝運（Shipment during March），6 月 30 日前裝運（Shipment before June 30th），2/3 月裝運（Shipment during February/March）。

②規定收到信用證后若干天內裝運

這種規定方式的裝運期取決於開證期，但為了防止買方拖延或拒絕開證，還應進一步規定信用證開抵賣方的最遲期限。如收到信用證后 30 天內裝運，買方信用證須在 3 月 1 日前抵達賣方（Shipment within 30 days after receipt of L/C subject to Buyer's L/C reaching the Seller before March 1st）。

③規定近期裝運術語

在賣方備有現貨、買方緊急要貨的情況下，可使用立即裝運（Immediate shipment）、盡快裝運（Shipment as soon as possible）等術語。但這些術語在國際上沒有統一解釋，故除非買賣雙方已有共識，應避免使用。國際商會制定的《跟單信用證統一慣例》也明確規定不宜使用此類詞，如果使用，銀行將不予置理。

2) 裝運港（Port of Shipment）和目的港（Port of Destination）

①裝運港和目的港的規定方法

裝運港是指貨物起始裝運的港口，目的港是指最終卸貨的港口。一筆交易達成必須確定裝運港和目的港，主要是為了賣方安排裝運，同時也為了買方接貨。在進出口交易中，裝運港和目的港不僅是價格術語不可缺少的組成部分，構成商品價格的因素，同時也與買賣雙方承擔的運輸責任有關。因此在買賣合同中合理確定裝運港和目的港具有重要意義。

裝運港和目的港的規定方法主要有：

A. 在一般情況下，裝運港和目的港分別規定各為一個。

B. 有時按實際業務的需要，也可分別規定兩個或兩個以上。如：CIF 倫敦/漢堡/鹿特丹。

C. 採用選擇港（Optional Port）辦法，在明確規定裝運港或目的港有困難時，也可以採用這種辦法。

規定選擇港有兩種方式：

a. 在兩個或兩個以上港口中選擇一個，這種方式與第二種規定方法相同，如 CIF 倫敦選擇港漢堡或鹿特丹，CIF 倫敦/漢堡/鹿特丹。

b. 籠統規定某一航區為裝運港或目的港，如「地中海主要港口」「西歐主要港口」等，但採用這種方法應格外謹慎。

②確定國內外裝運港和目的港應注意的問題

A. 對國外裝運港或目的港的規定應力求具體明確；一般情況下，出口不能籠統地訂為「歐洲主要港口」「非洲主要港口」等。由於哪些是主要港並無統一解釋，而且各港口距離遠近不同，裝卸條件、運費不一，極易發生糾紛。

B. 不能接受內陸城市為裝運港或目的港的條件。

C. 應注意國外港口有無重名問題。例如，世界上維多利亞（Victoria）港就達 12 個之多，波特蘭（Portland）、波士頓（Boston）、的黎波里等等有數個。為了防止發生差錯，如有重名港，在買賣合同中要註明裝卸港所在國家或地區的名稱。

D. 在出口業務中，對裝運港的規定主要應考慮貨源比較接近的港口，同時也應考慮港口和國內運輸的條件和費用水平。對統一對外成交而分口岸交貨的某些商品，由於成交時還不能最后確定裝運港，也可規定為「中國口岸」，或兩個以上具體港口為裝運港，這樣比較靈活主動。

E. 在進口業務中，對國內卸貨港的規定，一般選擇接近用戶或用貨單位的港口為宜。但是為了避免港口擁擠產生堵塞現象，卸貨港也可規定為「中國口岸」。

3）分批裝運（Partial Shipment）和轉船（Transshipment）

①分批裝運

在成交量大、貨源不足、買方資金週轉困難或港口裝卸條件差的情況下，貨物往往需要分批裝運。分批裝運是指一筆成交的貨物分若干批在不同航次裝運。對於賣方而言，成交數量大、貨源不充分、國內運輸緊張或租船有困難時，總是希望允許分批裝運。對買方來說，除非市場銷售需要，一般都不希望分批裝運。因此，是否允許分批裝運應該在買賣合同中明確規定。

對於分批裝運問題，根據《跟單信用證統一慣例》（600）及 2007 修訂的 ISBP 規定，可以歸納為以下幾條原則：

a. 允許分批支款或分批裝運。

b. 表明使用同一運輸工具並經由同次航程運輸的數套運輸單據在同一次提交時，只要顯示相同目的地，將不視為部分發運，即使運輸單據上標明的發運日期不同或裝卸港、接管地或發送地點不同。如果交單由數套運輸單據構成，其中最晚的一個發運日將被視為發運日。

c. 含有一套或數套運輸單據的交單，如果表明在同一種運輸方式下經由數件運輸工具運輸，即使運輸工具在同一天出發運往同一目的地，仍將被視為部分發運。

d. 如信用證規定在指定的時間段內分期支款或分期發運，任何一期未按信用證規定期限支取或發運時，信用證對該期及以后各期均告失效。

規定分批裝運的方法：只原則規定允許分批裝運，對於分批的具體時間、批次和批量均不作規定；具體規定每批裝運的時間和地點。

②轉運

根據《跟單信用證統一慣例》（600），轉運意指貨物在信用證中規定的發運、接受監管或裝載地點到最終目的地的運輸過程中，從一個運輸工具卸下並重新裝載到另一個運輸工具上（無論是否為不同運輸方式）的運輸。對於轉運問題，根據《跟單信用證統一慣例》（600）中的規定，即使信用證禁止轉運，銀行也將接受註明轉運將發生或可能發生的運輸單據。

由於轉運不僅延誤時間、增加費用，還有可能造成貨損貨差，所以買方一般不願轉運。但如果沒有直達船或一時沒有合適的船舶運輸或貨物零星分散，班輪不願停靠目的港或屬於國際多式聯運貨物，為了防止誤解，買賣雙方應該在合同中訂立「允許轉船」（Transshipment to be allowed）條款。2007 年修訂的 ISBP（國際標準銀行實務）對有相關條款規定：

a. 在多式聯運方式下，將會發生轉運，即自信用證規定的接管地、發運地或裝貨地至最終目的地之間的運輸過程中，將貨物從一個運輸工具上卸下，再裝上另一個運輸工具（無論是否採用了不同的運輸方式）。

b. 如果信用證禁止分批裝運，而提交的正本多式聯運單據不止一套，覆蓋一個或一個以上地點（信用證特別允許的地點或在給定的地理區域內）的裝運、發運或接管，只要單據覆蓋的貨物運輸系由同一運輸工具完成，經同一航程，前往同一目的地，則此類單據可以接受。如果提交了一套以上的單據，而單據表明不同的裝運、發運或接管日期，則這些日期中的最遲者將用於計算交單期，且該日期必須在信用證規定的最遲裝運、發運或接管的日期或之前。為了明確責任和便於安排裝運，交易雙方是否同意轉運以及轉運的方式和費用負擔都應在合同中具體訂明。

　　③對分批裝運的解釋

　　如信用證規定在指定的時期內分期支款及/或裝運，而任何一期未按期支款及/或裝運，除非信用證另有規定，則信用證對該期及以后各期均告失效。除非信用證另有規定，允許分批支款及/或分批裝運。

　　運輸單據表面上已註明使用同一運輸工具並經同一路線、同一目的地的多次裝運，即使日期不同、接受監督地和發運地點不同，只要運輸單據註明是同一目的地，將不視為分批裝運。

　　④分期裝運的規定

　　《跟單信用證統一慣例》的規定，在信用證上若規定受益人分期裝運貨物的時間，則受益人應嚴格遵守，不得違反，否則信用證將失去效用。

　　在分期裝運中，有時會出現少裝問題，則信用證只對該期已裝運貨物有效，本期剩余貨物和以后各期均告失效。

　　⑤轉運的解釋

　　如果貨物沒有直達船或一時無合適的船舶運輸，而需要通過中途港轉運的稱為轉船，買賣雙方可在合同中商訂「允許轉船」（Transshipment to be allowed）的條款。

　　《跟單信用證統一慣例》（600）對轉運的解釋為：凡信用證未明確規定禁止轉運，即視為可以轉運。

　　即使信用證規定禁止轉運，銀行仍接受註明發生以下情況的運輸單據：轉運時貨物裝在集裝箱、拖車或子母船中；註明將發生或可能發生轉運的空運單據；註明將發生或可能發生轉運的公路、鐵路或內河運輸的運輸單據。

　　4）其他裝運條款

　　①裝卸時間和滯期、速遣條款

　　無論按照哪種方式租船，租船人與船主之間必須妥善訂立租船合同，以明確規定當事人雙方的權利和義務。尤其在訂立程租船合同條款時需注意與裝卸責任、費用相關的內容。

　　首先，必須明確規定船方和租船人的裝卸責任，即：

　　a. 船方管裝管卸（Gross Terms or Liner Terms）

　　b. 船方管裝不管卸（Free Out，F.O）

　　c. 船方管卸不管裝（Free In，F.I）

　　d. 船方不管裝不管卸（Free In and Out，F.I.O）

　　其次，裝卸時間的規定方法有：

　　a. 日（Days）或連續日（Running Days；or Consecutive Days）。這是指午夜至午夜連續24小時的時間，也就是日曆日數，這種規定下，不論是實際不可能進行裝卸作業

的時間（如雨天、施工或其他不可抗力），還是週末或節假日，都應計為裝卸時間，因此，對租船人很不利。

b. 累計 24 小時好天氣工作日（Weather Working Days of 24 Hours）。這是指在好天氣情況下，不論港口習慣作業為幾小時，均以累計 24 小時作為一個工作日。如果港口規定每天作業 8 小時，則一個工作日便跨及幾天的時間，這種規定對租船人有利。

c. 連續 24 小時好天氣工作日（Weather Working Days of 24 Consecutive Hours）。這是指在好天氣情況下，連續作業 24 小時算一個工作日，如中間因壞天氣影響而不能作業的時間應予扣除。這種方法一般適用於晝夜作業的港口。當前，國際上採用這種規定的較為普遍，中國一般都採用此種規定辦法。

最後，規定滯期費（Demurrage）和速遣費（Despatch Money）。如果在規定的裝卸期限內，租船人未能完成裝卸任務，為了彌補船舶延期而給船方造成的損失，由租船人向船方支付的罰金叫滯期費，如果在規定的裝卸期限內，租船人提前完成裝卸作業，給船方節省了時間，船方向租船人支付一定的獎金叫速遣費，速遣費一般為滯期費的一半，通常約定為每天若干金額，不足一天者，按比例計算。

例：某公司出口 10,000 公噸貨物，與船方簽訂的程租船合同中規定：F.I.O，裝卸率為 500 公噸/工作日，滯期費為 600 美元/工作日，速遣費為 300 美元/工作日。實際裝完用了 22 日 6 小時，問該公司應支付滯期費還是獲得速遣費？金額是多少？

由於按裝卸率應該 10,000÷500＝20 天裝完，所以，該公司應支付滯期費。

滯期費＝（22.25－20）×600＝1,350（美元）

②OCP 條款

「OCP」是 Overland Common Points 的縮寫，意為「內陸地區」。這是同美國進行貿易時，貨物最終目的地是 OCP 地區範圍（以美國西部 9 個州為界，也就是以落基山脈為界以東地區）時，出口商不僅可享受美國內陸運輸的優惠費率，而且也可以享受 OCP 海運的優惠費率。因此，對美交易中，採用 OCP 運輸條款，對進出口雙方均有利，不過在採用時應注意下列問題：

a. 貨物最終目的地必須屬於 OCP 地區範圍。

b. 貨物必須經由美國西海岸港口中轉。

c. 提單上必須表明 OCP 字樣，並且在提單目的港一欄中除填明美國西部海岸港口名稱外，還要加註內陸地區的城市名稱。

（5）商品的保險條款

在國際貿易貨物交易過程中，由誰負責辦理保險並支付保險費，是由買賣雙方商定的價格術語來決定的。如 FOB 條件和 CFR 條件由買方負責投保，CIF 條件由賣方負責投保。為簡化投保手續，防止出現漏保或來不及辦理投保等情況，中國進口貨物一般採取預約保險的做法，即準確地將船、貨的相關信息以書面形式通知保險公司，就算向保險公司辦理了投保手續，而無須填寫投保單。出口貨物的保險只需投保人提供裝運出口的單據副本並加註保險金額和保險險別就算完成投保手續。

1）險別和金額的確定

①投保險別的選擇

對於保險險別，應參考貨物的性質、特點、貨物殘損、運輸工具、運輸路線、國際政治經濟形勢等因素加以確定。如一般價值較低的散裝貨可投保平安險，而價值較

高的貨物往往投保水漬險或一切險，其他貨物如玻璃製品、瓷器等易破碎品要加保破碎險。在對方代辦保險的情況下，如果合同中已經明確規定保險的險別，應按合同規定辦理；如果合同中沒有明確規定投保險別的，則只需選擇最低險別。在信用證的條件下，應做到合同條款、信用證條款、保險單條款一致。

按《跟單信用證統一慣例》（600），信用證應規定所需投保的險別及附加險（如有的話）。如果信用證使用諸如「通常風險」或「慣常風險」等含義不確切的用語，則無論是否有漏保之風險，保險單據將被照樣接受。

②確定保險金額

保險金額（Insured Amount）是被保險人向保險人申報的被保險貨物的價值，它是保險人承擔保險責任的標準，也是在被保險貨物發生保險範圍沒損失時，保險人賠償的最高限額，同時還是保險公司計收保險費的依據。

《跟單信用證統一慣例》（600）第 28 條規定：

a. 信用證對於投保金額為貨物價值、發票金額或類似金額的某一比例的要求，將被視為對最低保額的要求。這一條與 UCP500 不同。

b. 如果信用證對投保金額未作規定，投保金額須至少為貨物的 CIF 或 CIP 價格的 110%。

c. 如果從單據中不能確定 CIF 或者 CIP 價格，投保金額必須基於要求承付或議付的金額，或者基於發票上顯示的貨物總值來計算，兩者之中取金額較高者。

如果信用證對投保金額未作規定，按上述第二條投保金額須至少為貨物的 CIF 或 CIP 價格，再加成 10%。其保險金額的計算公式如下：

保險金額＝CIF（或 CIP）價格×(1+投保加成率)

當然，保險人與被保險人可以根據不同貨物、不同地區、不同的經營費用和預期利潤水平，商定不同的加成率。如採用 FOB 或 CFR 術語，應將其換算成 CIF 價格。其計算公式如下：

CIF＝CFR÷[1-保險費率×(1+投保加成率)]

CIF＝FOB×(1+運輸費率)÷[1-保險費率×(1+投保加成率)]

中國人民保險公司承保出口貨物保險金額一般是 CIF 價加成 10%的金額。而進口貨物的金額則不加成，原則上以 CIF 價計算。由於中國進口合同大多用 CFR 或 FOB 術語，為簡便起見，在預約保險合同中，共同議定平均運費率和平均保險費率，制定了一份保險費率常用表，用相應價格直接乘以表內所列常數即可算出 CIF 價格。即：

投保金額＝FOB×(1+平均運費率+平均保險費率)

投保金額＝CFR×(1+平均保險費率)

2007 年修訂的 ISBP（國際標準銀行實務）第 176 條和第 178 條也有相關適用條款。保險單據必須按信用證的幣種，並至少按信用證要求的金額出具。UCP 對於投保的最高比例未作規定。

即使從信用證或者單據可以得知最終的發票金額僅僅是貨物總價值的一部分（例如由於折扣、預付或類似情況，或由於貨物的部分價款將晚些支付），也必須以貨物的總價值為基礎來計算保險金額。

③支付保險費，領取保險單據

保險費是被保險人從保險人那裡獲得貨損賠償的代價。只要支付了保險費，即使

貨物沒有發生損害，保險費也不退回。但一旦貨損在承保的責任範圍內，保險人就會賠償被保險人的損失。保險費是保險金額和保險費率的乘積。一般來說，保險公司都列有各條航線運抵各國的不同險別的保險費率。中國人民保險公司的保險費率是按照不同商品、不同目的地、不同運輸工具和不同險別分別制定的。保險費的計算公式如下：

保險費＝保險金額×保險費率

交付保險費后，投保人即可取得保險單據，保險單據是保險人與被保險人之間的保險契約，它規定了雙方之間的權利和義務。保險單據日期按慣例不得遲於貨運單據出單日。

2）保險索賠（Claim）

當被保險人的貨物發生屬於保險責任範圍內的損失時，被保險人可向保險人提出賠償要求。當被保險貨物到達目的地后，如獲悉或發現保險貨物已遭受損失，應立即通知保險人，並提出索賠。索賠方應向承運人及海關、港務局索取貨損和貨差證明，備妥索賠單證，如保險單、運輸合同、發票、裝箱單、檢驗報告、索賠清單等，並聯繫保險公司指定的檢驗理賠代理人申請檢驗，提出檢驗報告，確定損失程度。

索賠必須於保險有效期內提出並辦理，否則保險公司可以不予辦理。海洋貨物運輸保險的索賠時效為兩年，從貨物在最后卸載港全部卸離海輪后開始計算。如貨物已加工，即喪失索賠權。

索賠金額要視損失的性質和損失的程度而定。

在實際全損和推定全損的情況下，被保險人的索賠金額就是保險單上的保險金額，被保險貨物的一切權益（包括所有權和追償權）應委付給保險人。

單獨海損的索賠金額按損失率計算：

$$索賠金額 = \frac{完整貨物市場總價 - 殘余貨物市場總價}{完整貨物市場總價} \times 保險金額$$

共同海損的損失和費用是由船舶、貨物和運費收取方按比例分攤的，被保險人僅能就自己分攤的損失索賠。分攤方法是將總損失額除以總財產額求出分攤率，再用分攤率乘以各方財產額即是各方應承擔的共同海損的損失。公式為：

$$分攤率 = \frac{總損失額}{財產總額} \times 100\%$$

各方承擔的損失額 ＝ 分攤率 × 各方財產額

例：有一載貨船舶在航行途中發生共同海損，其中貨主甲、乙、丁分別損失10萬、20萬、20萬美元，貨主丙沒有損失，船體損失25萬美元，救助費3萬美元，運輸損失1萬美元。貨主甲、乙、丙、丁的貨物價值分別為120萬、140萬、120萬、100萬美元，載貨船舶價值500萬美元，承運人運費20萬美元。各方應分攤多少？

解：分攤率＝（10+20+20+25+3+1）÷（120+140+120+100+500+20）＝7.9%

船方應分攤額＝500×7.9%＝39.5（萬美元）

貨主甲應攤額＝120×7.9%＝9.48（萬美元）

貨主乙應攤額＝140×7.9%＝11.06（萬美元）

貨主丙應攤額＝120×7.9%＝9.48（萬美元）

貨主丁應攤額＝100×7.9%＝7.9（萬美元）

承運人應攤額＝20×7.9%＝1.58（萬美元）

儘管貨主丙的貨物沒有損失，但也需分攤同貨主甲同樣的損失。如果貨主都辦理了保險，各自的分攤額就是其索賠金額。

3）訂立保險條款應注意的問題

①明確按什麼保險條款進行投保。

②明確投保險別。

③明確由何方投保。

④明確投保比例。

⑤保險單的簽訂日期不能遲於裝運日期；依據 UCP600 保險單據日期不得晚於發運日期，除非保險單據表明保險責任不遲於發運日生效。

⑥根據商品性質和特點選擇有關附加險。

⑦保險貨幣應與發票貨幣一致；依據 UCP600 保險單據必須表明投保金額並以與信用證相同的貨幣表示。

⑧注意合同的價格條件與船舶的船齡與適航性。

4）合同中的保險條款示例

①買方負責保險。

②賣方按 CIF 發票價格加 10%投保海洋運輸水漬險和戰爭險。如買方要求加附加險。

③加險，費用買方自付。

④賣方投保水漬險及戰爭險，保至巴黎買方倉庫。

⑤買方委託賣方代辦保險，按發票金額的 110%投保一切險，保險費由買方負擔。

(6) 合同中的支付條款

支付條款是國際貿易合同中規定貨款交付方式的條款。一般而言，國際貿易的交付方式有匯付、托收和信用證三種支付方式，因此國際貿易合同的支付條款一般為匯付條款、托收條款和信用證條款。以下對三種具體條款分別進行介紹。

1）匯付條款

匯付方式通常用於預付貨款和賒帳交易。買賣合同中的匯付條款應當明確規定匯付的時間、具體的匯付方法和金額等內容。

例：買方應於合同簽署后 30 天內電匯貨款的 10%（計×××美元）付給賣方。

10% of the total contract value（amount ××× dollars） as advance payment shall be remitted by the buyer to the seller through telegraphic transfer within 30 days after signing this contract.

2）托收條款

以托收方式結算貨款的貿易，合同中的托收條款必須明確規定交單條件和付款、承兌責任以及付款期限等內容。一般先列明賣方負責在裝運貨物后，開立匯票連同貨運單據辦理托收，再對不同的交單條件、付款期限、買方責任進行具體規定。

例：貨物裝運后，賣方應將以買方為付款人的即期匯票連同本合同的各種貨運單據，通過賣方銀行寄交買方銀行轉交買方，並托收貨款。買方應憑賣方開具的即期跟單匯票於見票時立即付款，付款后交單。

After delivery, the seller shall send through the seller's bank a draft at sight drawn on the buyer together with the shipping documents to the buyer through the buyer's bank for collection. Upon first presentation the buyer shall pay against documentary draft drawn by the seller at sight. The shipping documents are to be delivered against payment only.

例：貨物裝運后，賣方應將以買方為付款人的遠期匯票連同本合同的各種貨運單據，通過賣方銀行寄交買方銀行轉交買方，並托收貨款。買方對賣方開具的見票后30天付款的跟單匯票，於提示時承兌，並於匯票到期日付款，承兌后交單。

After delivery, the seller shall send through the seller's bank a usance draft drawn on the buyer together with the shipping documents to the buyer through the buyer's bank for collection. The buyer shall duly accept the documentary draft drawn by the seller at 30 days sight upon first presentation and make payment on its maturity. The shipping documents are to be delivered against acceptance.

3）信用證條款

在實際業務中如果用信用證方式結算，一般應在合同中對開證時間、開證行、信用證的受益人、種類、金額、裝運期、到期日等進行明確規定。

例：買方應通過賣方所接受的銀行於裝運月份前15天開立並送達賣方不可撤銷即期信用證，有效期到裝運月份后第15天在中國議付。

The buyer shall open through a bank acceptable to the seller an irrevocable letter of credit at sight to reach the seller 15 days before the month of shipment, valid for negotiation in China until the 15th day after the month of shipment.

4）各種結算方式的綜合應用

在國際貿易業務中，一筆交易的貨款結算，可以只使用一種結算方式，也可根據需要，針對不同的交易商品、不同的交易對手和不同的交易做法，將兩種以上的結算方式結合使用，以有利於促成交易、有利於安全及時收匯、有利於妥善處理付匯。常見的不同結算方式結合使用的形式有：信用證與匯付結合、信用證與托收結合、匯付與銀行保證書或信用證結合。

①信用證與匯付結合

這是指一筆交易的貨款，部分用信用證方式支付，余額用匯付方式結算。這種結算方式的結合形式常用於允許其交貨數量有一定機動幅度的某些初級產品的交易。對此，經雙方同意，信用證規定憑裝運單據先付發票金額或在貨物發運前預付一定比例的金額，余額待貨到目的地（港）后根據再檢驗的實際數量用匯付方式支付。使用這種結合形式，必須首先訂明採用的是何種信用證和何種匯付方式以及按信用證支付金額的比例。

②信用證與托收結合

這是指一筆交易的貨款，部分用信用證方式支付，余額用托收方式結算。這種結合形式的具體做法通常是：信用證規定受益人（出口人）開立兩張匯票，屬於信用證項下的部分貨款憑光票支付，而其余額則將貨運單據附在托收的匯票項下，按即期或遠期付款交單方式托收。這種做法對出口人收匯較為安全，對進口人可減少墊資，易為雙方接受。但信用證必須訂明信用證的種類和支付金額以及托收方式的種類，也必須訂明「在全部付清發票金額后方可交單」的條款。

例：80%的發票金額憑即期光票支付，其余20%即期付款交單。100%發票金額的

全套貨運單據隨附於托收項下，於申請人付清發票全部金額后交單。

80% of the invoice value is available against clean draft at sight while the remaining 20% of documents shall be held against payment at sight under this credit. The full set of the shipping documents of 100% invoice value shall accompany the collection item and shall only be released after full payment of the invoice value.

③匯付與銀行保證書或信用證結合

匯付與銀行保證書或信用證結合使用的形式常用於成套設備、大型機械和大型交通運輸工具（飛機、船舶等）等貨款的結算。這類產品，交易金額大，生產週期長，往往要求買方以匯付方式預付部分貨款或定金，其余大部分貨款則由買方按信用證規定或開加保證書分期付款或延期付款。分期付款（Progression Payment）是指買方預交部分定金，其余貨款根據所訂購商品的製造進度或交貨進度分若干期支付，在貨物交付完畢時結清貨款。延期付款（Deferred Payment）是指買方在預付一部分定金后，大部分貨款在交貨後一段相當長的時間內分期攤還。

此外，還有匯付與托收結合、托收與備用信用證或銀行保證書結合等形式。我們在開展對外經濟貿易業務時，究竟選擇哪一種結合形式，可酌情而定。

（7）商品的檢驗、索賠、仲裁、不可抗力

1）商品檢驗是指對進出口商品的種類、品質、數量、重量、包裝、標誌、裝運條件、產地、殘損及是否符合安全、衛生要求等進行檢驗分析、公證鑒定和監督管理。

商檢證明的作用：

①買賣雙方交接貨物、結算議付、通知計稅和索賠的依據；

②進口方政府對於動植物、食品、藥品等進口商品，往往要憑衛生檢驗或檢疫證明等品質證書批准進口；

③出口方政府為維護本國產品的聲譽，往往憑出口產品品質檢驗證書批准出口。

商檢條款的內容：

①商檢的地點：在工廠發運前檢驗；在裝運港（地）檢驗（離岸品質，離岸數量）；在目的港（地）檢驗（到岸品質，到岸數量）；在最終用戶所在地檢驗；在出口國裝運港檢驗，在進口國目的港復驗；裝運港檢驗數量，目的港檢驗質量。

②商檢的時間：裝運前商檢的時間限定，一般在商檢證書簽發后60天內出口；卸貨后商檢的時間限定，一般在貿易合同規定的索賠期限以內。

③檢驗標準：出口商品檢驗；進口商品檢驗。

④檢驗機構和檢驗證書：檢驗機構；檢驗證書。

2）爭議

爭議是指交易的一方認為另一方未能全部或部分履行合同規定的責任而引起的業務糾紛。

①爭議產生的原因

賣方違約：賣方不交貨；未按合同規定的時間、品質、數量、包裝條款交貨；單證不符等。

買方違約：買方不開或遲開信用證；不付款或不按時付款贖單；無理拒收貨物；在FOB條件下不按時派船接貨等。

合同條款規定欠明確，買賣雙方國家的法律或國際貿易慣例解釋不一致，甚至對

合同是否成立有不同的看法。

在履約過程中，遇到了買賣雙方不能預見或無法控制的情況，如某種不可抗力因素，雙方有不一致的解釋等。

英國的《貨物買賣法》將違約分為兩種：

a. 違反要件（Breach of Condition）：違反合同的主要條款，即違反與商品有關的品質、數量、交貨期等要件。合同的一方當事人違反要件，另一方當事人有權解除合同，並提出損害賠償。

b. 違反擔保（Breach of Warranty）：違反合同的次要條款。在違反擔保的情況下，受損方只能提出損害賠償，而不能解除合同。

《公約》將違約分為兩種：

a. 根本性違約（Fundamental Breach）

這是指違約方的故意行為造成的違約，其結果給受損方造成實質性損害（Substantial Detriment）；如果一方當事人有根本性違約行為，另一方當事人可以宣告合同無效，並要求損害賠償。

b. 非根本性違約（Non-fundamental Breach）

這是指尚未達到根本違反合同程度的違約。受損方只能要求損害賠償，而不能宣告合同無效。

根據《公約》25 條，構成根本性違約取決於兩個方面：

一是看違約造成損害的程度，即必須是實質性損害。

二是看違約方主觀方面有無過錯，即違約是否預知或者是否應預知損害的后果。

②違約的一般救濟方法

救濟（Remedy）是指合同一方當事人違約時，另一方當事人依法取得補償的方法。

救濟有幾種方式：a. 實際履行；b. 損害賠償；c. 解除合同；d. 保全貨物。

實際履行：指一方當事人違約時，另一方當事人不用金錢補償等其他方法，而是要求違約方嚴格按合同規定履行。

《公約》第 46 條規定，買方可以要求賣方履行義務。第 62 條規定賣方可以要求買方支付價款，收取貨物及履行其他義務。

大陸法和英美法有差別。大陸法以實際履行為違約救濟的主要方法。但英美法中，違約救濟以金錢補償為主，實際履行為輔助性手段，在確定金錢補償不是適當的救濟方法時，才會作出實際履行的判決。

損害賠償：指違約方用金錢補償另一方的損失。這在國際貿易中廣泛應用。

解除合同：是免除買賣雙方的合同義務的救濟方法。各國法律規定有所不同。

保全貨物：是指一方當事人違約，另一方保持對貨物的控制權，以達到救濟的目的。

3) 索賠和理賠

索賠（Claims）：國際貿易業務的一方違反合同規定，直接或間接地給另一方造成損害，受損方向違約方提出損害賠償要求。

理賠（Settlement of Claims）：違約方受理受損方提出的賠償要求。

①貿易合同中的索賠條款

a. 異議和索賠條款（Discrepancy and Claim Clause）

除明確規定一方如違約，另一方有權提出索賠外，還包括索賠依據、索賠期限、索賠金額和賠償損失的辦法等。

b. 罰金條款（Penalty Clause）

罰金條款與異議和索賠條款不同。罰金條款適用於賣方延期交貨或買方延期接貨，要預先規定罰金的百分率。

罰金的支付，並不能解除違約方繼續履行合同的義務，違約方既要支付罰金，又要繼續履行合同。

處理索賠案應注意的問題：查明造成損害的事實，分清責任，備妥必要的索賠證據和單證。

②合理確定索賠項目和金額

如果合同預先規定有約定的損害賠償的金額，應按約定的金額索賠；如預先未約定損害賠償的金額，則應根據實際損失確定適當賠償金額。

③在有效期內提出索賠

索賠有效期也是檢驗條款中的買方對貨物進行復驗的有效期限，也有人稱「索賠通知期限」。超過期限提起的索賠無效。

4）不可抗力/人力不可抗拒

①不可抗力的認定和法律后果

由於不可抗力是一項免責條款，買賣雙方都會在自己沒有履行責任時援引此條款來解除自己的責任。所以，哪些事件屬於不可抗力就必須有一個清楚的界定。

《公約》第 79 條第 1 款規定：「當事人不履行義務，不負責任，如果他能證明此種不履行義務，是由於某種非他所能控製的障礙，而且對於這種障礙，沒有理由預期他在訂立合同時能考慮到或能避免或克服它或它的后果。」也就是明確了一方當事人由於發生了他不能控製的障礙（自然災害或意外事故），而且這種障礙在訂約時是無法預見、避免或克服的，便可免除當事人的責任。

英美法系國家的法律將不可抗力事故稱為合同落空（Frustration of Contract），是指合同簽訂以后，不是由於雙方當事人自身的過失，而是由於發生了雙方當事人意想不到的根本情況，致使簽訂合同的目的受挫，據此未履約，當事人得以免除責任，但構成合同落空是有特定條件的。大陸法系通常將不可抗力事故稱為「情勢變遷原則」和「契約失效原則」，是指由於發生了當事人預想不到的變化，而不是由於當事人的原因，致使不可能再履行合同或對原來的法律效力需做相應的變更。

儘管在國際貿易實踐中，不同法律法規對不可抗力的確切含義在解釋上有不同之處，但其精神原則大體相同，主要包括以下幾點：

第一，意外事故必須發生在合同簽訂以后；

第二，不是合同當事人雙方自身的過失或疏忽導致的；

第三，意外事故是當事人雙方不能控制、無能為力的。

此外，對於不可抗力事件的認定必須慎重，並與正常的貿易風險嚴格區分開來。如簽約后，市場價格上漲或下跌、貨幣升值或貶值等，這對當事人來說是無法控制的，但這是國際交易中常見的現象，並不是不可預見的，不屬於不可抗力的範圍。所以，各國法律一般都允許當事人在合同中訂立不可抗力條款時自行商定不可抗力事件的範圍。

②不可抗力的法律后果

不可抗力事件的法律后果一般根據不可抗力事件對合同履行的影響程度區分為兩種情況：一是變更合同；二是解除合同。所謂變更合同是指對原訂合同的條件或內容作適當的修改，包括替代履行、減少履行或延遲履行，但還是要承擔履約的責任；解除合同則是雙方責任的徹底免除。究竟是變更合同還是解除合同取決於不可抗力對合同履行的影響程度，或者由雙方在合同中具體規定。一般而言，如果不可抗力事故的發生只是暫時的或在一定期限內阻礙合同的履行，只能暫時中止合同或延期履行合同，但不能解除有關當事人履行合同的義務，一旦事故消除后仍需履行合同。如果不可抗力的發生已經完全破壞了履行合同的根本基礎，使履行合同成為不可能，即可解除合同。

根據《公約》的規定，在因不可抗力變更合同的情況下，一方當事人享受的免責權利只對履約障礙存在時有效，一旦履行障礙消除，雙方當事人仍須繼續履行合同義務。此外，一方當事人對於上述障礙不履行合同義務的免責，只以免除損害賠償的責任為限，而不妨礙另一方行使要求損害賠償以外的任何權利。例如，賣方遭遇履行交貨義務的嚴重障礙，履行交貨已無可能，賣方未提出解除合同，買方卻不可能無期限等待賣方在消除障礙后履行義務，此時，買方可以終止合同。但如果障礙的嚴重程度和持續時間不致使合同無法履行，當事人就不得任意解除合同。

③不可抗力的通知和證明

不可抗力事件發生后，不能按規定履約的一方當事人要取得免責的權利，必須及時通知另一方，並提供必要的證明文件，而且在通知中應提出處理的意見。對此，《公約》明確規定：「不履行義務的一方，必須將障礙及其對他履行義務能力的影響通知另一方。如果該項通知在不履行義務的一方已知道，或理應知道此障礙后一段合理時間內，仍未為另一方收到，則他對由於另一方未收到通知而造成的損失，應負賠償責任。」《中華人民共和國涉外經濟合同法》也規定：「當事人一方因不可抗力事件不能履行合同的全部或部分義務的，應及時通知另一方，以減輕可能給另一方造成的損失，並應在合理期間內提供有關機構出具的證明。」在實踐中，為防止爭議，通常在不可抗力條款中明確規定具體的通知期限。不可抗力事件出具證明的機構，在中國，一般由中國國際貿易促進委員會（即中國國際商會）出具；如由對方提供，則大都由當地的商會或登記註冊的公證行出具。一方接到對方關於不可抗力事件的通知或證明文件后，無論同意與否都應及時答復，否則將被視為默認。

④合同中的不可抗力條款

合同中的不可抗力條款是買賣雙方關於不可抗力的有關內容所做的合同約定。不同的合同約定的內容可能並不相同，但通常包括以下幾方面：不可抗力事件的範圍；不可抗力事件的法律后果；出具證明文件的機構；事件發生后通知對方的期限。各國法律都承認當事人規定的不可抗力內容的有效性。

對於不可抗力事件的範圍，一般容易引起爭議，通常應當規定得具體一些，不能含糊、籠統，以防一旦發生不可抗力事件產生不同的解釋和糾紛。此外，合同應明確規定在哪些情況下可以解除合同，在哪些情況下只能變更合同。當發生不可抗力事件后，遭受事件的一方應在什麼時間通知對方，並提供哪些不可抗力事件的證明文件，也應在合同中列出。

5）仲裁

國際貿易仲裁作為解決國際貿易爭議的一種方法，由來已久，特別是近幾十年，普遍被當事人在處理國際貿易糾紛中採用，在國際貿易合同中一般都訂有仲裁條款。

仲裁（Arbitration）又稱公斷，是買賣雙方當事人在爭議發生之前或之後，達成書面協議，自願將他們協商不能解決的爭議交給雙方同意的第三者進行裁決。仲裁是依照法律和仲裁規則程序裁定爭議，因而仲裁裁決是最終裁決，具有法律約束力，當事人雙方必須執行裁決。

①仲裁的特點

在國際貿易中，解決爭議的方式很多，比如協商、調解、司法訴訟等。仲裁之所以得到廣泛應用，是因為與其他方式相比，有其顯著特點：仲裁是以雙方自願為基礎的；仲裁機構和仲裁員一般是非官方的；仲裁機構的裁決是終局的；仲裁手續簡單，處理問題迅速；有利於保護商業秘密。

②仲裁協議的作用

仲裁協議是雙方當事人表示願意把他們之間的爭議交付仲裁解決的一種書面協議，是仲裁機構或仲裁員受理爭議案件的依據。作為雙方當事人的協議，仲裁協議必須建立在自願、協商、平等互利的基礎上。仲裁協議訂得是否明確，常常關係到爭議能否及時、公正地處理。如何擬訂好仲裁協議，是當事人十分關心的問題。仲裁協議在可能的情況下應盡可能訂得詳細些，一般應包括仲裁地點、仲裁機構等內容。

仲裁協議包括兩種形式：一種是雙方在爭議產生之前訂立的，一般都包括在合同條款中，也稱為仲裁條款。另一種是由雙方當事人在爭議發生之后訂立的，稱為提交仲裁協議。此種協議既可以是雙方以正式文件形式訂立的，也可以是通過往來函電達成的協議。如為傳真，應補正本書面協議。

以上兩種仲裁協議具有同等的法律效力。

③合同中的仲裁條款

合同中的仲裁條款一般包括仲裁地點、仲裁機構、仲裁規則、仲裁裁決的效力等。

a. 仲裁地點

仲裁地點的選擇關係到仲裁所要適用的程序法和實體法。它對整個仲裁有很重要的影響。如果當事人在仲裁協議中沒有明確規定仲裁地點，支配仲裁的法律往往是仲裁地法。在簽訂仲裁協議時，當事人一般都力爭在本國進行仲裁，因為當事人熟悉本國的法律和仲裁制度，也比較信任本國的仲裁機構。當然，如果一方當事人熟悉對方國家的仲裁法律、仲裁機構，且對方一再堅持，也可在對方國家的仲裁機構仲裁。在雙方相持不下時，則可以協商到第三國或國際性的仲裁機構仲裁。

b. 仲裁機構

在國際貿易仲裁實踐中，有兩種仲裁機構可供選擇：一種是常設仲裁機構；另一種是臨時仲裁庭。常設仲裁機構通常為固定性的民間組織，其制定有自己的組織章程和仲裁規則，並設有秘書處等行政部門以提供各種服務和從事管理工作。目前，在常設仲裁機構進行仲裁是當事人普遍採用的方式。在常設仲裁機構進行的仲裁也叫機構仲裁。臨時仲裁庭是指由雙方當事人直接指定的仲裁員臨時為審理特定案件而組成的仲裁庭。臨時仲裁庭處理案件完畢便自行解散。一般只有在當事人認為無適當的常設仲裁機構受理的情況下，才採取臨時仲裁庭方式予以解決。在臨時仲裁庭進行的仲裁

也叫特別仲裁。

中國在對外貿易中，經常遇到的外國常設機構，有國際性或區域性仲裁機構，如國際商會仲裁院；國家級的仲裁機構，如倫敦仲裁院、美國仲裁協會、義大利仲裁協會等；還有附設在特定行業內的專業性仲裁機構，如倫敦穀物商業協會。

c. 仲裁規則

主要是規定進行仲裁的程序和做法，其中包括仲裁的申請、答辯、仲裁員的指定、案件的審理和仲裁裁決的效力及仲裁費用的支付等。仲裁規則的作用是為當事人和仲裁員提供一套進行仲裁的行動準則，便於在仲裁過程中遵循，是仲裁方面的程序法。

d. 仲裁裁決的效力

當事人為了明確仲裁裁決的法律效力，一般在仲裁條款中註明仲裁裁決是終局的，對雙方當事人都有約束力。任何一方均不得向法院提出上訴。

e. 仲裁費用的負擔

仲裁費用由敗訴方負擔，也有規定按裁決規定處理的。

f. 仲裁的程序

仲裁程序是指雙方當事人自發生爭議、訂立仲裁協議、提交仲裁機構、按規定仲裁至爭議裁決的過程。各國仲裁法律、仲裁庭的仲裁程序並不一致。《中國國際經濟貿易仲裁委員會仲裁規則》規定其程序大致如圖所示。

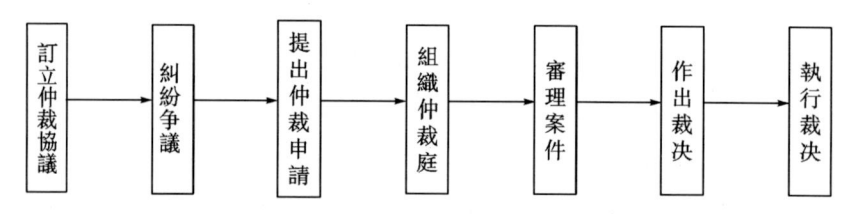

訂立仲裁協議 → 糾紛爭議 → 提出仲裁申請 → 組織仲裁庭 → 審理案件 → 作出裁決 → 執行裁決

當事人一方申請仲裁時，應向該委員會提交簽名仲裁申請書。該申請書應包括：申訴人和被訴人的名稱、地址；申訴人所依據的仲裁協議；申訴人的要求及所依據的事實和證據。申訴人向仲裁委員會提交仲裁申請書時，需預繳一定數額的仲裁費。仲裁費一般按爭議價值的 0.1%～1% 收取，最終由敗訴方承擔。如果委託代理人辦理仲裁事項或參與仲裁，應提交書面委託書。仲裁機構對申請書進行審查，以確認仲裁手續是否符合要求，所需證件是否齊備，爭議是否屬於仲裁協議範圍，該爭議是否被處理過，以及仲裁時效是否過期等。凡符合要求者，即可受理，否則不予受理。

仲裁員一般為三人，申訴人和被訴人各自在仲裁委員會仲裁員名冊中指定一名仲裁員，並由仲裁委員會主席指定第三名仲裁員為首席仲裁員，共同組成仲裁庭審理案件。雙方當事人也可在仲裁員名冊中共同指定或委託仲裁委員會主席指定一名仲裁員為獨任仲裁員，成立仲裁庭，單獨審理案件。仲裁員實行迴避制度。被指定的仲裁員如果與案件有利害關係，應當自行向仲裁委員會提出迴避申請，其決定由仲裁委員會主席作出。仲裁員因迴避或其他原因不能履行其職責時，仲裁委員會應按照原程序，重新指定仲裁員。當事人所指定的仲裁員，並不代表當事人的利益，而是按照仲裁程序，獨立公正地審理案件，當事人對仲裁員如有要求和意見，須以書面形式，通過仲裁委員會轉遞仲裁員。

仲裁庭審理案件，一般按照先調解后審理的程序進行，包括開庭、調解、收集證

據和保全措施裁定、裁決等內容。保全措施裁定又稱臨時性保護措施，是指在仲裁開始后至作出裁決前的時期內，對當事人的財產進行臨時性的強制保全措施。仲裁裁決應自仲裁庭組成之日起6個月內以書面形式作出。仲裁裁決應說明裁決所依據的理由，寫明裁決是終局的、作出裁決書的日期與地點，並由仲裁員署名等。

④仲裁執行

仲裁裁決的執行，是指當事人自動履行裁決事項或司法機關強制當事人履行裁決事項。

由於仲裁是建立在雙方當事人自願基礎上的，故一般情況下當事人承認其效力並能自動執行。如果一方當事人拒不執行仲裁裁決，另一方當事人可以向法院提出申請，請求法院強制執行。不過，各國對本國裁決和外國裁決是區別對待的。對本國裁決的承認與執行，幾乎所有國家都規定了比較簡易的程序。由於承認與執行外國裁決不但關係到雙方當事人的切身利益，有時還涉及兩個國家的國家利益，故各國多附加限制條件，如要求互惠，或外國仲裁裁決不得違背本國公共秩序等。

【項目自測】

一、選擇題

1. 英國某買方向我輕工業出口公司來電稱「擬購美加淨牙膏大號1,000羅請電告最低價格最快交貨期」。此來電屬交易磋商的（　　）環節。
   A. 發盤　　　　　　　　　　B. 詢盤
   C. 還盤　　　　　　　　　　D. 接受

2. 在（　　）情況屬於發盤的失效。
   A. 發盤有效期滿　　　　　　B. 還盤
   C. 受盤人拒絕發盤人　　　　D. 打算撤回

3. 根據中國法律，（　　）不是一項具有法律約束力的合同。
   A. 通過欺騙對方簽訂的合同
   B. 採取脅迫手段訂立的合同
   C. 我某公司與外商以口頭形式訂立的合同
   D. 走私物品的買賣合同

4. 國外某買主向我出口公司來電稱「接受你方12日發盤請降價5%」。此來電屬（　　）環節。
   A. 發盤　　　　　　　　　　B. 詢盤
   C. 還盤　　　　　　　　　　D. 接受

5. 根據《公約》的規定，合同成立的時間是（　　）。
   A. 接受生效的時間　　　　　B. 交易雙方簽訂書面合同的時間
   C. 在合同獲得國家批准時　　D. 當發盤送達受盤人時

6. 某項發盤於某月12日以前有效形式送達受盤人，但在此前的11日，發盤人以傳真通知受盤人，發盤無效，此行為屬於（　　）。
   A. 發盤的撤回　　　　　　　B. 發盤的修改
   C. 一項新發盤　　　　　　　D. 發盤的撤銷

7. 根據《公約》規定，受盤人對（　　）等內容提出添加或更改，均作為實質性

變更發盤條件。
   A. 價格 　　　　　　　　　　B. 付款
   C. 品質 　　　　　　　　　　D. 數量

8. 根據中國《合同法》的規定，除非另有約定，當事人訂立合同的形式可以採用（　　）。
   A. 口頭形式 　　　　　　　　B. 書面形式
   C. 其他形式 　　　　　　　　D. 沉默形式

9. 根據《公約》規定，發盤內容必須十分確定。所謂十分確定，指在發盤中，應包括的要素有（　　）。
   A. 貨物的名稱
   B. 貨物數量或規定數量的方法
   C. 貨物的價格或規定確定價格的方法
   D. 交貨時間和地點

10. 根據《公約》規定，在（　　）情況下發盤失效。
    A. 受盤人作出還盤
    B. 發盤人在發盤規定的有效期內撤銷原發盤
    C. 發盤有效期屆滿
    D. 發盤人被接受前，原發盤人破產

11. 根據《公約》的規定，受盤人對原發盤以下（　　）方面提出更改被視為對原發盤的實質性更改。
    A. 價格 　　　　　　　　　　B. 付款方式
    C. 品質 　　　　　　　　　　D. 交貨時間與地點
    E. 包裝

二、案例

案例1：某月20日，我方向老客戶 A 發盤「可供一級紅棗100公噸，每公噸500美元 CIF LONDON，適合海運包裝。定約后即裝船不可撤銷信用證付款，請速復電」。A 立即電復「你20日電我方接受，用麻袋包裝，內加一層塑料袋」。由於我方一時沒有麻袋，故立即回電「布包裝內加一層塑料袋」。回電後，對方未答復，我方著手備貨。問：合同是否成立？為什麼？

案例2：我方某進出口公司於3月1日就出口自行車向某英商發一要約，限其3月5日前答復，價格是 CIF 倫敦每輛45英鎊，裝運期為6月份。對方於3月2日回電，表示完全接受我方的報盤，但裝運期必須改為5月份。由於我公司沒有回電，英商於3月4日又來電表示完全接受我方3月1日的要約，我方當即電告對方貨已售出，而英商則認為合同已告成立，要求我公司履行合同。問我公司是否應該履行合同？為什麼？

三、計算題

1. 我方出口公司原報價 CFR 單價是1,000美元，現外商要求改報 CIF 價，在不影響我外匯淨收入的前提下，我方應改報多少？（按發票金額110%投保一切險和戰爭險，保險費率二者合計0.5%）

2. 在交易磋商中，我方報價10,000美元，對方要求改報3%的含傭價。請計算含傭報價。

3. 我某出口商品報價為：USD100 per set CFR C3% New York。試計算 CFR 淨價和佣金各為多少。如我方要求將佣金增加到 5%，我方同意但出口淨收入不變，試問 CFR C5% 應如何報價？

4. 原賣方報價 CFR C3% 價 1,000 美元，現買方要求按發票金額 CIF 價加兩成投保一切險（保險費率為 1%），現改報 CIF C5% 價，若賣方考慮收入不變，應如何報價？

項目五
履行合同

【學習目標】

能力目標：
1. 能辦理信用證的申請、審證、改證手續。
2. 能根據信用證和合同及時辦理出口托運、報檢、報關和投保業務。
3. 能根據信用證和合同條款繕制結匯單據，能辦理收匯操作。

知識目標：
1. 掌握出口合同各履行基本流程。
2. 認識匯付和托收，掌握信用證的一般流程和審證依據。
3. 熟悉出口備貨、托運、報關和投保業務。

【項目任務】

學習情景：2015年1月15日，山東金葉進出口有限公司的總經理李立與進口商Mr. COPPERFIELD 訂立貿易合同。主要磋商結果如下：

1. 商品：新式玩具熊，New Design Bear
2. 款式、數量、顏色：款式號 KB0677；1000 套；顏色白色

3. 價格：16.93 美元/套 CIF 紐約
4. 金額：16,930.00 美元
5. 包裝：一個紙箱裝8套，一套裝3個。
   紙箱尺寸：48cm×64cm×60cm

毛重/淨重：8.5/6kgs
正嘜：XYZ/銷售合同號/款式號/目的港名稱/箱號
側嘜：顏色/紙箱尺寸/每箱數量
6. 運輸：收到信用證后2個月內裝運；從中國上海運至美國紐約；允許轉運和不分批裝運。
7. 付款：見票后90天付款信用證，要求在2015年1月30日之前開到賣方。
8. 保險：由賣方按發票金額的110%投保中國保險條款的一切險與戰爭險，保險費率兩者相加為0.85%。
9. 單據：
（1）發票一式三份。
（2）裝箱單一式三份。
（3）全套清潔已裝船海運提單，做成空白指示抬頭，空白背書，標註運費預付，通知買方。
（4）保險單一式兩份。
（5）普惠制產地證格式A。
（6）賣方在裝運后3天內發給買方的裝運通知傳真副本，通知信用證號碼、商品名稱、數量、包裝數量、金額、船名航次和裝運日期。

雙方擬訂一份合同號碼為SDJY1101908的出口合同並訂立合同。合同條款如下：

SALES CONTRACT

NO. SDJY1101908　　　　　　　　　　　　　　DATE：January 15, 2015

THE SELLER：Shandong Jinye Import and Export Co., Ltd.
118 Lvyou Road, Jinan, China
TEL：0531-86739177　FAX：0531-86739178
THE BUYER：XYZ. CO., LTD
Add：623 West End Avenue, Unit 4-A, New York, NY 10024, USA
Tel：+ (001) 212.917560815　Fax：+ (001) 212.917560815
Email：xyzco@ hotmail. com

This contract is made by and between the buyer and seller, whereby the buyer agrees to buy and the seller agrees to sell the under-mentioned commodity according to the terms and conditions stipulated below:

DESCRIPTION OF GOODS	QUANTITY	UNIT PRICE	AMOUNT
New Design Bear Style KB0677 Color：White As per the confirmed Sample of January 5, 2015	1,000sets	CIF NEW YORK USD16. 93/set	16,930.00USD
Total	1,000sets		16,930.00USD

PACKING：to be packed in cartons of 8 set each; 3 pcs/set; Measurement：48cm×64cm×60cm. Gross/Net weight：8.5/6kgs。
MARKS：Shipping mark includes cadi, s/c no, style no, port of destination and carton no. Side mark must show the color, the size of carton and pieces per carton.
TIME OF SHIPMENT：
Within 60 days upon receipt of the L/C which accord with relevant clauses of this contract.
PORT OF LOADING AND DESTINATION：
From Shanghai, China to New York, USA, transshipment is allowed and partial shipment is prohibited.
INSURANCE：
to be covered by the seller for 110% of invoice value covering all risks as per CIC of PICC dated 01/01/1981：
TERMS OF PAYMENT：BY letter of credit at 90 days after sight, reaching valid for negotiation in China for further 15 days after the effected shipment. In case of late arrival of the l/c the seller shall not be liable for any delay in shipment and shall have the right to rescind the contract and/or claim for damages.

DOCUMENTS:
+invoice in triplicate
+packing list in triplicate
+full set of clean on board ocean bill of lading marked「freight prepaid」made out to order blank endorsed notifying the buyer
+insurance policy in duplicate
+GSP Certificate of origin FORM A.
+Shipping advice showing the name of the carrying vessel, date of shipmengt, marks, quantity, net weight and gross weight of the shipment to applicant within 3 days after the date of bill of lading.

INSPECTION:
The certificate of quality issued by the China Entry-Exit Inspection and Quarantine Bureau shall be taken as the basis of delivery.

CLAIMS:
In case discrepancy on the quality or quantity (weight) of the goods is found by the buyer, after arrival of the goods at the port of destination, the buyer may, within 30 days and 15 days respectively after arrival of the goods at the port of destination lodge with the seller a claim which should be supported by an inspection certificate issued by a public surveyor approved by the seller. The seller shall, on the merits of the claim, either make good the loss sustained by the buyer or reject their claim, it being agreed that the seller shall not be held responsible for any loss or losses due to natural cause failing within the responsibility of ship-owners of the underwriters. The seller shall reply to the buyer within 30 days after receipt of the claim.

LATE DELIVERY AND PENALTY:
In case of late delivery, the buyer shall have the right to cancel this contract, reject the goods and lodge a claim against the seller. Except for force majeure, if late delivery occurs, the seller must pay a penalty, and the buyer shall have the right to lodge a claim against the seller. The rate of penalty is charged at 0.1% for every day. The total penalty amount will not exceed 5% of the shipment value. The penalty shall be deducted by the paying bank or the buyer from the payment.

FORCE MAJEURE:
The seller shall not be held responsible if they, owing to force majeure cause or causes, fail to make delivery within the time stipulated in the contract. However, in such a case, the seller shall inform the the buyer immediately by cable and if it is requested by the buyer, the seller shall also deliver to the buyer by registered letter, a certificate attesting the existence of such a cause or causes.

ARBITRATION:
All disputes in connection with this contract or the execution thereof shall be settled amicably by negotiation. In case no settlement can be reached, the case shall then be submitted to the China International Economic Trade Arbitration Commission for settlement by arbitration in accordance with the Commission's arbitration rules. The award rendered by the commission shall be final and binding on both parties. The fees for arbitration shall be borne by the losing party unless otherwise awarded.

This contract is made in two original copies and becomes valid after signature, one copy to be held by each party.

Signed by:
THE SELLER   THE BUYER
Shandong Jinye Import   XYZ CO., LTD.
and Export Co., Ltd.   DAVID COPPERFIELD
李立

2015年1月30日收到美國XYZ. CO., LTD公司向銀行申請的信用證。

MT 700	ISSUE OF A DOCUMENTARY CREDIT
SENDER	HSBC BANK PLC, NEW YORK, BRANCH.

RECEIVER	JINAN CITY COMMERCIAL BANK, JINAN, CHINA
SEQUENCE OF TOTAL	27: 1 / 1
FORM OF DOC. CREDIT	40A: IRREVOCABLE
DOC. CREDIT NUMBER	20: HBP41221
DATE OF ISSUE	31C: 150128
APPLICABLE RULES	40E: UCP LATEST VERSION
DATE AND PLACE OF EXPIRY	31D: DATE 150406 PLACE IN USA.
APPLICANT	50: XYZ CO., LTD. 623 West End Avenue, Unit 4-A, New York, NY 10024, USA
BENEFICIARY	59: Shandong Jinye Import and Export Co., Ltd. 118 Lvyou Street, Jinan, China
AMOUNT	32B: CURRENCY USD AMOUNT 19,630.00
AVAILABLE WITH/BY	41D: ANY BANK IN CHINA, BY NEGOTIATION
DRAFTS AT...	42C: 60 DAYS AFTER SIGHT
DRAWEE	42A: HSBC BANK PLC, NEW YORK
PARTIAL SHIPMENT	43P: PROHIBITED
TRANSSHIPMENT	43T: ALLOWED
PORT OF LOADING	44E: CHINESE MAIN PORT
PORT OF DISCHARGE	44F: NEW YORK, U.S.A.
LATEST DATE OF SHIPMENT	44C: 150429
DESCRIPTION OF GOODS AND/OR SERVICES	45A: 1,000 SETS OF NEW DESIGN BEAR, COLOR: WHITE STYLE KB0677 AS PER CONFIRMED SAMPLE OF JANUARY 05, 2015 AT CIF NEW YORK
DOCUMENTS REQUIRED	+ COMMERCIAL INVOICE IN TRIPLICATE. + PACKING LIST IN TRIPLICATE. + FULL SET OF CLEAN 『ON BOARD』 OCEAN BILLS OF LADING MADE OUT TO APPLICANT BLANK ENDORSED MARKED FREIGHT PREPAID AND NOTIFY APPLICANT. +INSURANCE POLICY IN DUPLICATE FOR 130% OF INVOICE VALUE COVERING ALL RISKS AS PER CIC OF PICC DATED 01/01/1981. +GSP CERTIFICATE OF ORIGIN FORM A. + SHIPPING ADVICE SHOWING THE NAME OF THE CARRYING VESSEL, DATE OF SHIPMENT, MARKS, QUANTITY, NET WEIGHT AND GROSS WEIGHT OF THE SHIPMENT TO APPLICANT WITHIN 3 DAYS AFTER THE DATE OFBILL OF LADING.

表(續)

ADDITIONAL CONDITION	47A: + DOCUMENTS DATED PRIOR TO THE DATE OF THIS CREDIT ARE NOT ACCEPTABLE.
	+THE NUMBER AND THE DATE OF THIS CREDIT AND THE NAME OF ISSUING BANK MUST BE QUOTED ON ALL DOCUMENTS.
	+ TRANSSHIPMENT ALLOWED AT HONG KONG ONLY.
	+ SHORT FORM/CHARTER PARTY/THIRD PARTY BILL OF LADING ARE NOT ACCEPTABLE.
	+ SHIPMENT MUST BE EFFECTED BY 1×40'FULL CONTAINER LOAD. B/L TO SHOW EVIDENCE OF THIS EFFECT IS REQUIRED.
	+ ALL PRESENTATIONS CONTAINING DISCREPANCIES WILL ATTRACT A DISCREPANCY FEE OF USD60.00 PLUS TELEX COSTS OR OTHER CURRENCY EQUIVALENT. THIS CHARGE WILL BE DEDUCTED FROM THE BILL AMOUNT WHETHER OR NOT WE ELECT TO CONSULT THE APPLICANT FOR A WAIVER
PRESENTATION	71B: ALL CHARGES AND COMMISSIONS ARE FOR ACCOUNT OF BENEFICIARY INCLUDING REIMBURSING FEE.
CONFIRMATION	48: WITHIN 5 DAYS AFTER THE DATE OF SHIPMENT, BUT WITHIN THE VALIDITY OF THIS CREDIT.
INSTRUCTION	49: WITHOUT
REIMBURSING BANK	53A: HSBC BANK PLC, NEW YORK
INFORMATION TO PRESENTING BANK	78: ALL DOCUMENTS ARE TO BE REMITTED IN ONE LOT BY COURIER TO HSBC BANK PLC, NEW YORK BRANCH, PO BOX 66, HSBC BANK BUILDING 312/45 A 1 SQUARE THE WALL STREET, NEW YORK, USA.

子項目1　信用證事宜

　　學習目標：瞭解信用證的概念、特點、種類和當事人；理解審核信用證要點；掌握信用證業務的基本流程。

　　能力目標：能夠對目前常見的 MT700/701 信用證主要條款進行拆解及逐條分析；掌握審證、改證等業務操作；能夠充分使用信用證進行融資。

　　任務1　審證、改證（出口）

　　2015年1月30日業務員王芳收到濟南市商業銀行（JINAN CITY COMMERCIAL BANK）國際業務部的信用證通知函，告知美國 XYZ. CO. LTD 公司已經通過匯豐銀行紐約分行（HSBC BANK PLC, NEW YORK）開來信用證。請完成下列子任務：

　　（1）讀懂 SDJY1101908 外貿合同條款。
　　（2）讀懂 HBP41221 信用證條款。

（3）根據 SDJY1101908 外貿合同，審核 HBP41221 信用證，找出問題條款。
（4）對 HBP41221 信用證的問題條款提出修改意見。

任務 2 　信用證的使用

業務員王芳在拿到信用證以後，開始向公司生產部門下達生產任務，生產部門以此向財務部門申請材料採購，財務部門回復說公司最近業務量太大，流動資金不足，沒有足夠的資金進行原材料採購，王芳很苦惱。如果你是王芳，有什麼好辦法幫助企業進行融資呢？

【操作演示】

任務 1 　審證、改證

第一步：讀懂 SDJY1101908 外貿合同條款。

請外貿單證員拿出 SDJY1101908 外貿合同，先熟悉外貿合同各條款內容。對於一些特殊的外貿合同條款，外貿單證員要特別引起注意，如該外貿合同提到的增減條款：「More or less 5% of the quantity and the amount are allowed.」

第二步：讀懂 HBP41221 信用證條款。

外貿單證員熟悉 HBP41221 信用證條款內容，特別是信用證有效期、交單地點、交單期、裝運期、單據要求等主要條款的含義。

第三步：根據 SDJY1101908 外貿合同，審核 HBP41221 信用證，找出問題條款。

首先，對照外貿合同條款，逐條審核信用證各條款。審核之後發現如下不符的情況：

（1）信用證規定交單地點在美國，容易造成受益人遲交單，對受益人不利。

（2）信用證中受益人地址「TOURIST」錯誤，正確的是「LVYOU」。

（3）信用證中的金額「USD19,630.00」錯誤，正確的應該是「USD16,930.00」。

（4）信用證中匯票的付款期限「AT 60 DAYS AFTER SIGHT」錯誤，正確的是「AT 90 DAYS AFTER SIGHT」。

（5）信用證中裝運港為「CHINESE MAIN PORT」，與合同中的「SHANGHAI, CHINA」不一致。

（6）信用證規定只能在香港轉運，合同中並沒有明確提到。

（7）信用證中最遲裝運日期 2015 年 4 月 29 日錯誤，根據合同應該為收到信用證日期后的 60 天，因為開證日期為 2015 年 1 月 28 日，收到信用證日期是 2015 年 1 月 30 日，所以最遲裝運日期應該是 2015 年 3 月 31 日；若最遲裝運日期為 2015 年 4 月 29 日，不僅過了裝運期，也過了信用證有效期。

（8）信用證單據條款中少了質檢證書。

（9）信用證海運提單條款中提單抬頭「TO APPLICANT」對受益人非常不利，應該為「TO ORDER」。

（10）信用證交單期「WITHIN 5 DAYS AFTER THE DATE OF SHIPMENT」錯誤，根據合同，應該為「WITHIN 15 DAYS AFTER THE DATE OF SHIPMENT」。

（11）根據以上關於最遲裝運日期和交單期的錯誤，信用證有效期也隨之錯誤，正

確的應該為 2015 年 4 月 15 日。

（12）信用證費用條款「ALL CHARGES AND COMMISSIONS ARE FOR ACCOUNT OF BENEFICIARY INCLUDING REIMBURSING FEE.」不合理。因為開證行費用包括償付費用，理應由開證申請人承擔。

（13）信用證保險單據條款中投保金額比例「130% INVOICE VALUE」錯誤，正確的是「110%INVOICE VALUE」。

其次，核對外貿合同，有無信用證漏開的外貿合同條款。通過仔細核對，信用證漏開了一個重要的外貿合同條款：「MORE OR LESS 5% OF QUANTITY OF GOODS AND CREDIT AMOUNT IS ALLOWED.」這對於受益人來講，非常不利，大大限制了操作的彈性。

第四步：對 FFF07699 信用證的問題條款提出修改意見。

外貿單證員遵循「利己不損人」原則，對於以上審核出來的問題條款，分別按 5 種常見的處理原則處理如下：

（1）對我方有利，又不影響對方利益，一般不改。

問題條款 1.「信用證中裝運港為『CHINESE MAIN PORT』，與合同中的『SHANGHAI, CHINA』不一致。」信用證的裝運港是中國主要港口，包括上海港，增加了受益人可選擇的範圍，對我方有利，又不影響對方的利益。

問題條款 2. 信用證中匯票的付款期限「AT 60 DAYS AFTER SIGHT」錯誤，正確的是「AT 90 DAYS AFTER SIGHT」；90 天長於 60 天，如果進口商願意提早付款，作為出口商當然十分歡迎，所以此項可以不改。

（2）對我方有利，但會嚴重影響對方利益，一定要改。

問題條款：信用證中的金額「USD19,630.00」錯誤，正確的應該是「USD 16,930.00」；若不改，我方會增加 2,700 美元收入，對方就會遭受 2,700 美元的損失。作為一名合格的外貿單證員，一定要有誠信的品質，千萬不要做「貪小便宜吃大虧」的事。

（3）對我方不利，但是在不增加或基本不增加成本的情況下可以完成，可以不改。

問題條款：「信用證規定只能在香港轉運，合同中並沒有明確提到。」儘管我方在選擇運輸路線上缺少彈性，但不影響正常的托運操作，也基本不影響運費，因此可以不改。

（4）對我方不利，但要在增加較大成本的情況下可以完成，若對方願意承擔成本，則不改；否則，要改。

問題條款：信用證保險單據條款中投保金額比例「130% INVOICE VALUE」錯誤，正確的是「110% INVOICE VALUE」。

（5）對我方不利，若不改會嚴重影響安全收匯，則堅決要改。

問題條款：信用證交單期「WITHIN 5 DAYS AFTER THE DATE OF SHIPMENT」錯誤，根據合同，應該為「WITHIN 15 DAYS AFTER THE DATE OF SHIPMENT」；這種問題會嚴重影響我方交單工作的安排與進行，一定要改。

任務 2　信用證的使用

出口業務中遇到資金週轉困難，這是外貿企業常常面臨的問題，要解決這個問題

的方法有很多，鑒於公司的這種情況，如果我是王芳，我會去銀行申請打包放款業務。

第一步：按照中國銀行的要求，檢查自身具備的條件：

①申請企業要擁有出口業務經營權；

②要經銀行信用等級評估委員會核定基本授信限額；

③申請企業要擁有真實貿易基礎、製單能力強、對外履約信譽好，能按期、按質、按量完成生產（收購）和出口交貨計劃；

④以申請打包放款的信用證項下單據條款為物權單據，由放款銀行代理行或放款銀行能核到印押的銀行開出，開證行必須資信可靠，所在地政局穩定，無金融危機，信用證無限制他行議付和對我行不利的條款，索匯有保障；

⑤如果要獲得足額貸款，必須有變現能力強的抵（質）押物或具有實力的企業保證；

⑥申請企業和保證人沒有不良信用記錄。

第二步：計算打包放款金額、放款期限和利息：

（1）打包放款的金額

一般根據信用證金額和打包折扣來確定，計算公式為：

實際打包放款金額＝信用證金額×打包折扣

其中打包折扣，視銀行根據自己的習慣和內部規定及出口企業（受益人）的情況而定，在其他條件不變的情況下，出口企業的信譽越好，折扣越高，獲得的打包金額越大，一般銀行的打包折扣為70%~90%。例如，一出口信用證的金額為100萬美元，則銀行可以給予出口企業的打包放款金額為70萬~90萬美元。

（2）打包放款期限

打包期限的計算方法為：辦理打包放款日至信用證最遲裝運日的天數加30天。如果王芳在2015年1月31日要求打包放款，信用證的最遲裝運日為2015年3月31日，則打包的天數為1月31日~3月31日的天數即59天加30天，也就是89天，打包放款期限也就是2015年1月31日~2015年4月30日。一般不超過一年。

（3）打包放款的利息

銀行辦理打包放款通常不收手續費，僅僅收取利息，利息計算公式為：

打包放款利息＝實際打包放款金額×打包放款年利率×打包天數÷360

＝13,544×5.6%×89÷360

＝187.51（元）

（實際打包放款金額為合同金額的80%，打包放款年利率按一年期貸款利率計算）

第三步：申請時提供以下文件、資料：

（1）打包放款申請書；

（2）開證行開立的有效信用證正本；

（3）與信用證項下對應的貿易合同；

（4）出口批文或許可證（非專控商品除外）；

（5）申請人及保證人近期財務報表及經審計的上年度財務報告；

（6）用房地產抵押的應提供房地產所有權證書正本及銀行認可的物業評估報告。

第四步：銀行審查通過，與銀行簽訂貸款合同，銀行發放貸款，企業按合同約定使用貸款。

【擴展訓練】

實訓地點：國際貿易綜合實訓室

實訓課時：4 課時

實訓任務：掌握進口信用證開立的步驟及信用證申請書的填製方法；掌握有效融資的方法與步驟。

學習情景：2011 年 5 月 5 日，山東金葉進出口有限公司外貿業務員王芳通過與 Cadi GmbH & Co., KG 經理 Dirk Nowitzki 的反覆磋商，就款式號 F125，2,000 件以 12.50 美元/件 FOB 漢堡成交，並就其他條款達成了一致的協議，主要磋商結果如下：

1. 商品：女式夾克，面料：全棉，裡料：搖粒絨
2. 數量：款式號 F123，2,000 件；款式號 F125，2,000 件
   F123 顏色和尺碼明細： 單位：件

顏色 \ 尺寸	S	M	L	XL	合計
白色	80	400	400	80	960
黑色	80	400	480	80	1040
合計	160	800	880	160	2000

3. 價格：12.50 美元/件 FOB 漢堡
4. 金額：50,000.00 美元
5. 包裝：16 件裝 1 個進口標準紙箱，同箱衣服齊色起碼。
   正嘜：Cadi/銷售合同號/款式號/目的港名稱/箱號
   側嘜：顏色/紙箱尺寸/每箱數量
6. 運輸：收到信用證后 2 個月內裝運；從德國漢堡運至中國上海；允許轉運和不分批裝運。
7. 付款：見票后 90 天付款信用證，要求在 2011 年 5 月 20 日之前開到賣方。
8. 保險：由賣方按發票金額的 110% 投保中國保險條款的一切險。
9. 單據：
(1) 發票一式三份；
(2) 裝箱單一式三份；
(3) 全套清潔已裝船海運提單，做成空白指示抬頭，空白背書，標註運費預付，通知買方；
(4) 保險單一式兩份；
(5) 普惠制產地證格式 A。
(6) 賣方在裝運后 3 天內發給買方的裝運通知傳真副本，通知信用證號碼、商品名稱、數量、包裝數量、金額、船名航次和裝運日期。

任務 1：根據上述資料，到中國銀行申請開立信用證。

IRREVOCABLE DOCUMENTARY CREDIT APPLICATION

To：BANK OF CHINA　　　　　　　　　　　　　　　　Date：MAY 06, 2011

Beneficiary (full name and address)	L/C No. Ex Card No. Contract No.
Applicant (full name and address)	Date and place of expiry of the credit
	Advising bank　　　　　　　　　ref. no

表(續)

Partial shipments ☐allowed ☐not allowed	Transshipment ☐allowed ☐not allowed	☐Issue by airmail　　With brief advice by tele-transmission ☐Issue by express delivery ☐Issue by teletransmission（which shall be the operative instrument）
Loading on board/dispatch taking in change at/from not later than for transportation to		Amount（both in figures and words）
Description of goods		Credit available with ☐by sight payment　☐by acceptance　☐by negotiation ☐by deferred payment at ☐against the documents detailed herein and beneficiary's draft for 100% of the invoice value at on
Packing：		☐FOB　☐CFR　☐CIF or other terms

Documents required：（marks with X）
1. (　　) Signed Commercial Invoice in copies indicating L/C No. and Contract No.
2. (　　) Full set of clean on board ocean Bills of Lading made out to and blank endorsed, marked「freight [　　] to collect/ [　　] prepaid [　　] showing freight amount」notifying
3. (　　) Air Waybills showing「freight [　　] to collect/ [　　] prepaid [　　] including freight amount」and consigned to
4. (　　) Memorandum issued by consigned to
5. (　　) Insurance Policy/Certificate in copies for　% of the invoice value showing claims payable in China in currency of the draft, blank endorsed, covering ([　　] Ocean Marine Transportation / [　　] Air Transportation / [　　] Over Land Transportation) All Risks, War Risks.
6. (　　) Parking List / Weight Memo in copies issued by the quantity / gross and the weights of each packing and packing condition as called by the L/C.
7. (　　) Certificate of Quantity / Weight in copies issued by an independent surveyor at loading port, indicating the actual surveyed quantity / weight of shipped goods as well as the packing condition.
8. (　　) Certificate of Quantity in copies issued by [　　] manufacturer / [　　] public recognized surveyor / [　　].
9. (　　) Beneficiary's certified copy of cable dispatched to the accountees within 12 hours after shipment advising [　　] name of vessel / [　　] flight No. / [　　] wagon No., date quantity, weight and value of shipment.
10. (　　) Beneficiary's Certifying that extra copies of the documents have been dispatched according to the contract terms.
11. (　　) Shipping Co's Certificate attesting that the carrying vessel is chartered or booked by accountee or their shipping agents.
12. (　　) Other documents, if any.
Additional instructions：
1. (　　) All banking charges outside the opening bank are for beneficiary's account.
2. (　　) Documents must be presented within 15 days after the date of issuance of the transport documents but with the validity of this credit.
3. (　　) Third party as shipper is not acceptable. Short Form / Blank Back B/L is not acceptable.
4. (　　) Both quantity and amount　% more or less are allowed.
5. (　　) Prepaid freight drawn in excess of L/C amount is acceptable against presentation of original charges voucher issued by shipping Co. / Air Line / or its agent.
6. (　　) All documents to be forwarded in one cover, unless otherwise stated above.
7. (　　) Other terms, if any.

Account No.：	with ＿＿＿（name of bank）＿＿＿ Transacted by：	（Applicant：name, signature of authorized person）
Telephone No.：		（with seal）

第一步：遞交有關合同的副本及附件

王芳應向中國銀行山東分行遞交進口合同的副本以及所需附件，例如進口許可證、進口配額證、某些部門審批文件等。

第二步：填寫開證申請書

銀行審查合同及附件后，王芳填寫銀行統一規定的開證申請書，填寫一式三份：一份留業務部門；一份留財務部門；一份交銀行。

進口信用證申請書的填製步驟：

（1）開證日期（DATE），在進口申請書右上角填寫申請日期。

（2）致：中國銀行（TO：BANK OF CHINA）。

（3）信用證號碼（L/C NUMBER），此欄由銀行填寫。

（4）申請人（APPLICANT），填寫開證人的全稱及詳細地址，並註明聯繫電話、電傳等。

（5）受益人（BENEFICIARY），填寫受益人的全稱及詳細地址，並註明聯繫電話、電傳等。

（6）通知行（ADVISING BANK），由開證行填寫。

（7）信用證金額（AMOUNT），填寫合同規定的總值，分別用數字和文字兩種形式表示，並且標明幣制；如果允許有一定比率的上下浮動，要在信用證中明確表示出來。

（8）到期日期和地點（EXPIRY DATE AND PLACE），填寫信用證的有效期及到期地點。

（9）分批裝運是否允許（PARTIAL SHIPMENT），此處可打「√」或打「×」，表示同意與否。

（10）轉運是否允許（TRANSHIPMENT），此處可打「√」或打「×」，表示同意與否。

（11）裝運地（港）及目的地（港）的名稱，最遲裝運日期（LOADING IN CHARGES，FOR TRANSPORT TO、LATEST DATE OF SHIPMENT），如允許有轉運地港，也應列明。

（12）匯票要求：主要有三個方面的內容：

①匯票金額，根據合同規定填寫信用證項下應支付發票金額的百分之幾。如合同規定所有貨款都用信用證支付，則應填寫信用證項下匯票金額是發票金額的100%；如合同規定該筆貨款由信用證和托收兩種方式各付50%，則應填寫信用證項下匯票金額是全部金額的50%。

②「at」后面填寫匯票的付款期限，主要有即期、遠期，如果是遠期匯票，必須填寫具體的天數，如30天或60天等。

③「on」后面填寫匯票項下的付款人，付款人一般不是開證人，而是開證行或者指定銀行。

（13）單據條款：信用證申請書中已印就單據條款12條，第12條是「其他單據」，對上述11條中沒有的單據可全部填寫在該處以下。填製單據時應注意：

①在所要的單據前打「X」。

②然后在該單據條款后填上具體要求，如一式幾份，應包括什麼內容等。如信用證申請書印製好的要求不完整，可在該條款后面填寫清楚。

③申請人必須根據合同規定填寫單據條款，不能隨意提出超出合同規定的要求，也不能降低或減少合同規定的要求。

（14）商品描述（COVERING），合同規定的貨物描述有，商品名稱、規格、包裝、單價條款、嘜頭等。所有內容都必須與合同內容相一致，尤其是價格條款、數量條款。包裝條款如有特殊要求，如規格、包裝物等，應具體、明確表示清楚。

（15）附加指示（ADDITIONAL INSTRUCTIONS），此欄已印就5個條款：

①所有單據加列合同號碼（ALL DOCUMENTS MUST INDICATE CONTRACT NUMBER）；

②所有開證行以外的費用由受益人承擔（ALL BANKING CHARGES OUTSIDE THE OPENING BANK ARE FOR BENEFICIARY'S ACCOUNT）。

③每項數量與金額允許 ％增減（BOTH QUANTITY AND AMOUNT FOR EACH ITEM ％ MORE OR LESS ALLOWED）。

④第三方作為托運人是不能接受的（THIRD PARTY AS SHIPPER IS NOT ACCEPTABL）

⑤單據必須在提單后（　）天送達銀行並且在信用證有效期內（DOCUMENTS MUST BE PRESENTED WITHIN（　）DAYS AFTER THE DATE OF ISSUANCE OF THE TRANSPORT DOCUMENTS BUT WITHIN THE VALIDITY OF THIS CREDIT）。

已印就好的上述條款，如需要，可在條款前的括號裡打「X」，或在該項條款后作補充內容。

（16）授權人簽字（法定代表人）及電話、傳真等內容（SIGNATURE OF AUTHORISED PERSON, TEL NO., FAX）。申請書最下面的一欄由有關授權人簽字，並加註電話和傳真號碼。

第三步：繳納保證金

王芳在填製完開證申請書后，應向銀行繳付一定比例的保證金，其金額為信用證金額的10％，交付完畢，銀行開證。

任務2：去銀行諮詢進口商可以使用的融資方式。

進口貿易融資是銀行圍繞進口貿易結算的不同環節為進口商提供信用和資金融通的方式。進口商通過貿易融資在進口貿易中得到銀行提供的信用和資金方面的支持，增加了其自身的資金運籌能力，提高貿易的成交率，增加了商品在市場上的競爭力。

進口貿易項下可獲得的各種融資手段主要包括：進口授信開證、進口押匯和信託收據、信用證代付、提貨擔保、匯出匯款項下融資業務。

子項目2　出口合同履行

【學習目標】

知識目標：熟悉履行出口合同的流程，尤其掌握出口托運、出口報檢、出口貨物投保、出口貨物報關等環節；熟悉並掌握托運單、報檢單、報關單等單據的繕制要點。

能力目標：能根據已經簽署的出口合同，以出口商角色在CIF貿易術語下辦理出

口托運、出口報檢、出口貨物的投保、出口貨物報關等操作，能熟練、正確地填製托運單、報檢單和報關單。

【項目任務】

學習情景：2015 年 1 月 15 日，山東金葉進出口有限公司的總經理李立與進口商 Mr. COPPERFIELD 訂立貿易合同。

任務 1　辦理出口托運

在信用證（見票后 90 天付款信用證，信用證日期為 2015 年 1 月 28 日）結算方式、CIF 貿易術語下，出口方山東金葉進出口有限公司的業務員王芳根據貿易合同的條款，在收到買方開來的信用證后，辦理出口托運。

任務 2　辦理出口報檢

山東金葉進出口有限公司的出口貨物是異地出關，因此其業務員王芳需要最遲在貨物出關或裝運前七天（最遲裝運期為 2015 年 3 月 31 日）辦理異地出口報檢，取得出口貨物報檢單，以免延誤報關或裝運。

任務 3　辦理出口貨物的投保

山東金葉進出口有限公司的業務員王芳需要根據合同條款，選擇保險公司，確定險種，計算保費，辦理出口貨物的投保。

任務 4　辦理出口報關

山東金葉進出口有限公司的出口貨物需要辦理出口報關，報關員要備齊海關所需單證向海關申報，方可順利通關出口。

【操作演示】

任務 1　辦理出口托運

在信用證（見票后 90 天付款信用證，信用證日期為 2015 年 1 月 28 日）結算方式、CIF 貿易術語下，山東金葉進出口有限公司選擇找貨代辦理出口托運。運輸方式為海運。

（1）業務員王芳攜帶發票、裝箱單、訂艙委託書前往金發貨運代理公司，委託貨代代辦托運。

（2）金發貨代公司前往船公司（中外運總公司）填製貨物「托運單」。

（3）船公司答應接單后簽發給貨代「配艙回單」和「裝貨單（shipping order, S/O）」等有關訂艙信息的單據。

（4）貨代將這些單據交給托運人金葉進出口有限公司的業務員王芳，出口托運手續辦妥。

任務 2　辦理出口報檢

出口托運辦妥后，貨物裝船前，需要辦理出口報檢。由於該出口貨物是異地報關

（濟南的貨物經上海港出口到紐約），涉及的出口報檢環節稍稍複雜了些。

報檢人山東金葉進出口有限公司派遣業務員王芳辦理出口報檢。

（1）王芳攜帶合同、發票、裝箱單等單據最遲於報關或裝運前七天（最遲裝運期為 2015 年 3 月 31 日）到產地口岸即濟南出入境檢驗檢疫局填寫「出境貨物報檢單」，出口貨物經檢驗合格由產地口岸濟南出入境檢驗檢疫局出具「出境貨物換證憑單」。

（2）王芳到報關地口岸上海出入境檢驗局將憑單換成「出境貨物通關單」，出口報檢手續辦妥。

隨附：王芳填製的「出境貨物報檢單」如下：

中華人民共和國出入境檢驗檢疫 出境貨物報檢單					
報檢單位（加蓋公章）：山東金葉進出口有限公司（加蓋公章）				*編　號	
報檢單位登記號：163000068（金葉公司）	聯繫人：王芳		電話：13553118908	報檢日期：	2015 年 4 月 20 日
發貨人	（中文）山東金葉進出口有限公司				
^	（外文）Jin Ye Import and Export Co., Ltd.				
收貨人	（中文）XYZ 有限公司				
^	（外文）XYZ. CO., LTD				
貨物名稱（中/外文）	H. S. 編碼	產地	數/重量	貨物總值	包裝種類及數量
新式玩具熊 New Design Bear	HS CODE 9503002100	濟南	1,000 套	16,930.00 美元	3 pics/set；8 sets/ctn
運輸工具名稱號碼	海運		貿易方式 一般貿易	貨物存放地點	濟南旅遊路 118 號
合同號	SDJY1101908		信用證號	HS CODE 9503002100	用途 其他
發貨日期	2015.4.17（出境）		輸往國家（地區）美國	許可證/審批號	/
啓運地	上海		到達口岸 紐約	生產單位註冊號	/
集裝箱規格、數量及號碼	集裝箱規格及數量根據貨物的體積判斷 集裝箱的號碼根據辦理托運手續時裝貨單裡的信息填製				

表(續)

合同、信用證訂立的檢驗檢疫條款或特殊要求	標記及號碼	隨附單據（劃「✍」或補填）	
按照合同要求檢驗	XYZ（收貨人簡稱） SDJY1101908（合同號） New York（到達口岸） C/No. 1-125（項號）	□合同✍ □信用證 □發票✍ □換證憑單 □裝箱單✍ □廠檢單	□包裝性能結果單 □許可/審批文件 □ □ □ □

需要證單名稱（劃「✍」或補填）				*檢驗檢疫費	
□品質證書 □重量證書 □數量證書✍ □獸醫衛生證書 □健康證書 □衛生證書 □動物衛生證書	__正__副 __正__副 1正2副 __正__副 __正__副 __正__副 __正__副	□植物檢疫證書 □熏蒸/消毒證書 □出境貨物換證憑單 □ □ □ □	__正__副 __正__副 1正2副	總金額（人民幣元）	
^	^	^	^	計費人	
^	^	^	^	收費人	

報檢人鄭重聲明： 1. 本人被授權報檢。 2. 上列填寫內容正確屬實，貨物無偽造或冒用他人的廠名、標誌、認證標誌，並承擔貨物質量責任。 簽名：王芳（手簽）	領取證單	
^	日期	
^	簽名	

註：有「*」號欄由出入境檢驗檢疫機關填寫　　　　◆國家出入境檢驗檢疫局制

任務3　辦理出口貨物投保

山東金葉進出口有限公司選擇人民保險公司投保，業務員王芳在人保業務員的指導下，填寫投保單中的相關項目，包括：發票號碼、合同號碼、信用證號碼、標記、包裝及數量、保險貨物項目、保險金額（按發票金額加成110%）、裝載運輸工具、起運日期、賠款償付地點、運輸路線、轉載地點、投保險別等，投保人簽名蓋章並寫明投保人申請保險單正本份數、保險單或是保險憑證及投保日期。然后由業務經辦人及核保員審核；經審核同意后，人保公司簽發保險單，投保人繳納保險費。

根據學習情景中提供的合同等資料，繕制投保單如下：

中國人民保險公司濟南市分公司
The People's Insurance (Property) Company of China, Jinan Branch
進出口貨物運輸保險投保單
Application Form I/E Marine Cargo Insurance

被保險人：XYZ CO., LTD.
623 West End Avenue, Unit4-A, New York, NY 10024, USA
TEL：+（011）212,917560815
FAX：+（011）212,917560815
Assured's Name

發票號碼（出口用）或 合同號碼（進口用） Invoice No. or Contract No.	包裝數量 Quantity	保險貨物項目 Description of Goods	保險金額 Amount Insured
SDJY1101908	1000sets	New Design Bear	USD970.4

裝載運輸工具_____ 航次、航班或車號_____ 開航日期_____
Per Conveyance　　　　 Voy. No.　　　　 Slg. Date
自 SHANGHAI 至 NEWYORK 轉運地_____ 賠款地 NAPLES
From　　　　　To　　　　 W/Tat　　　　 Claim Payable at

承保險別：FOR 110% OF THE INVOICE VALUE COVERING ALL RISKS AS PER Condition & / or PICC DATE 1/1/1981
Special Coverage

投保人簽章及公司名稱、電話、地址：
Applicant's Signature and Co.'s Name, Add. and Tel. No.
Shandong Jinye Import & Export CO., Ltd.
118 Lvyou Street, Jinan, China
Tel: 0531-86739171

備註：　　　　　　投保日期：2015.02.07
　Remarks　　　　　　Date

保險公司填寫：　　保單號：　　費率：　　核保人：

任務4　辦理出口貨物報關

　　根據海關法的規定，出口貨物的發貨人除海關特準外，應當在裝貨的24小時前向海關申報。因此山東金葉進出口有限公司的報關員要在貨物運抵海關監管區后，裝貨的24小時之前，備齊海關所需單證向海關申報。必備單證包括：清單、發票、合同、核銷單、報關委託書、船公司裝貨單等單證各一份。

　　根據學習情景中提供的合同等資料，繕制出境貨物報關單如下：

中華人民共和國海關出口貨物報關單

預錄入編號：　　　　　　海關編號：

出口口岸 大連海關	備案號	出口日期 2015.04.17	申報日期 2015.04.15	
經營單位 山東金葉進出口有限公司（海關註冊編碼）	運輸方式 江海運輸	運輸工具名稱	提運單號	
發貨單位 山東金葉進出口有限公司的單位編碼	貿易方式 一般貿易（0110）	徵免性質 一般徵稅	結匯方式 L/C	
許可證號	運抵國（地區） 美國	指定港 紐約	境內貨源地 濟南	
批准文號	成交方式 CIF	運費 142/6, 130.5/3	保費 142/970.4/3	雜費
合同協議號 SDJY1101908	件數 1,000	包裝種類 紙箱	毛重（千克） 8.5	淨重（千克） 6.0
集裝箱號	隨附單據		生產廠家 山東金葉進出口有限公司	
標記嘜碼及備註　XYZ（收貨人簡稱） SDJY1101908（合同號） New York（到達口岸） C/No. 1-125（項號）				

項號	商品編號	商品名稱、規格型號	數量及單位	原產國（地區）	單價	總價	幣制	徵免
01	9503002100	新式玩具熊	1000套	中國	16.93	1,693.00	502	一般徵稅

稅費徵收情況

錄入員　錄入單位	茲聲明以上申報無訛並承擔法律責任	海關審批註及放行日期（簽章） 審單　　　　審價	
報關員 單位地址 郵編　　電話	申報單位（簽章） 填製日期	徵稅 查驗	統計 放行

【擴展訓練】

　　實訓地點：國際貿易綜合實訓室
　　實訓課時：4課時
　　實訓任務：正確繕製出境貨物報檢單；正確繕製進口貨物報關單。
　　學習情景：2011年5月5日，山東金葉進出口有限公司外貿業務員王芳通過與Cadi GmbH & Co. KG經理Dirk Nowitzki反覆磋商，就款式號F123, 2,000件；款式號F125, 2,000件以12.50美元/件FOB漢堡成交，並就其他條款達成了一致協議，主要磋商結果如下：

1. 商品：女式夾克；面料：全棉；裡料：搖粒絨
2. 數量：款式號 F123，2,000 件；款式號 F125，2,000 件

F123 顏色和尺碼明細： 單位：件

顏色＼尺寸	S	M	L	XL	合計
白色	80	400	400	80	960
黑色	80	400	480	80	1,040
合計	160	800	880	160	2,000

款式號 F125 顏色和尺寸明細： 單位：件

顏色＼尺寸	S	M	L	XL	合計
白色	80	400	400	80	960
黑色	80	400	480	80	1,040
合計	160	800	880	160	2,000

3. 價格：12.50 美元/件 FOB 漢堡
4. 金額：50,000.00 美元
5. 包裝：16 件裝 1 個出口標準紙箱，同箱衣服齊色起碼。
   正嘜：Cadi/銷售合同號/款式號/目的港名稱/箱號
   側嘜：顏色/紙箱尺寸/每箱數量
6. 運輸：收到信用證后 2 個月內裝運；從德國漢堡運至中國上海；允許轉運和不分批裝運
7. 付款：見票后 90 天付款信用證，要求在 2011 年 5 月 20 日之前開到賣方。
8. 保險：由賣方按發票金額的 110%投保中國保險條款的一切險。
9. 單據：
（1）發票一式三份；
（2）裝箱單一式三份；
（3）全套清潔已裝船海運提單，做成空白指示抬頭，空白背書，標註運費預付，通知買方；
（4）保險單一式兩份；
（5）普惠制產地證格式 A；
（6）賣方在裝運后 3 天內發給買方的裝運通知傳真副本，通知信用證號碼、商品名稱、數量、包裝數量、金額、船名航次和裝運日期。

任務 1　辦理入境貨物報檢

請根據所提供的任務情景，以進口報檢單位山東金葉有限公司的報檢人王芳的身分，辦理入境貨物的報檢手續。

步驟一：仔細閱讀銷售合同和信用證，獲取如下重要信息：
①信用證最遲開證日為 2011 年 5 月 20 日，有效期為 90 天。
②從德國漢堡經上海入境運至濟南。
③價格術語為：USD12.5 Per Piece FOB Hamburg。
④仔細閱讀賣方在裝運后 3 天內發出的裝運通知，從中獲知信用證號碼、商品名稱、數量、包裝數量、金額、船名航次和裝運日期等重要信息。

步驟二：準備好入境報檢所需的單證。

準備好外貿合同、發票、提（運）單、裝箱單等有關單證。

步驟三：請結合本任務情景具體入境流向報檢的過程

①因貨物通關地為上海，目的地為濟南，所以需要辦理進境流向報檢（即口岸清關轉異地進行檢驗檢疫的報檢）。

②進境流向報檢具體為：在卸貨口岸向口岸檢驗檢疫機構報檢，獲取入境貨物通關單並在通關後由入境口岸檢驗檢疫機構進行必要的檢疫處理，貨物調往目的地後再由目的地檢驗檢疫機構進行檢驗檢疫監管。

步驟四：填寫入境貨物報檢單。

任務2 正確繕制進口貨物報關單

參照學習情景填製報關單：

中華人民共和國海關進口貨物報關單

預錄入編號：　　　　　海關編號：

進口口岸 上海海關	備案號		進口日期 2011.06.22		申報日期 2011.06.23	
經營單位編碼 山東金葉進出口有限公司	運輸方式 江海運輸		運輸工具名稱		提運單號	
收貨單位編碼	貿易方式 一般貿易（0110）		徵免性質 一般徵稅		徵稅比例	
許可證號	起運國（地區） 德國		裝貨港 漢堡		境內目的地 上海	
批准文號	成交方式 FOB		運費	保費	雜費	
合同協議號	件數 4,000		包裝種類 紙箱	毛重（千克）	淨重（千克）	
集裝箱號		隨附單據			用途	
標記嘜碼及備註　山東金葉進出口有限公司(收貨人簡稱)　　　　　　　　　　　(合同號)　　　　　　　　上海　　　　　　　(到達口岸)　　　　　　　　C/No. 1-125　　　　(項號)						
商品編號	商品名稱、規格型號	數量及單位	原產國（地區）	單價	總價	幣制	徵免
01	女士夾克F123	2000套	德國	12.5	25,000.00	502	一般徵稅
01	女士夾克F125	2,000套	德國	12.5	25,000.00	502	一般徵稅

稅費徵收情況

表(續)

錄入員　錄入單位	茲聲明以上申報無訛並承擔法律責任	海關審批註及放行日期（簽章）		
		審單		審價
報關員 單位地址 郵編 電話	申報單位（簽章） 填製日期	徵稅		統計
		查驗		放行

【相關知識連結】

5.1　出口貿易履行程序

「重合同、守信用」是中國對外經濟活動的重要原則，也是外貿工作人員的基本職業素質。中國出口業務多採用海運方式，以 CIF 或 CFR 條件成交，用信用證支付。這類出口合同的履行程序包括貨（備貨）、證（催證、審證、改證）、船（托運、報關、投保、報驗）、款（製單結匯）等環節，各環節之間又存在著密切的聯繫。

5.1.1　備貨、報驗

1. 備貨

備貨工作是指賣方根據出口合同的規定，按時、按質、按量地準備好應交的貨物，並做好申請報驗和領證工作。

備貨是指進出口公司根據合同和信用證規定，向生產加工及倉儲部門下達聯繫單（有些公司稱其為加工通知單或信用證分析單等），要求有關部門按聯繫單的要求，對應交的貨物進行清點、加工整理、刷制運輸標誌以及辦理申報檢驗和領證等項工作。聯繫單是各個部門進行備貨、出運、製單結匯的共同依據，在備貨工作中，應注意以下幾個問題：

（1）貨物的品質、規格

應按合同的要求核實，必要時應進行加工整理，以保證貨物的品質、規格與合同規定一致。

（2）貨物的數量

應保證滿足合同或信用證對數量的要求，備貨的數量應適當留有餘地，備作裝運時可能發生的調換和適應艙容之用。

（3）貨物的包裝和嘜頭（運輸標誌）

應進行認真檢查和核實，使之符合信用證的規定，並符合保護商品和適應運輸的要求，如發現包裝不良或破壞，應及時進行修整或換裝。運輸標誌應按合同規定的式樣刷制。

（4）備貨時間

應根據信用證規定，做好船期安排，以利於船貨銜接。

凡屬國家規定，或合同規定必須經中國進出口商品檢驗局檢驗出證的商品，在貨物備齊後，應向商品檢驗局申請檢驗，只有取得商檢局發給的合格檢驗證書，海關才準放行。凡經檢驗不合格的貨物，一律不得出口。

2. 報驗

申請報驗的手續是，凡需要法定檢驗出口的貨物，應填製出口報驗申請單，向商

檢局辦理申請報驗手續。出口報驗申請單的內容一般包括：品名、規格、數量（或重量）、包裝、產地等項。如需有外文譯文時，應注意中、外文內容一致。在提交申請單時，還應附上合同和信用證副本等有關憑據，供商檢局檢驗和頒發證明參考。

申請報驗后，如出口公司發現申請單內容填寫有誤，或因國外進口人修改信用證以致貨物規格有變動時，應提出更改申請，並填寫更改申請單，說明更改事項和更改原因。

貨物經檢驗合格，即由商檢局發給檢驗證書，進出口公司應在檢驗證書規定的有效期內將貨物出運。如超過有效期裝運出口，應向商檢局申請展期，並由商檢局進行復驗合格后才能出口。

5.1.2 催證、審證和改證

在履行信用證付款的合同時，對信用證的掌握、管理和使用，直接關係到中國對外政策的貫徹和收匯的安全。信用證的掌握、管理和使用，主要包括催證、審證和改證等項內容，這也是履行合同的一項重要工作。

1. 催證

在出口合同中，買賣雙方如約定採用信用證方式付款，買方則應嚴格按照合同的規定按時開立信用證。如合同中對買方開證時間未做規定，買方應在合理時間內開出，因買方按時開證是賣方履約的前提。但在實際業務中，有時國外進口商在遇到市場發生變化或資金發生短缺的情況時，往往會拖延開證。對此，我們應催促對方迅速辦理開證手續。特別是大宗商品交易或按買方要求而特製的商品交易，更應結合備貨情況及時進行催證。必要時，也可請我駐外機構或有關銀行協助代為催證。

2. 審證

信用證是依據合同開立的，信用證內容應該是與合同條款一致的。但在實踐中，由於種種因素，如工作的疏忽、電文傳遞的錯誤、貿易習慣的不同、市場行情的變化或進口商有意利用開證的主動權加列對其有利的條款等，往往會出現開立的信用證條款與合同規定不符的情況。為確保收匯安全和合同順利執行，防止導致經濟上和政治上對我不應有的損失，我們應該在國家對外政策的指導下，對不同國家、不同地區以及不同銀行的來證，依據合同進行認真的核對與審查。

在實際業務中，銀行和進出口公司共同承擔審證任務。其中，銀行著重審核開證行的政治背景、資信能力、付款責任和索匯路線等方面的內容，進出口公司則著重審核信用證內容與買賣合同是否一致。對信用證審核的內容，一般應包括以下幾個方面：

（1）從政策上審核

來證各項內容應符合中國的方針政策，不得有歧視性內容，否則應根據不同情況向開證行交涉。

（2）開證銀行資信的審查

為了保證安全收匯，對開證行所在國家的政治經濟狀況、開證行的資信、經營作風等必須進行審查，對於資信不佳的銀行，應酌情採取適當措施。

（3）對信用證的性質與開證行付款責任的審查

來證中不得標明「可撤銷」字樣。同時在證內載有開證行保證付款的文句。有些國家的來證上雖然註明有「不可撤銷」的字樣，但在證內對開證行付款責任方面加列「限制性」條款或「保留」條件的條款，受益人對此必須特別注意。如來證註明「以

領到進口許可證后通知時方能生效」，電報來證註明「以領到進口許可證后通知時方能生效」，電報來證註明「另函詳」等類似文句，應在接到上述生效通知書或信用證詳細條款后方履行交貨義務。

上述三點，也是銀行審證的要點，進出口公司只作復核性審查。

(4) 對信用證金額與貨幣的審查

信用證金額應與合同金額一致。如合同訂有溢短裝條款，信用證金額亦應包括溢短裝部分的金額。信用證金額中單價與總值要填寫正確，大、小寫並用。來證所採用的貨幣應與合同規定相一致。

(5) 對商品的品質、規格、數量、包裝等條款的審查

證中有關商品貨名、規格、數量、包裝、單價等項內容必須和合同規定相符，特別是要注意有無另外的特殊條款，應結合合同內容認真研究，做出能否接受或是否修改的決策。

(6) 對信用證規定的裝運期、有效期和到期地點的審查

裝運期必須與合同規定一致，如國外來證晚，無法按期裝運，應及時電請國外買方延展裝運期限。信用證有效期一般應與裝運期有一定的合理間隔，以便在裝運貨物后有足夠時間辦理製單結匯工作，關於信用證的到期地點，通常要求規定在中國境內到期，如信用證將到期地點規定在國外，一般不宜輕易接受。

(7) 對單據的審查

對於來證中要求提供的單據種類和份數及填製方法等，要進行仔細審核，如發現有不正常規定，例如要求商業發票或產地證明須由國外第三者簽證以及提單上的目的港后面加上指定碼頭等字樣，都應慎重對待。

(8) 對其他特殊條款的審查

在審證時，除對上述內容進行仔細審核外，有時信用證內加列許多特殊條款 (special condition)，如指定船公司、船籍、船齡、船級等條款，或不準在某個港口轉船等，一般不應輕易接受，但若對我無關緊要，且可以辦到，則也可酌情靈活掌握。

3. 改證

對信用證進行了全面細緻的審核以后，如果發現問題，應區別問題的性質，分別同銀行、運輸、保險、商檢等有關部門研究，作出恰當、妥善的處理。凡是屬於不符合中國對外貿易方針政策，影響合同執行和安全收匯的情況，我們必須要求國外客戶通過開證行進行修改，並堅持在收到銀行修改信用證通知書后才能對外發貨，以免發生貨物裝出后而修改通知書未到的情況，避免造成我方工作上的被動和經濟上的損失。

在辦理改證工作中，凡需要修改的各項內容，應做到一次向國外客戶提出，盡量避免由於我們考慮不周而多次提出修改要求。否則，不僅增加雙方的手續和費用，而且對外造成不良影響。

《跟單信用證統一慣例》規定：未經開證行、保兌行（若已保兌）和受益人同意，不可撤銷信用證既不能修改，也不能取消。因此，對不可撤銷信用證中任何條款的修改，都必須在有關當事人全部同意后才能生效。該慣例還規定，信用證在修改時，「原證的條款（或先前接受過修改的信用證。）在受益人向通知該修改的銀行發出它接受修改之前，仍然對受益人有效」。「對同一修改通知中的修改內容不允許部分接受，因此，部分接受修改內容當屬無效」。

此外，對來證不符合合同規定的各種情況，還需要作出具體分析，不一定堅持要求對方辦理改證手續。只要來證內容不違反政策原則並能保證我方安全、迅速收匯，我們也可以靈活掌握。

總之，對國外來證的審核和修改，是保證順利履行合同和安全、迅速收匯的重要前提，我們必須給予足夠的重視，認真做好審證工作。

5.1.3 租船訂艙、報關、投保

各進出口公司在備貨的同時，還必須做好租船訂艙工作，辦理報關、投保等手續。

1. 租船訂艙

在 CIF 或 CFR 條件下，租船訂艙是賣方的責任之一。如出口貨物數量較大，需要整船載運的，則要對外辦理租船手續；對出口貨物數量不大，不需整船裝運的，則安排洽訂班輪或租訂部分艙位運輸。

關於訂艙工作的基本程序大致如下：

（1）各進出口公司填寫托運單，作為訂艙依據。

所謂托運單是指托運人（發貨人）根據貿易合同和信用證條款內容填寫的向承運人（船公司一般為裝運港的船方代理人）辦理貨物托運的單證。承運人根據托運單內容，並結合船舶的航線掛靠港、船期和艙位等條件考慮，認為合適後，即接受這一托運，並在托運單上簽章，留存一份，退回托運人一份。至此，訂艙手續即告完成，運輸合同即告成立。

（2）船公司或其代理人在接受託運人的托運單證后，即發給托運人裝貨單。

裝貨單俗稱下貨紙。其作用有三：一是通知托運人貨物已配妥××航次××船、裝貨日期，讓其備貨裝船；二是便於托運人向海關辦理出口申報手續，海關憑此驗放貨物；三是作為命令船長接受該批貨物裝船的通知。

（3）貨物裝船之後，即由船長或大副簽發收貨單，即大副收據。

收貨單是船公司簽發給托運人的表明貨物已裝船的臨時收據。托運人憑收貨單向外輪代理公司交付運費並換取正式提單。收貨單上如有大副批註，則在換取提單時，將該項大副批註轉註在提單上。

2. 報關

報關是指進出口貨物裝船出運前、向海關申報的手續。按照中國海關法規定：凡是進出國境的貨物，必須經由設有海關的港口、車站、國際航空站進出，並由貨物所有人向海關申報，經過海關放行後，貨物才可提取或者裝船出口。

當前，中國的進出口公司在辦理報關時，必須填寫出口貨物報關單，必要時，還需提供出口合同副本、發票、裝箱單或重量單、商品檢驗證書及其他有關證件，向海關申報出口。

3. 投保

凡是按 CIF 價格成交的出口合同，賣方在裝船前，須及時向保險公司辦理投保手續，填製投保單。出口商品的投保手續，一般都是逐筆辦理的，投保人在投保時，應將貨物名稱、保額、運輸路線、運輸工具、開航日期、投保險別等一一列明。保險公司接受投保后，即簽發保險單或保險憑證。

從以上出口合同履行的環節可以看出，在出口合同履行過程中，貨、證、船的銜接是一項極其細緻而又複雜的工作。因此，進出口公司為做好出口合同的履行工作，

必須加強對出口合同的科學管理，建立起能反應出口合同執行情況的進程管理制度，採取相應的合理措施，做好「四排」「三平衡」的工作。「四排」是指以買賣合同為對象，根據進程卡片反應的情況，包括信用證是否開到、貨源能否落實，進行分析排隊，並將其歸納為四類：有證有貨、有證無貨、無證有貨、無證無貨。通過排隊，發現問題，及時解決。「三平衡」是指以信用證為依據，根據信用證規定的貨物裝船期和信用證的有效期遠近，結合貨源和運輸能力的具體情況，區分輕重緩急，力求做到證、貨、船三方面的銜接和平衡，盡力避免交貨期不準、拖延交貨期或不交貨等現象的產生。

5.1.4 製單結匯

出口貨物裝船之后，進出口公司即應按照信用證的規定，正確繕制各種單據。在信用證規定的交單有效期內，將單據遞交銀行辦理議付結匯手續。

1. 結匯方法

中國出口結匯的辦法有收妥結匯、押匯和定期結匯三種。收妥結匯，又稱收妥付款，是指議付行收到外貿公司的出口單據后，經審查無誤，將單據寄交國外付款行索取貨款，待收到付款行將貨款撥入議付行帳戶的貸記通知書時，即按當日外匯牌價，折成人民幣撥給外貿公司。

押匯，又稱買單結匯，是指議付行在審單無誤情況下，按信用證條款買入受益人（外貿公司）的匯票和單據，從票面金額中扣除從議付日到估計收到票款之日的利息，將餘款按議付日外匯牌價折成人民幣，撥給外貿公司。議付行向受益人墊付資金、買入跟單匯票后，即成為匯票持有人，可憑票向付款行索取票款。銀行敘做出口押匯，是為了對外貿公司提供資金融通，有利於外貿公司的資金週轉。

定期結匯，是議付行根據向國外付款行索償所需時間，預先確定一個固定的結匯期限，到期后主動將票款金額折成人民幣撥交外貿公司。

如前所述，開證行在審核單據與信用證完全相符后，才承擔付款的責任。開證行對我們提交的單據如發現任何不符，均有拒付貨款的可能。因此，我們對各種結匯單據的繕制是否正確完備，與安全、迅速收匯有著十分重要的關係。

2. 結匯單據要求

對於結匯單據，要求做到正確、完整、及時、簡明、整潔。

正確：製作的單據只有正確，才能夠保證及時收匯。單據應做到兩個一致，即：單據與信用證一致、單據與單據一致。此外，單據與貨物也應一致。這樣，單據才能真實地代表貨物，以免發生錯裝錯運事故。

完整：必須按照信用證的規定提供各項單據，不能短少。單據的份數和單據本身的項目，如產地證明書上的原產國別、簽章、其他單據上的貨物名稱、數量等內容，也必須完整無缺。

及時：應在信用證的有效期內，及時將單據送交議付銀行，以便銀行早日寄出單據，按時收匯。此外，在貨物出運之前，應盡可能將有關結匯單據送交銀行預先審核，使銀行有較充裕的時間來檢查單證、單單之間有無差錯或問題。如發現一般差錯，可以提前改正；如有重大問題，也可及早由進出口公司與國外買方聯繫修改信用證，避免在貨物出運后不能收匯。

簡明：單據的內容，應按信用證要求和國際慣例填寫，力求簡明，切勿加列不必要的內容，以免弄巧成拙。

整潔：單據的佈局要美觀、大方，繕寫或打印的字跡要清楚，單據表面要清潔，對更改地方要加蓋校對圖章。有些單據，如提單、匯票以及其他一些單據的主要項目，如金額、件數、重量等，一般不宜更改。

3. 幾種主要結匯單據及製單時應注意的問題

（1）匯票

匯票的作用和內容，前面已作了介紹，這裡僅介紹繕制匯票時應注意的問題：

1）付款人

採用信用證支付方式時，匯票的付款人應按信用證的規定填寫，如來證沒有具體規定付款人名稱，可理解為付款人是開證行。

2）受款人

除個別來證另有規定外，匯票的受款人應為出口公司。

3）開具匯票的依據

開具匯票的依據也就是匯票上的出票條款。如屬於信用證方式，應按照來證的規定文句填寫。如信用證內沒有規定具體文句，可在匯票上註明開證行名稱、地點、信用證號碼及開證日期（如屬於托收方式，匯票上可註明有關合同號碼等）。

匯票一般開具一式兩份，兩份具有同等效力，其中一份付訖，另一份自動失效。

（2）發票

發票種類很多，通常指的是商業發票，此外、還有其他各種發票，如海關發票、領事發票和廠商發票等。

商業發票是賣方開立的載有貨物名稱、數量、價格等內容的清單，作為買賣雙方交接貨物和結算貨款的主要單證，也是進出口報關完稅必不可少的單證之一。

中國各進出口公司的商業發票沒有統一格式，但主要項目基本相同，主要包括：發票編號、開制日期、數量、包裝、單價、總值和支付方式等項內容。

在製作發票時應注意以下問題：

1）對收貨人的填寫，如屬信用證方式，除少數信用證另有規定外，一般均應填寫來證的開證申請人。

2）對貨物的名稱、規格、數量、單價、包裝等項內容的填製，凡屬信用證方式，必須與來證所列各項要求完全相符，不能有任何遺漏或改動。如來證內沒有規定詳細品質或規格，必要時可按合同加註一些說明，但不能與來證的內容有抵觸，以防國外銀行挑剔而遭到拖延或拒付貨款。

3）如客戶要求或信用證規定在發票內加列船名、原產地、生產企業的名稱、進口許可證號碼等，均可一一照辦。

4）來證和合同規定的單價含有「佣金」，發票上應照樣填寫，不能以「折扣」字樣代替。如來證和合同規定有「現金折扣」的字樣，在發票上也應全名照列，不能只寫「折扣」或「貿易折扣」等字樣。

5）凡屬信用證方式，發票的總值不能超過信用證規定的最高金額，按照銀行慣例的解釋，開證銀行可以拒絕接受超過信用證所許可金額的商業發票。

6）如信用證內規定「選港費」「港口擁擠費」或「超額保費」等費用由買方負擔，並允許憑本信用證支取的條款，可在發票上將各項有關費用加在總值內，一併向開證銀行收款。但是如信用證內未作上述註明，即使合同中有此約定，也不能憑信用

證支取。除非國外客戶同意並經銀行通知在信用證內加列上述條款，否則，上述增加費用，應另製單據通過銀行托收解決。

7）由於各國法令或習慣不同，有的來證要求在發票上加註「證明所列內容真實無誤」「貨款已經收訖」或有關出口人國籍、原產地等證明文句，應在不違背中國方針、政策和法令的情況下，酌情辦理。出具「證實發票」時，應將發票的下端通常印有的「有錯當查」字樣刪去。

(3) 提單

提單是各項單據中最重要的單據，在製作提單的過程中，必須注意以下幾個問題：

1）提單的種類。提單的種類很多，應按國外來證所要求的類別提供。

2）提單的收貨人。提單的收貨人，習慣上稱為抬頭人。在信用證或托收支付方式下，絕大多數的提單都做成「憑指定」抬頭或者「憑交貨人指定」抬頭。這種提單必須經發貨人背書，才可流通轉讓；也有的要求做成「憑××銀行指定」，一般是規定憑開證行指定。

3）提單的貨物名稱。提單上有關貨物名稱可以用概括性的商品統稱，不必列出詳細規格，但應注意不能與來證所規定的貨物特徵相抵觸。

4）提單的運費項目。如 CIF 或 CFR 條件，在提單上應註明「運費已付」；如成交價格為 FOB 條件，在提單上則註明運費到付。除信用證內另有規定外，提單上不必列出運費的具體金額。

5）提單上的目的港和件數。提單上的目的港和件數，原則上應和運輸標誌上所列內容一致。包裝貨物在裝船過程中如發生漏裝少量件數，可在提單上運輸標誌件號前面加「EX」字樣，以表示其中有缺件，例如：「EX Nos. 1-100」。

6）提單的簽發份數。根據《跟單信用證統一慣例》規定，銀行接受全套正本僅有一份正本提單。如提單正本有幾份，每份正本提單的效力是相同的，但是，只要其中一份憑以提貨，其他各份立即失效。因此，合同或信用證要求出口人提供「全套提單」，就是指承運人在簽發的提單上所註明的全部正本份數。

7）提單的簽署人。如信用證要求港到港的海運提單，銀行將接受由承運人或作為承運人的具名代理或代表，或船長或作為船長的具名代理或代表簽署的提單。

8）有關裝運的其他條款。買方有時限於本國法令，或為了使貨物迅速到達或其他原因，在來證中加列其他裝運條款，並要求出口人照辦。如要求出口人提供航線證明、船籍證明、船令證明，或者指定裝運船名、指定轉運港、指定用集裝箱貨輪等等。對上述各項要求，應按照有關規定，並結合運輸條件適當掌握。如屬不合理的或者賣方難以辦到的運輸條款，必須向買方提出修改信用證。

(4) 保險單

1）保險單的被保險人應是信用證上的受益人，並加空白背書，便於辦理保險單轉讓。

2）保險險別和保險金額應與信用證規定一致。在單據的表面上能夠確定 CIF 和 CIP 的金額時，保險單必須表明投保最低金額。該項金額應為貨物的 CIF 或 CIP 的金額加 10%，否則，銀行接受的最低投保金額應為根據信用證要求而付款、承兌或議付金額的 110%，或發票金額的 110%，以兩者之中較高者為準。保險單所表明的貨幣，應與信用證規定的貨幣相符。

3）保險單的簽發日期應當合理，在保險單上，除非標明保險責任最遲於貨物裝船或發運或接受監督之日起生效，銀行將拒受出單日期遲於裝船或發運或接受監管的保險單。

4）普惠製單據。普惠制簡稱GSP。目前，已有新西蘭、加拿大、日本、歐盟等國家給予中國以普惠制待遇。對這些國家的出口貨物，須提供普惠製單據，作為進口國海關減免關稅的依據。目前使用的普惠製單據有：產地證，適用於一般商品，由出口公司填製，並經中國進出口商品檢驗局簽證出具；紡織品產地證，適用於紡織品類，由中國進出口商品檢驗局簽發。對上述單據內容的填製，應力求做到正確，並符合各個項目的要求，一旦填錯，就可能喪失享受普惠制待遇的機會。

（5）裝箱單和重量單

這兩種單據用來補充商業發票內容的不足，便於國外買方在貨物到達目的港時，供海關檢查和核對貨物。

裝箱單又稱花色碼單，列明每批貨物的逐件花色搭配；重量單則列明每件貨物的毛重、淨重。

以上是幾種常用的單據。根據《跟單信用證統一慣例》規定，當信用證要求除運輸單據、保險單據和商業發票以外的單據時，信用證應規定該單據的出單人及其內容。倘若信用證無此規定，如提交的單據的內容能說明單據中述及的貨物和（或）服務與提交的商業發票上所述有關聯，或當信用證不要求商業發票時，與信用證中所述的貨物和（或）服務有關聯，則銀行將予以接受。因此，在繕制上述各種單據時，應嚴格按信用證規定辦理。

隨著科學技術的發展和人們對科學管理、現代化和標準化工作認識的加深，傳統的國際貿易程序及製單結匯的做法，已不能適應當今國際貿易發展的需要。為此，各國對傳統的貿易程序和製單工作進行改革，並在簡化國際貿易的各種手續、取消不必要的環節、減少單證的種類和份數、統一單證格式、改進製單方法、實行貿易信息的標準化和代碼化以及應用自動化電子數據處理和交換貿易信息等方面，取得很大成果。這些變革，必將進一步推動國際貿易的發展。

5.1.5 出口退稅

根據出口產品實行零稅率的國際慣例，中國對出口產品實行退稅制度，即出口報關后，稅務部門憑出口報關單、出口產品購進發票、出口銷售發票、納稅證明書，按規定比率向直接出口企業退回出口產品在國內被徵收的產品稅、增值稅、營業稅或特別消費稅等已徵稅款。在出口合同履行過程中，如遇交易雙方中一方違約，使另一方遭受損失，出口人還需處理索賠（進口方違約）或理賠（出口方違約）的相關事宜。

出口合同的履行基本程序見圖1。

5.2 進口貿易履行程序

進口合同簽訂以後，要堅持「重合同、守信用」的原則，及時履行合同規定的義務，以便圓滿地完成進口任務；同時，也要隨時督促對方按合同規定履行交貨義務，以防止對方拖延履約或借故毀約。

在我進口業務中，在按FOB價格條件和即期信用證支付方式成交時，履行這類進口合同的一般程序是：開立信用證、租船訂艙、裝運、辦理保險、審單付款、接貨報關、檢驗、撥交、索賠。這些環節的工作，是由進出口公司、運輸部門、商檢部門、

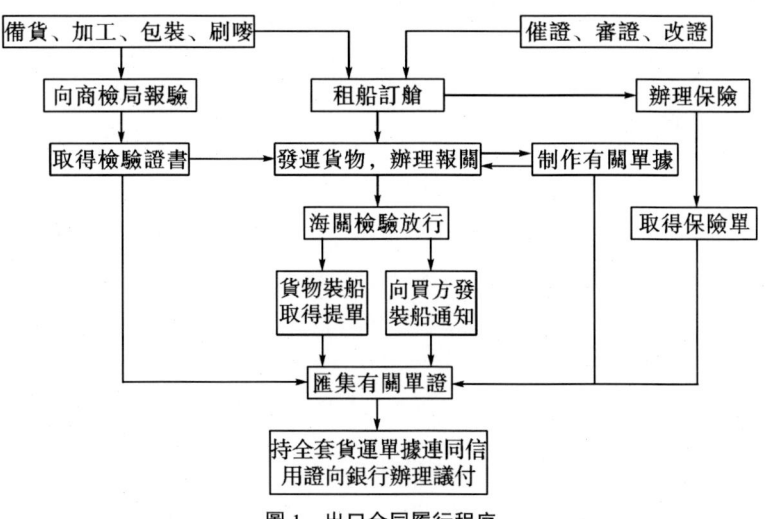

```
備貨、加工、包裝、刷嘜          催證、審證、改證
         ↓                           ↓
   向商檢局報驗    →    租船訂艙    →    辦理保險
         ↓                 ↓                ↓
   取得檢驗證書  →  發運貨物，辦理報關  →  制作有關單據
                          ↓                ↓
                     海關檢驗放行        取得保險單
                          ↓
                    貨物裝船    向買方發
                    取得提單    裝船通知
                          ↓        ↓
                     匯集有關單證
                          ↓
                   持全套貨運單據連同信
                   用證向銀行辦理議付
```

圖 1　出口合同履行程序

銀行、保險公司以及用貨部門等各有關方面分工負責、緊密配合而共同完成的。

履行進口合同的主要環節如下：

5.2.1　開立信用證

進口合同簽訂後，按照合同規定填寫開立信用證申請書向銀行辦理開證手續。信用證的內容，應與合同條款一致，例如品質、規格、數量、價格、交貨期、裝貨期、裝運條件及裝運單據等，應以合同為依據，並在信用證中一一作出規定。

信用證的開證時間，應按合同規定辦理，如合同規定在賣方確定交貨期後開證，應在接到賣方上述通知後開證；如合同規定在賣方領到出口許可證或支付履約保證金後開證，應在收到對方已領到許可證的通知或銀行轉告保證金已照收後開證。

對方收到信用證後，如提出修改信用證的請求，經我方同意後，即可向銀行辦理改證手續。最常見的修改內容有：展延裝運期和信用證有效期、變更裝運港口等。

5.2.2　派船接運貨物

履行 FOB 交貨條件下的進口合同，應由買方負責派船到對方口岸接運貨物。賣方在交貨前一定時期內，應將預計裝運日期通知我方。我方在接到上述通知後，如本公司沒有船位，應及時向船方辦理租船訂艙手續。在辦妥租船訂艙手續後，應按規定的期限將船名及船期及時通知對方，以便對方備貨裝船。同時，為了防止船貨脫節和出現船等貨物的情況，還應隨時瞭解和掌握賣方備貨和裝船前的準備工作情況，注意催促對方按時裝運。對數量大或重要物資的進口，如有必要，亦可請我駐外機構就地瞭解，督促外商履約，或派員前往出口地點檢驗監督。

國外裝船後，賣方應及時向我方發出裝船通知，以便我方及時辦理保險和接貨等項工作。

5.2.3　投保

FOB 或 CFR 交貨條件下的進口合同，保險由買方辦理。由於同中國人民保險公司簽訂了預約保險合同，其中對各種貨物應保的險別作了具體規定，故投保手續比較簡便。按照預約保險合同的規定，所有按 FOB 及 CFR 條件進口貨物的保險，都由中國人

民保險公司承保。因此,每批進口貨物,在收到國外裝船通知后,將船名、提單號、開船日期、商品名稱、數量、裝運港、目的港等項內容通知保險公司,即作為已辦妥保險手續,保險公司則對該批貨物負自動承保的責任,一旦發生承保範圍內的損失,由保險公司負責賠償。

5.2.4 審單和付匯

銀行收到國外寄來的匯票及單據后,對照信用證的規定,核對單據的份數和內容。如內容無誤,即由銀行對國外付款。同時進出口公司用人民幣按照國家規定的有關折算的牌價向銀行買匯贖單。進出口公司憑銀行出具的「付款通知書」向用貨部門進行結算。審核國外單據發現證、單不符時,應作出適當處理。處理辦法很多,例如:停止對外付款;相符部分付款,不符部分拒付;貨到並檢驗合格后再付款;憑賣方或議付行出具擔保付款;要求國外改正;在付款的同時,提出保留索賠權等。

5.2.5 報關

報關,就是指進口或出口貨物必須按照海關法令、規定的手續向海關申報驗放的過程。

報關時,進口企業要根據單據如發票、保險單、提單等填具進口貨物報關單,向海關申報進口。海關憑進口許可證或進口貨物報關單,對發票、證(必要時,還需提供合同副本、發票、裝箱單、重量單、商品檢驗證書和其他文件)進行查驗;海關查驗進口貨物時,收貨人應當到場,開包查驗時,主要看:①是否符合法令;②有無殘損;③包裝妥否;④數量或重量;⑤其他內容。查驗後按規定簽印放行,有時加封放行(準其出入國境)。

需要指出的是,報關、接貨、報驗等工作一般多由進口企業委託外貿運輸機構代辦。放行后的貨物即可提交。

5.2.6 驗收

驗收的含義有二:一是數量上的;二是質量上的。

進口貨物運抵港口卸貨時,由港務局驗收。港務局在進行卸貨核對時,如果發現貨物短少,即需繕制「短卸報告」,交給船方確認、簽認,並根據短缺情況向船方提出保留索賠權的書面聲明。如發現貨物殘損,應將貨物存放在海關指定的倉庫內由保險公司會同商檢局檢驗,然後視殘損情況作出相應處理。

為了便於對外索賠,凡屬於以下情況的進口貨物,均須在卸貨港口向商品檢驗局報驗,進行就地檢驗:①法定檢驗範圍的(前已述及);②合同訂明在卸貨港檢驗的;③合同規定貨到之后檢驗付款的;④合同規定的索賠期限較短的(即將期滿);⑤卸離海輪已發現殘損、有異狀或提貨不著等。

如不屬於上述情況,而用貨部門又不在港口所在地,可將貨物轉運至用貨單位所在地,由用貨單位驗收或請就近的當地商品檢驗局或其指定單位檢驗。按結果決定是否索賠或補供、修理、退貨等。雖然索賠期較長,也宜早為之,以免索賠過期。

在報關、驗收過程中,海關行使的是司法行政權,商檢行使的是客觀檢驗、出證權和行政權,港務局則行使的是卸貨手續權。

海關對下列情況的貨物一般不予放行:①國內外商人投機取巧、弄虛作假的貨物;②擅自進出口的貨物;③從禁止與我貿易的國家或地區進口(或向之出口)的貨物;④單證不全、不符的貨物;⑤品質低劣,包裝不合格的貨物;⑥其他走私、販私貨物。

商檢局對進出口商品實施檢驗后，即發放檢驗證書。這種證書具有鑒定和公證的雙重作用。

5.2.7 提交貨物

在辦完報關、驗收手續后，如訂貨或用貨單位就在卸貨港所在地，則就近轉交貨物，進口公司派車接轉就行了；如訂貨或用貨單位不在甚至還遠離卸貨港所在地，進口公司則可委託發運代理商將貨物轉運至內地並轉交給訂貨或用貨單位簽收。這就是提交或撥交貨物。

進口合同的履行基本程序見圖2：

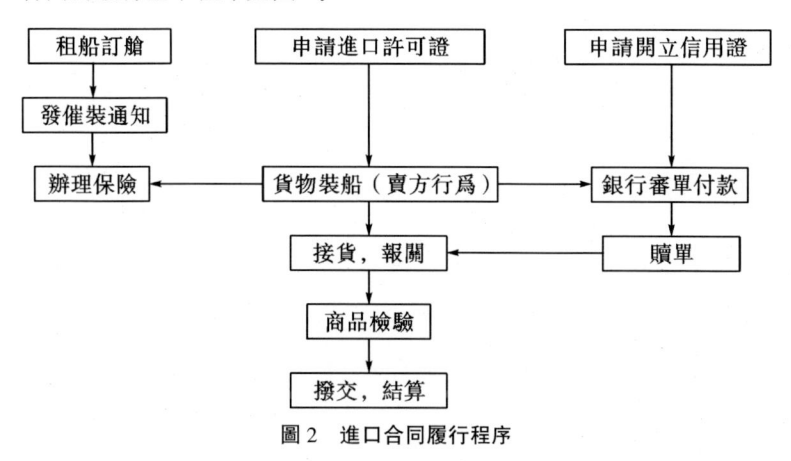

```
租船訂艙          申請進口許可證         申請開立信用證
   ↓                   
發催裝通知              
   ↓                   ↓                    ↓
辦理保險 ← 貨物裝船（賣方行為）→ 銀行審單付款
                       ↓                    ↓
                   接貨，報關 ←──────── 贖單
                       ↓
                   商品檢驗
                       ↓
                   撥交，結算
```

圖2　進口合同履行程序

關於進口關稅和內地運輸費用，可由貨運公司代理繳納，然后向進口公司結算，進口公司再向訂貨或用貸部門結算。

無論是代理進口還是外貿自營進口，均需辦理貨物撥交手續。這兩種進口的結算程序基本相同，所不同的在於作價原則：外貿自營進口是買賣關係，代理進口則是委託代理關係；前者的一切費用概出自自己，后者的一切費用出自委託人，並向委託人收取一定百分率的代理手續費（如按CIF總金額）。對無外貿經營權的企業，這無疑又是一道壁壘。

5.3　進出口貨物托運知識

國際貨物運輸方式很多，包括有海洋運輸、集裝箱運輸、鐵路運輸、公路運輸、航空運輸、內河運輸、郵政運輸以及由各種運輸方式組合而成的多式聯運等。由於採用不同的運輸方式，貨物的安全程度及費用大小是不同的，所以在選擇運輸方式時，應綜合考慮進出口貨物的特點、貨運量大小、運輸距離、費用、風險程度、運輸能力、裝卸條件和自然因素以及國際政治局勢的變化等因素，保證安全、迅速、準確、節省地完成中國對外經濟貿易貨物運輸任務。

5.3.1　托運的基礎知識

1. 托運的基本概念

托運是指出口企業委託對外貿易運輸公司（外運公司）或者其他有權受理外運業務的單位（貨代）向承運單位及其代理人辦理貨物運輸業務。

（1）托運中的當事人

1）托運人（shipper, consignee & consignor）

托運人是指在貨物運輸合同中，將貨物托付承運人按照合同約定的時間運送貨物到指定地點，向承運人支付相應報酬的一方當事人。

中國海商法第四十二條第（三）項規定：「托運人，是指本人或者委託他人以本人名義或者委託他人為本人與承運人訂立海上貨物運輸合同的人；本人或者委託他人以本人名義或者委託他人為本人將貨物交給與海上貨物運輸合同有關的承運人的人。」

①實際交付貨物的人依法可成為運輸合同中的托運人。

②持有提單的實際托運人較提單載明的托運人具有更實質的訴訟權益。

托運人的權利：要求承運人將行李、包裹按期、完好地運至目的地；行李、包裹丟失、損壞、變質、污染時要求賠償。

托運人的義務：繳納運輸費用，完整、準確地填寫托運單，遵守國家有關法令及鐵路規章制度，維護鐵路運輸安全；因自身過錯給承運人或其他托運人、收貨人造成損失時應負賠償責任。

2）承運人（carrier）

承運人是專門經營海上、鐵路、公路、航空等客貨運輸業務的運輸企業，如輪船公司、鐵路或公路運輸公司、航空公司等。其一般擁有大量的運輸工具，為社會提供運輸服務。

在海上運輸中船舶經營人（operator）作為承運人。

中國海商法規定：「承運人是指本人或者委託他人以本人的名義與托運人訂立海上貨物運輸合同的人。」「實際承運人是指接受承運人委託，從事貨物運輸或部分運輸的人，包括接受轉委託從事此項運輸的其他人。」

由此可見，承運人包括船舶所有人（Shipowner）和以期租（Time Charter）或光租（Bare Charter）的形式承租、進行船舶經營的經營人。

（2）托運單（BOOKING NOTE OF EXPORT CARGO / SHIPPING ORDER）

1）托運單的定義

托運單是托運人填製的、向承運人或其代理人辦理貨物托運的申請憑證，是聯繫貨運的第一手單據，是製作運輸單據的主要背景材料。

2）托運單的種類

①根據國際運輸方式的不同，托運單主要分為：Ocean B/N、Air B/N、Railway B/N、Road B/N、International Multimode B/N、Dangerous Goods B/N。

②按表現形式，托運單分為紙質托運單（Booking Note，B/N）、電子托運單（EDI B/N）

由於海運是國際貨運的主要選擇方式，我們主要就海運托運單進行介紹。

3）海運托運單

海運托運單是托運人根據合同（S/C）和信用證（L/C）填製的、向承運人或其代理人辦理國際海運貨物托運的申請憑證，是聯繫貨運的第一單據，是製作海運提單（B/L）的主要背景材料。

海運托運單主要分為散裝海運托運單和集裝箱貨物托運單。

①散裝海運托運單概述

散裝海運托運單是散裝貨物在托運所需的裝貨單（S/O）和收貨單即大副收據（M/R）的基礎上發展而成的一種綜合單據。

一套完整的散裝海運托運單共有十二聯。
第一聯：外輪代理公司留存
第二、三聯：船代理收取運費用聯和船代理留底聯
第四聯：裝貨單（S/O）
第五聯：收貨單即大副收據（M/R）
第六聯：貨運代理留底
第七、八聯：用於貨運代理配船留存和貨運代理配船后退給貨主
第九聯：貨主留底
第十聯：港務部留存，用於收取港務費
第十一、十二聯：備用聯（為空白）
其中 S/O 和 M/R 是最重要的兩聯。
②集裝箱貨物海運托運單概述
集裝箱貨物托運單又稱為「場站收據」，是集裝箱運輸專用的出口單據。
2. 出口貨物海運托運的程序
（1）正確選擇承運人
托運人按照銷售合同的約定，綜合考慮航線、港口及裝運期、航運成本等因素，通過查看外運公司的船期表，選擇合適的承運人。
船期表，是由外運公司按月編印的，分發給各外貿公司及工貿企業，內列航線、船名及其國籍、抵港日期、截止收單期、預計裝船日期和掛港港口名稱（即船舶停靠的港口）。
（2）各外貿公司及工貿企業根據船期表進行催證、備貨
承運人一旦確定，出口托運人根據船期表進行催證、備貨。
（3）辦理托運
外貿公司在收到國外開來的信用證並經審核（或經修改）無誤后即可辦理托運。
按信用證或合同內有關裝運條款填寫托運單並提供全套單證，在截止收單期前送交外運公司，作為訂艙的依據。
（4）領取裝運憑證（shipping order）
外運公司收到有關單證后，即繕制海運出口托運單，並會同有關船公司安排船只和艙位，然后由船公司據以簽發裝貨單，作為通知船方收貨裝運的憑證。
（5）裝貨、裝船
外運公司根據船期，代各外貿公司往發貨倉庫提取貨物運進碼頭，由碼頭理貨公司理貨，憑外輪公司簽發的裝貨單裝船。
（6）換取提單
貨物裝船完畢，由船長或大副簽發「大副收據」或「場站收據」，載明收到貨物的詳細情況。托運人憑上述收據向有關船公司換取提單。
（7）發出裝船通知
貨物裝船后，托運人即可向國外買方發出裝船通知，以便對方準備付款、贖單、辦理收貨。
裝船通知是信用證或合同規定下，由出口商提供給進口商的單證。出口商在訂妥艙位或者貨物裝船后，告知進口商裝船日期或貨已裝船。

裝船通知的重要性包括：
1) CIF、CIP 術語下，讓進口商瞭解裝運情況，並做好接貨準備以及籌措資金。
2) FOB、FCA、CFR、CPT 術語下，便於進口商及時投保（特別進口預約保險單情形）。

3. 出口貨物海運托運單的繕制要點
(1) 出口貨物海運托運單的繕制依據
出口貨物海運托運單依據銷售合同和信用證填制，為順利結匯，需要保證托運單完全符合合同、信用證中關於裝運條款的規定，尤其要注意最遲裝運期、信用證有效期等的時間規定。
(2) 海運出口貨物托運單的繕制內容
1) 托運人（Shipper 或 Consignor）
2) 收貨人（Consignee）
3) 被通知人（Notify）
4) 托運單編號（No.）
5) 目的地（Place of delivery）
6) 運輸標誌（Shipping marks）
7) 數量（Quantity）
8) 貨物說明（Description of goods）
9) 重量（Gross weight/Net weight）
10) 尺碼（Measurement）
11) 裝運期（Time of shipment）
12) 期滿日（Expiry date）
13) 存貨地點
14) 轉船（Transshipment）與分批（Partial shipment）
15) 運費
16) 托運單日期
17) 所需提單正本份數、提單副本份數
18) 特別條款
19) 簽字

5.3.2 國際貨物運輸方式

1. 海洋運輸（Ocean Transportation）
海洋運輸，是指利用船舶在國內外港口之間一定的航區和航線進行貨物運輸的一種方式。在國際貿易貨物運輸中，它是起源早、歷史最悠久的運輸方式。目前，國際貿易貨物運輸總量約有 2/3 是由海洋運輸完成的，中國海洋運輸高達 80% 以上，是國際貿易中最主要的運輸方式。海洋運輸具有通過能力強、運量大、運費低、對貨物的適應性強等優點；它的缺點是運輸速度慢，易受暴風、巨浪、冰凍等自然條件的影響。按照海洋運輸船舶的經營方式，海洋運輸可以分為班輪運輸和租船運輸兩種方式。

(1) 班輪運輸（Liner Shipping）
班輪運輸是指運載船舶在固定的航線上按照事先公布的船期和固定的運費率來往於一系列港口間承運客貨的運輸方式。對於停靠的港口，無論貨物數量多少，一般都

可以接受託運。

1）班輪運輸的特點

①有事先公布的船期表，航線、掛港、船期、運價比較固定，有利於托運人掌握船期、核算運輸費用、組織貨源，也有利於收貨人掌握船舶到港時間，做好接貨準備。

②航速快，船舶設備齊全，船員素質好，能按規定時間把貨物運到目的港。

③除普通艙外，還有冷藏艙、保險艙、油艙、深艙等，可適應各種不同特點的貨物裝載的要求。

④航次多，同一航線上的船型相似並保持一定的航班密度，滿足均衡供應市場的需要，對不掛靠的港口，也能負責轉運，而且各掛靠港都不規定固定的裝卸定額，有利於零星的、批量小的雜貨及時安排出運，加速資金週轉。

⑤班輪運費相對穩定，受國際航運市場行情變化的影響較小，且運價內已經包括裝卸費用，承運人與托運人之間不計滯期費、速遣費，而是按港口習慣快速裝卸，核算運費在貨價中的比重較為容易。

⑥承運人和貨主之間不必額外簽訂租船合同，承運人從貨物裝載、運輸、保管、照看直到卸載，都對貨物的安全負責並承擔裝卸、平艙和理艙，運輸中發生的有關問題憑輪船公司簽發的訂有承運人、托運人或收貨人的權利和義務的提單條款處理。

由此可見，利用班輪運載國際貿易貨物是十分靈活方便的，尤其是對成交數量少、分運批次多、交貨港口分散的貨物更為適合。但是，與其他運輸方式相比，班輪運輸的運價較高。

2）班輪運費（Liner Freight）

班輪運費是按照班輪公司印就的費率表來計算的。班輪運費由基本費率（Basic Freight Rate）和有關附加費（Additional or Surcharge）兩部分加總構成。基本運費是貨物在正常運輸條件下運至基本港的費用，班輪公司不同航線的基本費率各不相同，並根據商品種類分為一～二十級，一級運費最低，二十級最高，冷藏貨及約定價另有規定。附加費是班輪公司根據客觀情況的變化另外規定加收的費用，凡是在運輸過程中有額外的正常支出或蒙受一定經濟損失時，班輪公司都要向貨方收取一定金額的附加運費。

班輪運價的計算標準有以下六種：

①重量法。按貨物的毛重計收，即重量噸（Weight Ton），在班輪運價表中用「W」表示。1 重量噸一般以 1 公噸（1,000kg）為計算單位，噸以下取兩位小數，也有按長噸（1,016kg）或短噸（907kg）來計算的。

②體積法。按貨物占據運輸工具的最大空間體積為依據計算運費，即尺碼噸（Measurement Ton），在運價表內用「M」表示。1 尺碼噸一般以 1 立方米為計算單位，也有按 40 立方英尺（1.1328m^3）為 1 尺碼噸計算的。

③從價法。按貨物的價格計收運費，一般按商品 FOB 價收取 5%以下的運費。在運價表內用「Ad Val」或「AV」表示。按從價法計算運費主要用於船方承擔較大責任而體積、重量不大的貴金屬、精密儀器、工藝品等貨物的運輸。

④選擇法。分別按貨物的重量、體積或價格計算運費，由船運公司選擇其中較高者收取，在運價表內用「W/M」或「W/M OR Ad Val」表示。也有按貨物重量或體積計收，然后再收取一定百分比的從價運費，在運價表內用「W/M PLUS Ad Val」表示。

⑤按件法。即按貨物的個數計算，在運價表內用「Per…」表示。如汽車按輛（Per Unit），活牲畜用頭（Per Head）計算。

⑥議定法。大宗低值貨物如糧食、豆類、煤炭、礦砂等由承運人和托運人雙方協商議定運費（Open Rate）。議價運費通常比按等級計算運費低廉。

應當注意，如果不同貨物混裝在同一包裝內，則全部運費按其中較高者計收。同一票商品如包裝不同，計算標準及等級也不同，托運人應按不同包裝分列毛重及體積，才能分別計收運費，否則全部貨物均按較高者收取運費。另外，同一提單內如有兩種或兩種以上不同貨名的商品，托運人應分列出不同貨名的毛重和體積，否則全部貨物均按較高者收取運費。此外，每一提單上所列的重量或體積所計算的運費尚未達到運價表中規定的最低費率（Minimum Rate）時，則按最低運費計收。

班輪運輸的附加費名目繁多，變動頻繁，變動幅度大，在運費中佔有很大比重。常見的附加費一般有以下幾種：

①港口附加費（Port Surcharge），指船方由於港口設備差、裝卸效率低或港口費用太高而向貨主加收的附加費用。

②港口擁擠附加費（Port Congestion Surcharge），指由於卸貨港擁擠，船舶到港后不能立即靠泊裝卸而延長船期，增加船方營運成本而向貨主收取的附加費。一旦港口恢復正常工作，此種費用立即停止計算。

③直航附加費（Direct Additional），指托運人要求將貨物直接運到班輪航區之內的非基本港口時船方為此向其收取的附加費。

④轉船附加費（Transshipment Surcharge），指因無直達船只運至非基本港而必須經中途轉船才能將貨物運至目的港，船方向貨主加收的費用。

⑤繞航附加費（Deviation Surcharge），指由於正常航道因某種原因不能通行時船舶需繞道航行，船方向托運人收取的附加費。此項附加費一般按基本運費的一定百分比計收。一旦正常航道恢復通行，該項附加費即取消。

⑥燃油附加費（Bunker Surcharge），指因燃油價格上漲，增加了船舶運行成本而向貨主加收的附加費。幾乎各條航線都有這種附加費。

⑦變更卸貨港附加費（Additional for Alteration of Destination），指貨主要求改變貨物原來規定的卸貨港，船方向其收取的附加費。

⑧超重附加費（Heavy Lifts Additional），指貨物的毛重達到或超過一定的重量（規定不一致，有 2.5 噸、3 噸、5 噸等標準）時而向托運人加收的附加費。

⑨超長附加費（Long Lengths Additional），指貨物的長度達到或超過一定的長度時加收的附加費（如一般規定為 9m）。

班輪運費的計算方法分三步：第一步，根據貨物的英文名稱查貨物列名等級以明確該貨物按何標準計收運費，屬何等級；第二步，查不同航線基本費率；第三步，查各種必須支付的附加費。

例 1：現有玩具（Toy Goods）10,000 打，5 打紙箱裝，每箱體積為 0.8 立方米，毛重 20 公斤，試計算該批貨物以班輪運往倫敦的運費。

按上述步驟，首先在運價表上查出出口玩具為 11 級，M 計收運費；其次查出中國至歐洲地中海航線基本費率 11 級貨物是人民幣 138 元；最后查出各種附加費，如倫敦港口附加費為 10%。則運費為 2,000×0.8×138×(1+10%) = 242,880 人民幣元。

運費的支付有預付運費和到付運費兩種做法。前者由托運人在船方簽發提單時付清全部運費，船方在提單上註明運費已付；后者由收貨人在目的港提貨前付清，船方簽發提單時註明到付運費。

(2) 租船運輸（Shipping by Chartering）

租船運輸又稱不定期船（Tramp）運輸，它既沒有固定的航線、固定的船期和固定的掛靠港口，也沒有固定的運價，而是根據運輸的需要由租船人（Charter）和船東（Ship Owner）雙方簽訂的租船合同（Charter Party）條款來完成特定的貨運任務。租船有租賃整船和租賃部分艙位兩種，一般以租賃整船為主。這種運輸方式適合於成交量大、交貨期集中和港口間無直達班輪的情況，運費或租金由雙方根據市場供求情況協商，比班輪運費要低。目前，世界上干貨海運總量中，租船承運達 80%以上。

根據營運方式，租船運輸分定程租船（Voyage Charter）、定期租船（Time Charter）和光船租船（Bare Boat Charter）。

1) 定程租船又稱程租船或航次租船，按船舶完成一個航程（航次）來租賃。船東與租船人雙方事先約定某種條件，以船舶按時到達裝貨港裝貨後，再駛抵卸貨港卸貨，合同即告終止。程租船依航次可分為單程租船（Single Trip Charter）、來回程租船（Round Trip Charter）、連續航次租船（Consecutive Trip Charter）、包運（Affreightment）等方式。在這種租船方式下，租船人應根據協議規定按時提交貨物，支付運費；船方負責將貨物運至指定港口並承擔船舶的經營管理以及航行中的一切開支。

2) 定期租船簡稱期租船，是指按一定期限租賃船舶的方式，租期可以從幾個月至數年不等。在規定的期限內，租船人負責管理、調度和使用船舶，並負擔航行中的燃料費、港口費、裝卸費等有關費用；船方則負擔船員薪金、伙食費、船舶保險費等費用，保持船舶的適航性和船級。租金按月（或 30 天）計算，一經議定，在租賃期內不得變動，但若租船人沒有按時支付租金，船東有權撤船。

3) 光船租船是船舶所有人將船舶出租給承租人使用一個時期，但船舶所有人所提供的船舶是一艘空船，既無船長，又未配備船員，承租人自己要任命船長、配備船員、負責船員的給養和船舶營運管理所需的一切費用，這種方式在當今國際貿易中很少使用。

程租船與期租船的區別如表 1。

表 1　　　　　　　　　　　程租船與期租船的區別

項目	程租船	期租船
計費基礎	以航程計算	以期限計算
營運管理	由船方負責船舶的營運管理	由租船人負責船舶的營運管理
裝卸要求	裝卸責任由雙方協商，租船方負責卸時須規定裝卸時間和裝卸率，並計算滯期費和速遣費	由租船方自己負責裝卸，費用完全由自己負擔
費用計算	按裝運貨物的數量計算，或規定航次包租總金額	按每月每載重噸若干金額，或整船每天若干金額
艙位	船舶的全部或部分艙位	船舶的全部艙位
裝運的貨物	在程租船合同中列明	在期租船合同中一般不列明
租船方	一般為外貿企業	一般為船運公司

2. 鐵路、公路、航空及其他運輸方式

（1）鐵路運輸（Rail Transport）

鐵路運輸也是國際貨物運輸的重要方式之一。內地出口商品向港口轉運要靠鐵路，從港口向內地轉運進口商品同樣也需要鐵路。鐵路運輸有許多優點：一般不受氣候條件的影響，可保證全年的正常運輸；速度快，運量較大，有高度的連續性；運輸過程中風險較小。

目前國際貿易中利用鐵路運輸主要採用兩種方式：國際鐵路聯運和國內鐵路運輸。

1）國際鐵路聯運

凡是使用一份統一的國際聯運票據，由鐵路負責經過兩國或兩國以上鐵路的全程運送，並由一國鐵路向另一國鐵路移交貨物時不須發貨人和收貨人參與，這種運輸稱為國際鐵路貨物聯運。

採用國際鐵路貨物聯運，有關當事國事先必須要有書面約定。中國從 1954 年 1 月起參加了由中國、朝鮮、羅馬尼亞、蘇聯、阿爾巴尼亞、保加利亞、波蘭、匈牙利、捷克斯洛伐克、東德、蒙古和越南 12 個國家間簽訂的《國際鐵路貨物聯運協定》（簡稱《國際貨協》）。在歐洲，由德、英等 18 國簽訂了《國際鐵路貨物運送合約》（簡稱《國際貨約》）。目前中國對朝鮮、獨聯體國家的大部分進出口貨物以及東歐一些國家的部分進出口貨物，都是採用國際鐵路聯運的方式運送的。按照《國際貨協》或《國際貨約》的規定，參加協約國與非協約國之間的運輸可以辦理聯運。為了適應與東歐、北歐一些國家貿易的需要，1980 年中國成功地試辦了通過西伯利亞大陸橋實行集裝箱國際鐵路聯運。1992 年，又開通了東起中國連雲港，途經隴海、蘭新、北疆鐵路進入獨聯體直達荷蘭鹿特丹的第二條亞歐大陸橋運輸。

2）國內鐵路運輸

國內鐵路運輸是指在一國範圍內進行的進出口貨物運輸。中國對外貿易的國內鐵路運輸是按照中國鐵路總公司公布的《國內鐵路貨物運輸規程》所辦理的貨物運輸。中國內地各地通過鐵路運往港澳的出境物資或從港澳入境的物資也屬國內鐵路運輸，只是手續上各地運輸要由深圳北站外貿部門接貨。外貿部門接貨時不卸車，僅向中國內地鐵路租用車輛，然后再由香港代辦機構，向港鐵路當局辦理托運手續並支付運費，它是一種特殊的租車方式的兩票運輸。

（2）公路運輸（Road Transportation）

公路運輸是陸上運輸的主要方式之一。它具有簡捷方便、機動靈活、可以深入到有路可通的任何角落的優點，對邊境貿易和相鄰國家之間的進出口貨物運輸有很大的適用性；它同時也是其他運輸方式不可或缺的配套手段，如經過鐵路車站、港口碼頭和航空機場集散的進出口貨物，都離不開公路運輸；尤其是在實現「門到門」運輸業務中，公路運輸更顯示了其重要性。但公路運輸載貨有限，運輸成本高，運輸風險也較大。

為了統一公路運輸所使用的單證和承運人的責任，1956 年在日內瓦簽訂了《國際公路貨物運輸合同公約》（簡稱 CMR）。根據 CMR，公路承運人應從他接受貨物時起至交貨時止，承擔貨物所發生的全部或部分滅失和損壞，以及延誤交貨的責任。但如果是因為托運人的責任、貨物內在缺陷及不可抗力引起貨物丟失和損壞，承運人不負

責任。

公路運輸在中國的對外貿易貨物運輸中也占據了重要的地位，對促進中國與周邊國家和地區，包括蒙古、朝鮮、緬甸、越南、老撾、俄羅斯、哈薩克斯坦等的商品貿易起到了積極的作用。

(3) 航空運輸（Air Transport）

航空運輸是指利用飛機運送對外貿易貨物。它是一種現代化的運輸方式，其特點是交貨速度快、時間短、安全性能高、貨物破損率小、節省包裝費和保險費及儲存費、不受地面限制、可以四通八達通往世界各地。因此它最適宜運送急需物資、鮮活商品、精密儀器和貴重物品。空運進出口貨物採用的方式主要有兩種：班機運輸和包機運輸。班機運輸類似於海洋運輸的班輪運輸，但班機有時使用客、貨混合型飛機同時運送旅客和貨物。包機運輸類似於海洋運輸的租船運輸。

航空運輸貨物的運價是指從啟運機場運至目的機場的運價，不包括其他額外費用（如提貨、倉儲費等）。運價一般是按重量（公斤）或體積重量（6,000立方厘米折合一公斤）計算的。空運貨物是按一般貨物、特種貨物及貨物的等級規定運價標準。

(4) 郵政運輸（Parcel Post Transport）

郵政運輸是一種較簡便的運輸方式。國際郵件可分為函件和包裹兩大類。國際上郵政部門之間簽訂有協定和公約，通過這些協定和公約，郵件的遞送可以以最快的方式傳遞，從而形成一個全球性的郵政運輸網。

國際郵政運輸具有國際多式聯運和「門到門」運輸的性質。托運人只需要按郵局章程辦理一次托運，並付清郵資，取得郵政包裹收據，交貨手續即告完成。郵件在國際間傳遞由各國的郵政部門負責辦理。郵件到達目的地后，收件人可憑郵局到件通知向郵局提取。但這種運輸方式對郵件的大小和重量有一定的限制，一般規定長度不得超過1米，重量不得超過20千克，比較適合於樣品、藥品、設備零配件等小件物品的運輸。

此外，還有內河運輸（Inland Water Transportation）、管道運輸（Pipe Line Transportation）等運輸方式。

5.3.3 集裝箱運輸（Container Transportation）

隨著世界經濟的發展，集裝箱以它特有的優勢越來越廣泛地運用到國際貨物運輸中，成為一種新型的現代化運輸方式。集裝箱運輸是將一定數量的單件貨物裝入標準規格的金屬箱內，以集裝箱作為運輸單位進行的運輸。它有許多優點：提高裝卸效率，加速船舶週轉，降低貨運成本，便於貨物運輸，簡化貨運手續，加快貨運速度，縮短貨運時間，減少貨損貨差，節省貨物包裝費。集裝箱適用於陸海空等各式運輸，這種運輸方式不僅改變了傳統的運輸面貌，而且對傳統的國際慣例和國際條約也都產生了巨大的影響。

1. 集裝箱的定義與類型

國際標準化組織對集裝箱的定義是：能長期反覆地使用，具有足夠的強度；在運輸途中轉運時，可直接進行換裝而不必動容器內的貨物；可進行快速裝卸，又可從一種裝運工具直接方便地轉運到另一種運輸工具上；便於貨物的裝滿和卸空；具有1立方米以上的內部容積。國際上主要使用20英尺（Twenty-Foot Equivalent Unit，TEU）和40英尺（Forty-Foot Equivalent Unit，FEU）兩種規格。

根據不同貨物的裝載要求，國際上現在已經出現了各種不同類型的專用集裝箱，如冷凍集裝箱（Reefer Container）、干貨集裝箱（Dry Container）、牲畜集裝箱（Live Stock Container）、開蓋集裝箱（Open Container）、框架集裝箱（Flat Rack Container）、罐式集裝箱（Tank Container）、平臺集裝箱（Plat Form Container）、散貨集裝箱（Bulk Container）、通風集裝箱（Ventilated Container）等。

2. 集裝箱的交接方式

集裝箱運輸有整箱貨（Full Container Load，FCL）和拼箱貨（Less Container Load，LCL）之分。凡裝貨量達到每個集裝箱容積的75%或負荷量的95%即為整箱貨，由貨主自行裝箱以後以箱為單位直接送到集裝箱堆場（Container Yard，CY）向承運人進行托運；凡達不到上述整箱標準的，須按拼箱托運，即由貨主將貨物送交集裝箱貨運站（Container Freight Station，CFS），貨運站收貨後，按貨物的性質、目的地分類整理，將去同一目的地的貨物拼裝成整箱後再轉送到集裝箱堆場。整箱貨到達目的地後，收貨人可以直接從集裝箱堆場提貨；拼箱貨到達目的地後，需由承運人拆箱分撥給各收貨人。集裝箱的交接方式應在運輸單據上予以說明。目前，國際貿易集裝箱的交接方式按照交接地點的不同可排列如下：

（1）FCL/FCL，即「整箱交/整箱收」

在這種交接方式下，集裝箱的具體交接地點有四種情況：

1）門到門（Door to Door），托運人在工廠或倉庫裝好箱後交承運人，承運人負責運至收貨人的工廠或倉庫整箱交收貨人；門到門交接的都是整箱貨。

2）場到場（CY to CY），從裝箱港的集裝箱堆場將集裝箱運至目的港集裝箱堆場交貨。

3）門到場（Door to CY），從發貨人的工廠或倉庫裝箱交承運人，承運人負責運至目的港集裝箱堆場交收貨人。

4）場到門（CY to Door），從裝箱港的集裝箱堆場將集裝箱運到目的地收貨人的工廠或倉庫交貨。

（2）LCL/LCL，即「拼箱交/拆箱收」

在這種交接方式下，集裝箱的具體交接地點只有一種情況，即站到站（CFS to CFS）。它是指托運人將貨物運往集裝箱貨運站，貨運站將貨物拼裝後交承運人，承運人運至目的地的集裝箱貨運站進行拆箱，當地貨運站按件撥交給各收貨人。

（3）FCL/LCL，即「整箱交/拆箱收」

在這種交接方式下，集裝箱的具體交接地點有兩種情況：

1）門到站（Door to CFS），承運人將裝好的集裝箱從發貨人的工廠或倉庫運到目的地集裝箱貨運站，在貨運站拆箱按件撥交給各收貨人。

2）場到站（CY to CFS），承運人將裝好的集裝箱從集裝箱堆場將集裝箱運到目的地集裝箱貨運站，在貨運站拆箱按件撥交給各收貨人。

（4）LCL/FCL，即「拼箱交/整箱收」

在這種交接方式下，集裝箱的具體交接地點有兩種情況：

1）站到門（CFS to Door），集裝箱貨運站將貨物拼裝成箱，然後由承運人將集裝箱運到收貨人的工廠或倉庫交貨。

2）站到場（CFS to CY），集裝箱貨運站將貨物拼裝成箱，然後由承運人將集裝箱

運到目的地集裝箱堆場交貨。

每個集裝箱有固定的編號，裝箱后封閉箱門的鋼繩鉛封上印有號碼。集裝箱號碼和封印號碼可以取代運輸標誌，顯示在主要出口單據上，成為運輸中的識別標誌和貨物特定化的記號。

3. 集裝箱運費的計算

集裝箱運輸的費用包括內陸或裝運港市內運輸費、拼箱服務費、堆場報務費、海運運費、集裝箱及其設備使用費等。目前，集裝箱貨物海上運價體系較內陸運價體系成熟，基本上分為兩個大類：一類是襲用件雜貨運費計算方法，即以每運費噸為單位，俗稱散貨價，再加上相應的附加費；另一類是以每個集裝箱為計費單位，即包箱費率（Box Rate）。

雜貨基本費率參照傳統件雜貨運價，以運費噸為計算單位，多數航線上採用等級費率，此外，除傳統雜貨所收的常規附加費外，還要加收一些與集裝箱貨物運輸有關的附加費。包箱費率以每個集裝箱為計費單位，常見的包箱費率有以下三種表現形式：

（1）FAK 包箱費率（Freight for All Kinds），即對每一集裝箱不分貨物種類，也不計貨量（在重要限額之內），只規定統一的每個集裝箱費率，按集裝箱個數計算運價。其形式如表2：

表2　　　　　　　　　　中國—新加坡航線集裝箱費率　　　　　　（美元，in USD）

裝港	貨類	CFS/CFS	CY/CY	
		Per F/T	20'FCL	40'FCL
大連	雜貨	78.50	1,250.00	2,310.00
上海新港	雜貨	70.00	1,150.00	2,035.00
黃埔	雜貨	63.00	950.00	1,750.00

（2）FCS 包箱費率（Freight for Class），即按不同貨物等級制定的包箱費率，集裝箱普通貨物的等級劃分與雜貨運輸分法一樣，仍是1~20級，但是集裝箱貨物的費率級差遠小於雜貨費率級差，一般低級的集裝箱收費高於傳統運輸，高價貨集裝箱低於傳統運輸，同一等級的貨物，重貨集裝箱運價高於體積貨運價。可見，船公司鼓勵人們把高價貨和體積貨裝箱運輸。在這種費率下，拼箱貨運費計算與傳統運輸一樣，根據貨物名稱查得等級，計算標準，然后去套相應的費率，乘以運費噸，即得運費。其形式如表3：

表3　　　　　　　　　　中國—澳大利亞航線集裝箱費率　　　　　　（美元，in USD）

基本港：Brisban, Melbourne, Sydney, Fremantle

等級	計算標準	20'（CY/CY）	40'（CY/CY）	LCL（Per F/T）
1~7	W/M	1,700	3,230	95
8~13	W/M	1,800	3,420	100
14~20	W/M	1,900	3,510	105

（3）FCB 包箱費率（Freight for Class and Basis），這是按不同貨物等級或貨類以及

計算標準制定的費率。其形式如表4：

表4　　　　　　　　　中國—地中海航線集裝箱費率　　　　　　　（美元，in USD）

基本港：Algiers, Genoa, Marseilles				
等級	LCL Per W	LCL Per M	FCL 20' (CY/CY)	FCL 40' (CY/CY)
1–7	131.00	100.00	2,250.00	4,200.00
8–13	133.00	102.00	2,330.00	4,412.00
14–20	136.00	110.00	2,450.00	4,640.00

值得注意的是，為了確保營運收入不低於成本，經營集裝箱運輸的船公司通常還有最低運費的規定。貨物在集裝箱內雖然由於裝卸次數減少而不致殘損，但若積載不當，虧艙損失由貨主負擔。因此，提高集裝箱內積載技術，充分利用集裝箱容積，有利於節省運輸費用。

例2：某貨物一批，總重量為582公噸，總體積為1,000立方米。如果40英尺和20英尺的集裝箱，其限定載重量、容積、裝運該貨的虧箱率和運費單價分別為24.5和17.5公噸、67和30立方米、18%和20%、750和400美元，問應該選擇怎樣的集裝箱裝運？

40英尺集裝箱裝該批貨物的最大容載＝67×(1–18%)＝54.94（立方米）

20英尺集裝箱裝該批貨物的最大容載＝30×(1–20%)＝24（立方米）

考慮到載重和容積的雙重限制，1000/54.94<582/24.5，故選用40英尺集裝箱需24只集裝箱，運費＝24×750＝18,000美元，實際虧箱率達37.2%；若選用20英尺集裝箱，1000/24>582/17.5，需42只，運費＝42×400＝16,800美元，且集裝箱空間將被充分利用。故該批貨物應選擇用20英尺集裝箱裝運。

4. 國際多式聯運（International Combined Transport）和大陸橋運輸（Land Bridge Transport）

（1）國際多式聯運

集裝箱的普遍使用提高了轉換運輸工具的效率，促進了海、陸、空綜合性連貫運輸方式——國際多式聯運的發展。《聯合國國際貨物多式聯運公約》對國際多式聯運下的定義是：「國際多式聯運是指按照多式聯運合同，以至少兩種不同的運輸方式，由國際多式聯運經營人把貨物從一國境內接運貨物的地點運至另一國境內指定交付貨物的地點。」

國際多式聯運是兩種或兩種以上不同運輸方式的連貫運輸；實行全程單一的運費率；使用一份全程有效的多式聯運單據，並由一個多式聯運經營人承擔全程的責任和義務；多式聯運經營人與托運人簽訂一份多式聯運合同，明確規定多式聯運經營人和托運人之間的權利和義務。也就是說，不管路途有多遠，運程手續有多複雜，托運人只需辦一次托運，支付一筆運費，取得一張單據，有問題也只找一個人解決。所以，國際多式聯運運送速度快，手續簡便，安全準確，有利於加速資金週轉，有利於實現「門到門」的運輸，能把貨物從發貨人所在地的倉庫或工廠直接運送到收貨人所在的倉庫或工廠。這種運輸方式在國際運輸行業中發展特別快，而且隨著國際互聯網的廣泛應用，其運輸過程的效率不斷提高。

（2）大陸橋運輸

大陸橋運輸是指利用橫貫大陸的鐵路（或公路）運輸系統，把大陸兩端的海洋連接起來的集裝箱連貫運輸方式。它能充分利用成熟的海、陸運輸條件，形成合理的運輸路線，大大縮短營運時間，降低營運成本。新歐亞大陸橋東起中國連雲港，沿隴海鐵路、蘭新鐵路、北疆鐵路到阿拉山口，與哈薩克斯坦的德魯日巴站接軌，在哈薩克斯坦境內的阿克鬥卡分為南、北兩路繼續西行，最后抵達荷蘭的鹿特丹。該大陸橋於1992年開通國際集裝箱業務以來，不僅為加強東亞、東南亞各國與中西亞、歐洲的聯繫提供了便捷的通道，也為發展中國對外貿易，促進沿途省區的經濟騰飛產生了積極的作用。

5.3.4 運輸單據

運輸單據是承運人收到承運貨物后，簽發給出口商的證明文件，它是交接貨物、處理索賠與理賠以及銀行結算貨款或進行收付的重要單據。在國際貨物運輸中，運輸單據的種類很多，不同的運輸方式有不同的運輸單據，如海運提單、鐵路運單、航空運單、郵包收據和多式聯運單據等。其中最主要的是海運提單。

1. 海運提單

海運提單（Bill of Lading，B/L），簡稱提單，是貨物的承運人或其代理人收到貨物后，簽發給托運人的用以證明貨物已由承運人接管並裝上船的憑證。它說明了貨物運輸有關當事人（如承運人、托運人和收貨人）之間的權利與義務。根據《跟單信用證統一慣例》（600）無論其稱謂如何，提單必須在表面上顯示承運人名稱並由下列人員簽署：承運人或承運人的具名代理或代表，或船長或船長的具名代理或代表。承運人、船長或代理的任何簽字必須分別表明其承運人、船長或代理的身分。代理的簽字必須顯示其是否作為承運人或船長的代理或代表簽署提單。

（1）海運提單的作用

1）提單是承運人或其代理人簽發的貨物收據，證明已按提單所列內容收到貨物，並保證按收據上所列內容交付貨物。

2）提單是貨物所有權的憑證。提單上的收貨人或合法持有人有權憑提單向承運人提取貨物，並可在船舶到達目的港交貨之前進行轉讓或憑此向銀行辦理抵押貸款。收貨人在目的港提取貨物時，必須提交正本提單（Original B/L）。

3）提單是承運人與托運人之間運輸契約的證明，是處理雙方在運輸中權利和義務的主要依據。

（2）海運提單的格式和內容

海運提單的格式很多，每個船公司都有自己的提單格式，但基本內容大致相同，一般包括提單正面的記載事項和提單背面印就的運輸條款。

1）提單正面的內容

①托運人（Shipper）名稱；

②收貨人（Consignee）名稱；

③承運人（Carrier）名稱；

④被通知人（Notify Party）名稱；

⑤船名及航次（Vessel's Name & Voyage Number）；

⑥裝運港、目的港；

⑦貨物的品名、標誌、件數、重量和體積；
⑧運費和其他費用；
⑨提單簽發地點、日期及正本提單份數；
⑩承運人或其他代理人簽字；
2）提單背面的條款
在班輪提單的背面印就的條款，是處理承運人與托運人或收貨人之間爭議的依據，它主要包括：
①法律訴訟條款，註明適用的有關提單的國際公約；
②承運人責任條款；
③免責條款；
④有關改航、換裝、改卸目的港、甲板貨物、危險貨物、冷藏貨物、裝貨、卸貨、交貨、共同海損等條款；
⑤賠償條款；
⑥運費條款；
⑦留置權條款等。
（3）海運提單的種類
提單的種類很多，從不同的角度可以分為以下幾種：
1）根據貨物是否已裝船劃分
①已裝船提單（On Board B/L；Shipped B/L）。它是指承運人已將貨物裝上指定船舶后所簽發的提單，其特點是提單上必須以文字表明貨物已裝某某船上，並載裝船日期，同時還應由船長或其代理人簽字。在國際貿易中，一般都要求賣方提供已裝船提單。
②備運提單（Received for Shipment B/L）。又稱收訖待運提單，是指承運人已收到托運貨物等待裝運期間所簽發的提單。
2）根據提單上有無對貨物外表狀況的不良批註劃分
①清潔提單（Clean B/L）。根據《跟單信用證統一慣例》（600），銀行只接受清潔運輸單據。清潔運輸單據指未載有明確宣稱貨物或包裝有缺陷的條款或批註的運輸單據。「清潔」一詞並不需要在運輸單據上出現，即使信用證要求運輸單據為「清潔已裝船」的。

2007 修訂的 ISBP（國際標準銀行實務）也有相關條款的規定：載有明確聲明貨物或包裝狀況有缺陷的條款或批註的多式聯運單據是不可接受的。未明確聲明貨物或包裝狀況有缺陷的條款或批註（如「包裝狀況有可能無法滿足航程」）不構成不符點，而說明包裝「無法滿足航程要求」的條款則不可接受。如果多式聯運單據上出現「清潔」字樣，但又被刪除，並不視為有不清潔批註或不清潔，除非單據載有明確聲明貨物或包裝有缺陷的條款或批註。清潔提單也是提單轉讓時的必備條件。

②不清潔提單（Unclean B/L or Foul B/L），承運人在提單上帶有明確宣稱貨物及/或包裝有缺陷狀況的文字或批註的提單。例如，提單上批註「×件損壞」（……packages in damaged condition），「鐵條松散」（Iron strap loose or missing）等。

3）根據收貨人抬頭不同劃分
①記名提單（Straight B/L），是指提單上的收貨人欄內填明特定收貨人名稱，只能

由該特定收貨人提貨。由於該提單不能背書轉讓，不能流通，故其在國際貿易中很少使用。

②不記名提單（Bearer B/L），是指提單上的收貨人欄內沒有指明任何收貨人，誰持有提單，誰就可以提貨。此種提單無須背書轉讓，流通性極強、風險大，故其在國際貿易中很少使用。

③指示提單（Order B/L），是指提單上的收貨人欄內填寫「憑指定」（To order）或「憑某某人指定」（To order of ……）字樣。這種提單可背書轉讓故在國際貿易中使用最為廣泛。背書的方式又有「空白背書」和「記名背書」之分。目前在實際業務中使用最多的是「憑指定」並經空白背書的提單，習慣上稱其為「空白抬頭、空白背書」提單。

4）根據運輸方式不同劃分

①直達提單（Direct B/L），凡合同和信用證規定不準轉船者，必須使用這種直達提單。

②轉船提單（Transshipment B/L），在這種提單上要註明「轉船」或「在……港轉船」字樣。

③聯運提單（Through B/L），是指經過海運和其他運輸方式聯合運輸時，由第一程承運人所簽發的包括全程運輸的提單。它雖包括全程運輸，但簽發聯運提單的承運人一般都在提單中規定，只承擔他負責運輸的一段航程內的貨損責任。

5）根據船舶營運方式不同劃分

①班輪提單（Liner B/L）。

②租船提單（Charter Party B/L）。銀行或買方在接受這種提單時，通常要求賣方提供租船合同的副本。

6）根據提單內容的繁簡劃分

①全式提單（Long Form B/L），背面列有承運人和托運人之間權利和義務的條款的提單。

②略式或簡式提單（Short Form B/L），背面無條款的提單。

7）根據其使用的有效性劃分

①正本提單（Original B/L），有船長或其代理人簽字蓋章。

②副本提單（Copy B/L），無船長或其代理人簽字蓋章，僅供工作上參考之用。

8）其他種類提單

①集裝箱提單（Container B/L）。

②艙面提單（On Deck B/L），貨裝在船舶甲板上所簽發的提單，風險較大。

③過期提單（Stale B/L），超過簽發日期后21天才交到銀行議付的提單，一般銀行會拒受這種過期提單，但合同中訂有「過期提單可以接受」（Stale B/L acceptable）條款者例外。

2. 其他運輸單據

（1）鐵路運單（Railway B/L）

鐵路運輸可分為國際鐵路聯運和國內鐵路運輸兩種方式，前者使用國際鐵路聯運運單，后者使用國內鐵路運單。通過鐵路對港、澳出口的貨物，由於國內鐵路運單不能作為對外結匯的憑證，故使用承運貨物收據這種特定性質和格式的單據。

1）國際鐵路貨物聯運運單

國際鐵路貨物聯運所使用的運單是鐵路與貨主間締結的運輸契約。該運單從始發站隨同貨物附送至終點站並給收貨人，它不僅是鐵路承運貨物出具的憑證，也是鐵路同貨主交接貨物、核收運雜費和處理索賠與理賠的依據。該運單副本在鐵路加蓋承運日期戳記后發還給發貨人作為賣方憑此向銀行結算貨款的主要證件之一。

2）承運貨物收據（Cargo Receipt）

承運貨物收據是港澳聯運中使用的一種結匯單據。由於內地鐵路部門發往香港貨物不能只使用一張單據，因此鐵路提供的貨物運單不能作為結匯的憑證，改由中國外運公司憑鐵路運單以運輸承運人的身分另外簽發給經深圳中轉至香港貨物的承運收據，交由出口企業憑之向銀行或通過銀行向收貨人收匯。承運貨物收據起到了類似海運提單或國際聯運運單副本的作用，既代表貨物的所有權，又是香港收貨人的提貨證明，也是貨運雙方的運輸契約和承運人貨物收據。承運貨物收據有時還可以用於公路、河運等其他運輸方式。

（2）航空運單（Air Way Bill，AWB）

航空運單是承運人與托運人之間簽訂的運輸契約，也是承運人或其代理人簽發的貨物收據，還可作為承運人核收運費的依據和海關查驗放行的基本單據。但航空運單不是物權憑證，不能通過背書轉讓。收貨人提貨不是憑航空運單，而是憑航空公司的提貨通知單。航空運單正本一式三份，第一份由航空公司留存，第二份隨機交給收貨人，第三份交托運人辦理收付或托收。

（3）郵包收據（Parcel Post Receipt）

郵包收據是郵包運輸的主要單據，它既是郵局收到寄件人的郵包后所簽發的憑證，也是收件人憑此提取郵件的憑證，當郵包發生損壞或丟失時，它還可以作為索賠和理賠的依據，但它不是物權憑證。

（4）多式聯運單據（Multimodal Transport Documents）

多式聯運單據是為了適應集裝箱運輸的需要而出現的一種聯運單據。它是由多式聯運經營人簽發給托運人的對運輸全程負總責的一種單證。因此，它與聯運提單不同之處主要有兩點：一是承運人的責任不同，前者對全程負責，後者是分段負責，簽發提單人只對他所承運的第一段負責；二是運輸方式的組合不同，多式聯運單據既適用於包括海運在內的各種方式的聯合運輸，也適用於不包括海運的各種方式的聯合運輸，而聯運提單只適用於海運同其他方式所組成的聯合運輸。

《跟單信用證統一慣例》（600）第19條和2007年修訂的ISBP（國際標準銀行實務）也有相關條款的規定：

1）如果信用證要求提交包括至少兩種運輸方式的運輸單據，並且運輸單據明確表明其覆蓋自信用證規定的貨物接管地及/或港口、機場或裝貨地至最終目的地的運輸，則適用第19條之規定。在此情況下，多式聯運單據不能表明運輸僅由一種運輸方式完成，但就採用何種運輸方式可不予說明。

2）本文件中所指多式聯運單據還包括聯合運輸單據。單據不一定非使用「多式聯運單據」或「聯合運輸單據」的名稱才是UCP第19條下可接受的單據，即使信用證使用了此類表述。

5.4 進出口貨物報檢知識

5.4.1 進出口商品檢驗概述

1. 進出口商品檢驗的定義及檢驗內容

進出口商品檢驗簡稱商檢，是在國際貨物買賣過程中，由國家設置的檢驗管理機構或由經政府註冊批准的第三方民間公證鑒定機構，對進出口商品的品質、數量、重量、包裝、安全衛生、檢疫以及裝運條件等進行的檢驗、鑒定和管理工作。

進出口貨物的檢驗是指，進出口商品的外貿關係人（生產單位、經營單位、收發貨人、接運單位），按照《商檢法》《動檢法》《衛檢法》《食品衛生法》的規定，對法定檢驗檢疫的進出境貨物，向檢驗檢疫機構申請辦理檢驗、檢疫、認定、鑒定手續。

商檢包括商品品質檢驗（質量檢驗）、商品殘損檢驗、商品數量和重量檢驗、商品衛生檢驗、商品包裝檢驗、商品的安全性能檢驗等。進出口貨物根據買賣合同和信用證中的規定，選擇相應的商品檢驗類別進行商檢。

2. 商品檢驗的時間和地點

（1）報檢時限

1）出境貨物最遲應在出口報關或裝運前 7 天報檢，對於個別檢驗檢疫週期較長的貨物，應留有相應的檢驗檢疫時間。

2）需隔離檢疫的出境動物在出境前 60 天預報，隔離前 7 天報檢。

3）出境觀賞動物應在動物出境前 30 天到出境口岸檢驗檢疫機構報檢。

（2）報檢地點

在國際貨物買賣合同中，根據國際貿易習慣和中國的業務實踐，有關檢驗時間和地點的規定辦法可歸納為以下幾種：

1）出口國產地（工廠）檢驗

2）在裝運港（地）檢驗重量、目的港（地）檢驗品質

裝運港（地）檢驗又稱「離岸品質、離岸重量」（Shipping Quality and Weight），它是貨物在裝運港或裝運地交貨前，由買賣合同中規定的檢驗機構對貨物的品質、重量（數量）等項內容進行檢驗鑒定，並以該機構出具的檢驗證書作為最后依據。

3）出口國檢驗，進口國復檢

這種做法兼顧了買賣雙方的利益，較為公平合理，因而它是國際貨物買賣中最常見的一種規定檢驗時間和地點的方法，也是中國進出口業務中最常用的一種方法。

3. 中國進出口商品的檢驗機構及其職責任務

中華人民共和國國家進出口商品檢驗局，簡稱國家商檢局，是國務院設立的主管全國進出口商品檢驗工作的政府機構。

國家商檢局在省、自治區、直轄市以及進出口商品的口岸、集散地設立的進出口商品檢驗局（統稱商品檢驗機構）管轄所負責地區的進出口商品檢驗工作。中國各省、市、自治區商檢局及商檢公司主要機構共有 35 個進出口商品檢驗局：中華人民共和國國家進出口商品檢驗局、各省市自治區進出口商品檢驗局、廈門、深圳、寧波等。中國商檢的英文名稱及代號為：China Import/Export Commodity Inspection Bureau，CCIB。

（1）國際貿易領域中商品檢驗機構的種類

1）國家設立的官方商檢機構。

2）民間私人或社團經營的非官方機構。

3）工廠企業、用貨單位設立的化驗室、檢測室等。

(2) 中國商檢機構的職責任務

中華人民共和國商品檢驗及其分支機構，統一按照《商檢條例》執行檢驗任務。主要任務包括：對所有進出口商品的品質實施監督管理；辦理對外貿易公證鑒定業務。

1）法定檢驗與非法定檢驗

進出口商品分法定檢驗商品和非法定檢驗商品。法定檢驗是指商檢機構依據國家法律、法規對重點進出口商品實行的一種強制性檢驗。

根據國家法令規定，對指定的重要進出口商品執行強制性檢驗。其方法是根據買賣雙方簽訂的經濟合同或標準進行檢驗，對合格商品簽發檢驗證書，作為海關放行憑證。未經檢驗或檢驗不合格的商品，不準出口或進口。

法定檢驗的商品範圍包括：

①列入《商檢機構實施檢驗的商品種類表》的進出口商品。

②《中華人民共和國食品衛生法》和《進出境動植物檢疫法》規定的商品。

③對出口危險貨物包裝容器、危險貨物運輸設備和工具的安全技術的性能和使用鑒定。

④對裝運易腐爛變質食品、冷凍品的船隻和集裝箱等運輸工具實施適載檢驗。

⑤根據國外法規要求強制檢驗或認證的商品。

⑥對外貿易合同規定由商檢局檢驗出證的進出口商品。

以上範圍之外的進口商品為非法定檢驗商品。

2）監督管理

監督管理是指檢驗檢疫機構通過行政管理手段，對本地區進出口商品的檢驗檢疫工作進行監督管理。其範圍包括對一切進出口商品的質量、規格、數量、重量、包裝以及生產經營、倉儲、運輸、安全和衛生要求等進行檢驗、鑒定。商檢機構除依法對規定的進出口商品實施檢驗外，還有權對規定以外的進出口商品進行抽查檢驗。

3）鑒定業務

鑒定業務是指商檢機構接受對外貿易關係人的申請或外國檢驗機構的委託，以公證的態度，對進出口商品進行鑒定，簽發鑒定證書，作為申請人辦理進出口商品的交接、結算、報關、納稅、計費、理算、索賠、仲裁等的有效依據。

鑒定業務與法定檢驗不同，它不具有強制性。

鑒定業務的範圍主要包括：進出口商品的質量、數量、重量、包裝、海損、商品殘損的鑒定；貨載衡量、車輛、船艙集裝箱等運輸工具的清潔、密固和冷藏效能等裝運技術的鑒定；抽取並簽發各類樣品，簽發價值證書等。

4. 商品檢驗證書

商品檢驗檢疫證書是指進出口商品經商品檢驗檢疫機構檢驗、鑒定后出具的證明檢驗檢疫結果的書面文件。商品檢驗檢疫證書的種類很多，在實際進出口商品交易中，應在檢驗檢疫條款中規定檢驗檢疫證書的類別及其商品檢驗檢疫的要求。

商品檢驗檢疫證書的種類常見有如下12種：

(1) 品質檢驗證書

品質檢驗證書是出口商品交貨結匯和進口商品結算索賠的有效憑證、法定檢驗商品的證書，是進出口商品報關、輸出輸入的合法憑證。商檢機構簽發的放行單和在報

關單上加蓋的放行章有與商檢證書同等的通關效力；簽發的檢驗情況通知單同為商檢證書性質。

（2）重量或數量檢驗證書

重量或數量檢驗證書是出口商品交貨結匯、簽發提單和進口商品結算索賠的有效憑證、出口商品的重量證書，也是國外報關徵稅和計算運費、裝卸費用的證件。

（3）獸醫檢驗證書

獸醫檢驗證書是證明出口動物產品或食品經過檢疫合格的證件，適用於凍畜肉、凍禽、禽畜罐頭、凍兔、皮張、毛類、絨類、豬鬃、腸衣等出口商品，是對外交貨、銀行結匯和進口國通關輸入的重要證件。

（4）衛生健康證書

衛生健康證書是證明可供人類食用的出口動物產品、食品等經過衛生檢驗或檢疫合格的證件，適用於腸衣、罐頭、凍魚、凍蝦、食品、蛋品、乳製品、蜂蜜等，是對外交貨、銀行結匯和通關驗放的有效證件。

（5）消毒檢驗證書

消毒檢驗證書是證明出口動物產品經過消毒處理，保證安全衛生的證件，適用於豬鬃、馬尾、皮張、山羊毛、羽毛、人髮等商品，是對外交貨、銀行結匯和國外通關驗放的有效憑證。

（6）熏蒸證書

熏蒸證書是用於證明出口糧谷、油籽、豆類、皮張等商品以及包裝用木材與植物性填充物等，已經過熏蒸滅蟲的證書。

（7）殘損檢驗證書

殘損檢驗證書是證明進口商品殘損情況的證件，適用於進口商品發生殘、短、漬、毀等情況，可作為受貨人向發貨人或承運人或保險人等有關責任方索賠的有效證件。

（8）積載鑒定證書

積載鑒定證書是證明船方和集裝箱裝貨部門正確配載積載貨物，作為證明履行運輸契約義務的證件，可供貨物交接或發生貨損時處理爭議之用。

（9）財產價值鑒定證書

財產價值鑒定證書是作為對外貿易關係人和司法、仲裁、驗資等有關部門索賠、理賠、評估或裁判的重要依據。

（10）船艙檢驗證書

船艙檢驗證書用以證明承運出口商品的船艙清潔、密固、冷藏效能及其他技術條件是否符合保護承載商品的質量和數量完整與安全的要求，可作為承運人履行租船契約適載義務，對外貿易關係方進行貨物交接和處理貨損事故的依據。

（11）生絲品級及公量檢驗證書

生絲品級及公量檢驗證書是出口生絲的專用證書。其作用相當於品質檢驗證書和重量、數量檢驗證書。

（12）產地證明書

產地證明書是出口商品在進口國通關輸入和享受減免關稅優惠待遇和證明商品產地的憑證。

5. 合同中的商品檢驗條款舉例

（1）出口合同中的商品檢驗條款

「雙方同意以中國進出口商品檢驗局所簽發的品質/數量檢驗證書作為信用證項下議付單據的一部分。買主有權對貨物進行復檢。復檢費由買方負擔。如發現品質或數量與合同不符，買方有權向賣方索賠，但需提供經賣方同意的公證機構出具的檢驗報告。索賠期限為貨到達目的港××天內。」

（2）進口合同中的商品檢驗條款

「雙方同意以製造廠（或××檢驗機構）出具的品質及數（重）量檢驗證明書作為有關信用證項下付款的單據之一。貨到目的港經中國進出口商檢局復驗，如發現品質或數（重）量與本合同規定不符，除屬保險人或承運人責任外，買方憑中國出入境檢驗檢疫機構的檢驗證書，在索賠有效期內向賣方提出退貨或索賠。索賠有效期為××天，自貨物卸畢日期起計算。所有退貨或索賠引起的一切費用（包括檢驗費）及損失均由賣方負擔。」

（3）合同中訂立商品檢驗條款的注意事項

1）確定檢驗方式；
2）確定檢驗內容；
3）慎選檢驗機構；
4）明確檢驗費用由誰承擔；
5）檢驗權的約定應公平合理。

5.4.2　出口商品報檢的注意事項

（1）出境貨物最遲應在出口報關或裝運前7天報檢，對個別檢驗檢疫週期較長的貨物，應留有相應的檢驗檢疫時間；需隔離檢疫的要在出境前60天預約報檢，隔離前7天報檢。

（2）法定檢驗檢疫貨物，原則上實施產地檢驗檢疫（活動物需由口岸檢驗檢疫機構檢驗檢疫外），包括飼養、野生的活動物，如畜、禽、獸、鱷魚、蛇、龜、魚、蝦、蟹、貝、蠶、蜂、實驗動物、動物遺傳物質（精液、胚胎、受精卵）等。

（3）經進出口檢驗檢疫檢驗合格的進出口貨物，如果產地和報關地一致，檢驗機構出具《出境貨物通關單》；如果產地和報關地不一致（即異地報關），產地檢驗機構出具電子版《出境貨物換證憑單》，需要到報關地換發通關單。海關憑報關地檢驗檢疫機構簽發的《出境貨物通關單》查驗放行。

（4）經進出口檢驗檢疫檢驗不合格的進出口貨物，檢驗機構出具《出境貨物不合格通知單》。

5.5　進出口貨物投保知識

5.5.1　進出口貨物運輸保險投保

中國出口貨物一般採取逐筆投保的辦法。按FOB或CFR術語成交的出口貨物，賣方無辦理投保的義務，但賣方在履行交貨之前，貨物自倉庫到裝船這一段時間內，仍承擔貨物可能遭受意外損失的風險，需要自行安排這段時間內的保險事宜。按CIF或CIP等術語成交的出口貨物，賣方負有辦理保險的責任，一般應在貨物從裝運倉庫運往碼頭或車站之前辦妥投保手續。中國進口貨物大多採用預約保險的辦法，各專業進出口公司或其收貨代理人同保險公司事先簽有預約保險合同（Open Cover）。簽訂合同後，

保險公司負有自動承保的責任。

進出口貨物運輸險保險金額確定和保險費的計算如下：

1. 保險金額（Insured Amount）

按照國際保險市場的習慣做法，出口貨物的保險金額一般按 CIF 貨價另加 10% 計算，這增加的 10% 叫保險加成，也就是買方進行這筆交易所付的費用和預期利潤。保險金額計算的公式是：

保險金額＝CIF 貨值×(1+加成率)

2. 進出口貨運險保險費（Premium）

投保人按約定方式繳納保險費是保險合同生效的條件。保險費率（Premium Rate）是由保險公司根據一定時期、不同種類的貨物的賠付率，按不同險別和目的地確定的。保險費則根據保險費率表按保險金計算。其計算公式是：

保險費＝保險金額×保險費率

在中國出口業務中，CFR 和 CIF 是兩種常用的術語。鑒於保險費是按 CIF 貨值為基礎的保險額計算的，兩種術語價格應按下述方式換算：

由 CIF 換算成 CFR 價：CFR＝CIF×[1－保險費率×(1+加成率)]
由 CFR 換算成 CIF 價：CIF＝CFR/[1－保險費率×(1+加成率)]

在進口業務中，按雙方簽訂的預約保險合同承擔，保險金額按進口貨物的 CIF 貨值計算，不另加減，保費率按「特約費率表」規定的平均費率計算；如果 FOB 進口貨物，則按平均運費率換算為 CFR 貨值後再計算保險金額。其計算公式如下：

FOB 進口貨物：保險金額＝[FOB 價×(1+平均運費率)]/(1－平均保險費率)
CFR 進口貨物：保險金額＝CFR 價/(1－平均保險費率)

5.5.2 進出口貨運險保險單據

在國際貿易業務中，常用的保險單據主要有保險單和保險憑證兩種形式。

1. 保險單（Insurance Policy 或 Policy）

保險單俗稱大保單。它是保險人和被保險人之間成立保險合同關係的正式憑證，因險別的內容和形式有所不同，海上保險最常用的形式有船舶保險單、貨物保險單、運費保險單、船舶所有人責任保險單等。其內容除載明被保險人、保險標的（如是貨物段填明數量及標誌）、運輸工具、險別、起訖地點、保險期限、保險價值和保險金額等項目外，還附有保險人責任範圍以及保險人和被保險人的權利和義務等方面的詳細條款。如當事人雙方對保險單上所規定的權利和義務需要增補或刪減，可在保險單上加貼條款或加註字句。保險單是被保險人向保險人索賠或對保險人上訴的正式文件，也是保險人理賠的主要依據。保險單可轉讓，通常是被保險人向銀行進行押匯的單證之一。在 CIF 合同中，保險單是賣方必須向買方提供的單據。

2. 保險憑證（Insurance Certificate）

保險憑證俗稱小保單。它是保險人簽發給被保險人、證明貨物已經投保和保險合同已經生效的文件。證上無保險條款，表明按照本保險人的正式保險單上所載的條款辦理。保險憑證具有與保險單同等的效力，但在信用證規定提交保險單時，一般不能以保險單的簡化形式代替。

5.5.3 進出口貨運險保險索賠

這是指當被保險人的貨物遭受承保責任範圍內的風險損失時，被保險人向保險人

提出的索賠要求。在國際貿易中，如由賣方辦理投保，賣方在交貨后即將保險單背書轉讓給買方或其收貨代理人，當貨物抵達目的港（地），發現殘損時，買方或其收貨代理人作為保險單的合法受讓人，應就地向保險人或其代理人要求賠償。中國保險公司為便利中國出口貨物運抵國外目的地後及時檢驗損失，就地給予賠償，已在100多個國家建立了檢驗或理賠代理機構。至於中國進口貨物的檢驗索賠，則由有關的專業進口公司或其委託的收貨代理人在港口或其他收貨地點，向當地人民保險公司要求賠償。被保險人或其代理人向保險人索賠時，應做好下列幾項工作：

（1）當被保險人得知或發現貨物已遭受保險責任範圍內的損失，應及時通知保險公司，並盡可能保留現場。由保險人會同有關方面檢驗、勘察損失程度，調查損失原因，確定損失性質和責任，採取必要的施救措施，並簽發聯合檢驗報告。

（2）當被保險貨物運抵目的地，被保險人或其代理人提貨時發現貨物有明顯的受損痕跡、整件短少或散裝貨物已經殘損，應立即向理貨部門索取殘損或短少證明。如貨損涉及第三者的責任，則首先應向有關責任方提出索賠或聲明保留索賠權。在保留向第三者索賠權的條件下，可向保險公司索賠。被保險人在獲得保險補償的同時，須將受損貨物的有關權益轉讓給保險公司，以便保險公司取代被保險人的地位或以被保險人名義向第三者責任方進行追償。保險人的這種權利，叫做代位追償權（The Right of Subrogation）。

（3）採取合理的施救措施。保險貨物受損后，被保險人和保險人都有責任採取可能的、合理的施救措施，以防止損失擴大。因搶救、阻止、減少貨物損失而支付的合理費用，保險公司負責補償。被保險人能夠施救而不履行施救義務，保險人對於擴大的損失甚至全部損失有權拒賠。

（4）備妥索賠證據，在規定時效內提出索賠。保險索賠時，通常應提供的證據有：保險單或保險憑證正本；運輸單據；商業票和重量單、裝箱單；檢驗報單；殘損、短量證明；向承運人等第三者責任方請求賠償的函電或其證明文件；必要時還需提供海事報告；索賠清單，主要列明索賠的金額及其計算依據，以及有關費用項目和用途等。根據國際保險業的慣例，保險索賠或訴訟的時效為自貨物在最后卸貨地卸離運輸工具時起算，最多不超過兩年。

5.5.4 在洽商進出口貨運險保險條款時應注意的問題

（1）應尊重對方的意見和要求。

（2）如果國外客戶要求我們按倫敦保險協會條款投保，我們可以接受客戶要求，訂立在合同裡。因為英國倫敦保險協會條款，在世界貨運保險業務中有很大的影響，很多國家的進口貨物保險都採用這種條款。

（3）經托收方式收匯的出口業務，應爭取用 CIF 價格條件成交，以減少風險損失。因為在我們交貨后，如貨物出現損壞或滅失，買方拒贖單，我保險公司可以負責賠償，並向買方追索賠償。

5.6 進出口貨物報關知識

5.6.1 報關程序概述

1. 報關程序的概念

（1）含義

報關程序是指進出口貨物的收貨人、發貨人、運輸負責人、物品的所有人或其專

業代理人按照海關的規定，辦理貨物、物品、運輸工具進出境及相關海關事務的手續及步驟。

（2）進出境貨物的分類

這主要是根據海關對進出境貨物的不同監管要求來分類的：

1）一般進出口貨物；
2）保稅貨物；
3）特定減免稅貨物；
4）暫準進出境貨物；
5）其他進出境貨物。

（3）報關過程中的三個階段

1）前期階段

某些進出口貨物進出境前，報關單位根據海關對這些貨物的監管要求，向海關辦理備案的過程。

2）貨物進出境階段

根據海關對進出境貨物的監管制度，報關單位在貨物進出境時辦理通關手續的過程。

①進出口貨物的申報（必須由報關員完成的環節）

報關單位在海關法規定的時間內，按照海關規定的形式，向海關報告進出境貨物的情況，提請海關按照其申報的內容放行貨物的環節。進口貨物在運輸工具申報進境之日起 14 日內向海關申報。而出口貨物由發貨人在貨物運抵海關監管區后，裝貨的 24 小時以前，向海關申報。

②配合查驗（可以由報關員完成的環節）

報關單位（報關員）在海關決定查驗貨物時，應在場配合海關查驗貨物，負責搬運、開箱、封箱等，並檢查貨物是否損壞（報關單位配合查驗貨物）。

③繳納稅費

報關單位根據海關開具的繳納稅費通知書，向海關指定銀行繳納貨物進出口稅或海關監管費。

④提取或裝運貨物

完成上述環節並在海關決定放行后，憑加蓋海關放行章的提貨單或裝運單提取（進口）或裝運（出口）貨物的環節。

3）后續階段

根據海關對某些特定貨物的監管要求，其報關單位在貨物進出境並完成相應的處理過程后，向海關辦理核銷、銷案、申請解除監管手續的過程。

2. 電子報關和通關

（1）電子報關

電子報關是指進出口貨物的收發貨人或其代理人通過計算機系統，按照《中華人民共和國海關進出口貨物報關單填製規範》的要求，向海關傳送報關單電子數據並備齊隨附單證的申報方式。

報關單位：進出口貨物的收發貨人或其代理人。

報關方式：通過計算機系統向海關傳送報關單電子數據並備齊隨附單證。

法律依據：《中華人民共和國海關進出口貨物報關單填製規範》。
(2) 報關單形式
1) 紙質報關單：印刷製作，按照要求需計算機打印填製或手工填製。
2) 電子報關單：電子數據的形式，通過和海關計算機聯網的計算機系統向海關傳送。
它們兩者具有同等的法律效力。在特殊情況下，可以單獨使用其中的一種方式。
(3) 電子通關系統（3種）
1) 海關 H833/EDI 通關系統
這是海關早期開發的電子通關系統，採用遠程申報（Electronic Date Interchange）電子商務的方式。報關單位在微機中安裝 EDI 系統，使用該系統錄入報關單內容並轉換為標準格式的數據報文，向海關系統發送報關單電子數據並接受海關反饋的通關信息。
2) 海關 H2000 通關系統
H2000 通關系統是 H833 的通關系統的升級替代項目。所以說現在通關系統採用的基本上就是這個系統，H833 的通關系統基本上已經不用了。
該系統是全國範圍的海關信息數據庫和作業平臺。借助於這套系統，報關單位可以在其辦公場所辦理有關的海關申報、備案業務，為進出口貨物通關提供了便利的條件。
3) 中國電子口岸系統
中國電子口岸系統又叫口岸電子執法系統，簡稱電子口岸。
由與進出口有關的 12 個國家部委（海關總署、商務部、國家稅務總局、國家外匯管理局等這些主要的部委）利用計算機和互聯網技術，將各自管理的進出口業務信息電子底帳數據集中存放到公共數據中心，向政府管理機關提供跨部門、跨行業聯網數據核查，同時企業可以上網上辦理各種進出口業務。

5.6.2 一般進出口貨物的報關程序
1. 概述
(1) 概念
1) 一般進出口貨物的含義
一般進出口貨物是指在進出境環節繳納了應徵的進出口稅費，並辦結了所有必要的海關手續，海關放行后不再進行監管的進出口貨物。
一般進出口貨物是從海關監管的角度來劃分的，一般進出口貨物海關放行后不再進行監管。這裡的一般進出口貨物是相對於保稅貨物、特定減免稅貨物、暫準進出口貨物而言的，因為這些貨物都需要經過前期和后續的監管階段。
2) 一般進出口貨物和一般貿易貨物的區別
①一般進出口貨物是按照海關監管方式劃分的進出口貨物，是海關的一種監管制度的體現，是相對於保稅貨物、暫準進出口貨物、特定減免稅貨物而言。
②一般貿易貨物是按照國際貿易方式劃分的進出口貨物，也就是說一般貿易是屬於國際貿易方式的其中一種貿易方式。
國際貿易方式：是指營業地在不同國家或地區的當事人之間進行貨物買賣所取得的具體交易方法和商品流通渠道。
貿易方式主要有：一般貿易（逐筆售定）、補償貿易、進料加工、來料加工、易貨

貿易、寄售、招標、拍賣等

以一般貿易方式進口的貨物，可以是一般進出口貨物，也可以是保税貨物或特定減免税貨物等。

一般進出口貨物可以是以一般貿易方式進口的貨物，也可以是以別的貿易方式進口的貨物，例如，以補償貿易、以易貨貿易進出口的貨物。

只要進口的時候不需要經過前期階段和后續階段的就屬於一般進出口貨物。

這兩者之間的區別主要就是他們劃分的角度不同。

（2）一般進出口貨物的特徵

1）在進出境時繳納進出口税費

一般進出口貨物的收發貨人按規定繳納税費。

2）進出口時提交相關的許可證

需要提交許可證的，要提交許可證。

3）海關放行即辦理結關手續

（3）範圍

1）不享受特定減免税或不準予保税的一般貿易進口貨物。

2）轉為實際進口的原保税貨物。

3）轉為實際進口或者出口的原暫準進出境貨物。

4）易貨貿易、補償貿易的進出口貨物。

易貨貿易：是買賣雙方之間進行的貨物或勞務等值或基本等值的直接交換。

補償貿易：交易的一方在對方提供信貸的基礎上，進口設備或技術，而用向對方返銷進口設備及或技術所生產的直接產品或相關產品或其他產品或勞務所得的價款分期償還進口價款的一種貿易做法。

5）不準予保税的寄售代銷貿易貨物

寄售是一種委託代售的貿易方式，寄售人（賣方或者貨主）先將準備銷售的貨物運往國外寄售地，委託當地代銷人按照寄售協議中的條件和辦法代為銷售的方式。

2. 程序

報關包括四個環節：進出口申報、配合查驗、繳納税費和提取或裝運貨物。

（1）進出口申報

1）法律依據

《中華人民共和國海關法》及相關的法律法規。

2）規定的地點：

①進口貨物應當在進境地海關申報。

②出口貨物應當在出境地海關申報。

③收發貨人申請，海關同意，進口可以在指運地海關申報；出口貨物可以在啓運地海關申報。

④保税、特定減免税貨物、暫準進境貨物，要改變使用目的從而改變貨物的性質為一般貿易的時候，報關的地點是所在地主管海關。

3）規定的期限

①進口貨物：運載進口貨物的運輸工具申報進境之日起 14 天內（期限的最後一天是法定節假日或休息日的，順延到節假日或休息日后的第一個工作日）。

②出口貨物：貨物運抵海關監管區后、裝貨的24小時以前。
③經海關批准允許集中申報的進口貨物：在運輸工具申報進境之日起一個月內辦理申報。
④特殊貨物：經電纜、管道或其他方式（網絡）進出境的貨物，按照海關規定定期申報。

4）申報步驟
①準備申報單證（2大類單證：主要單證、隨附單證）
A. 主要單證：報關單。
B. 隨附單證：隨附單證又包括三種，即基本單證、特殊單證和預備單證。
基本單證：進出口貨物的貨運單據和商業單據。
特殊單證：進出口許可證、加工貿易登記手冊、特定減免稅證明、原產地證明書、出口收匯核銷單等。
預備單證：貿易合同、進出口企業的有關證明文件。預備單證是海關在審單、徵稅的時候需要調閱或者收取備案的。
準備申報單證的基本原則：主要單證填製必須真實、準確、完整；隨附單證必須齊全、有效、合法。
②申報前看貨取樣（僅對於進口貨物而言）
目的：準確確定進口貨物的品名、規格、型號，瞭解貨物的狀況，便於正確申報。
方法：收貨人提出申請；海關同意並派員現場監管。海關開具取樣記錄和取樣清單，取樣后要正確填寫。
③申報
申報步驟如下：
A. 電子數據申報
申報方式：a. 終端申報方式；b. 委託EDI申報方式；c. 自行EDI方式；d. 網上申報方式。
申報結果：a. 接受申報；b. 不接受申報。
接受申報：報關企業收到海關反饋的「接受申報」的報文和「現場交單」或「放行交單」通知，那麼就表示申報成功。
不接受申報：報關企業收到海關反饋的「不接受申報」的報文，表示申報不成功；應根據報文提示的問題進行修改，並重新申報。
B. 提交紙質報關單和隨附單證
收到「現場交單」或「放行交單」通知之日起10日內，報關單位持打印的紙質報關單及隨附單證並簽名蓋章，到貨物所在地海關提交書面單證並辦理相關手續。
注意：海關接受申報后，申報內容不得修改，報關單證不得撤銷；但下列情況經批准可以進行修改或撤銷：
a. 由於計算機或網絡系統等方面的原因導致數據錯誤；
b. 原申報貨物全部或部分退關；
c. 報關員操作或書寫錯誤造成申報差錯，但未造成危害的；
d. 海關升級或歸類后需對原數據進行修改的；
e. 根據國際慣例採用暫時價格先行成交，實際結算時按商品品質或國際市場價格

付款方式需要修改原申報單。

另外，海關布控、查驗的進口貨物，不得修改報關單內容或撤銷申報。

（2）配合查驗

貨物查驗，是海關根據國家的法律規定確定進出境貨物的性質、價格、數量、原產地、貨物狀況等是否與報關填報內容一致的行為。

查驗目的：檢查核實所報貨物有無偽報、瞞報、申報不實等走私違規行為，並為海關進行徵稅、統計、后續管理提供可靠的資料。

查驗要求：進出口貨物的收發貨人或其代理人應該在場。

1）海關查驗

①查驗地點：海關監管區或裝卸現場；特殊情況下海關可以派員到監管區外進行查驗。

②查驗時間：海關以書面形式提前通知（正常工作日）；特殊情況下經申請也可以在其他時間查驗。

③查驗方式：徹底查驗、抽查、外形查驗三種；復驗，二次查驗。

④徑行開驗，報關單位不在場，但須有見證人在場（倉庫管理人員等），並在報告上簽字。

2）配合查驗

①負責搬運貨物、開箱、封箱；

②回答提問，提供有關單證；

③需要做進一步檢驗、化驗或鑒定的貨樣，收取海關開局的取樣清單；

④確認查驗結果，在《海關進出境貨物查驗記錄單》上簽字。

3）貨物損壞及賠償

以下情況不屬於海關賠償範圍：

①搬運貨物、開箱、封箱不慎造成損壞的；

②易腐、易失效物品在海關正常工作時間內變質失效的；

③正常磨損；

④查驗之前已經損壞的；

⑤不可抗拒力造成的貨物損失等。

注意：正常查驗時未提出異議的，事后發現損壞，海關不負責賠償。

（3）繳納稅費

經海關審核報關單，並查驗貨物無誤后，海關根據申報的貨物計算稅費並打印納稅繳款書和收費票據。

憑海關簽發的繳稅通知書和收費單據在限定的時間內向指定銀行繳納稅費，或在網上進行電子支付。

（4）提取或裝運貨物

1）海關進出境現場放行和貨物結關

①海關進出境現場放行：經上述過程后，海關對進出口貨物作出結束海關現場監管的決定，允許進出口貨物離開海關監管現場的工作環節。

②海關現場放行：這包括兩種情況：一種情況是結關，另一種情況是進入海關的后期監管。

2）提取、裝運貨物：憑單辦理取貨（進口）或裝運（出口）

進口：進出口貨物收發貨人或者是其代理人，憑著加蓋「海關放行章」的進口提貨憑證提貨。

出口：憑著加蓋「海關放行章」的出口貨物裝貨憑證辦理貨物裝運手續。

3）申請簽發證明聯

需要海關簽發證明的，可以向海關提出申請，海關在簽發證明的同時通過電子口岸執法系統向有關單位傳送相關數據進行備案，常見證明如下：

①進口付匯證明

②出口收匯證明

③出口收匯核銷單

出口收匯核銷單是指由國家外匯管理局及其分局制發的，出口單位憑以向海關出口報送，向外匯指定銀行辦理出口收匯，向外匯局辦理出口收匯核銷，向稅務機關辦理退稅申報的有統一編號及使用期限的憑證。

④出口退稅證明

⑤進口貨物證明

5.7 信用證

5.7.1 信用證概述

信用證是由銀行（開證人）依照客戶（申請人）的要求和指示，向第三者（受益人）或其指定方開具的載有一定金額，在一定期限內憑符合規定的單據付款的書面保證文件。按新修訂的 UCP600 的定義，信用證意指一項約定，無論其如何命名或描述，該約定不可撤銷並因此構成開證行對於相符提示予以兌付的確定承諾。

在信用證付款條件下，銀行承擔第一性付款責任，因此，信用證付款的性質屬於銀行信用。

1. 信用證的當事人

L/C 涉及的當事人比較多，主要有：

（1）開證人（Applicant）

開證人又稱開證申請人，按新修訂的 UCP600 的定義，申請人意指發出開立信用證申請的一方，一般是進口商。要在規定的時間內開證，交開證押金並及時付款贖單。

（2）開證行（Opening Bank, or Issuing Bank）

按新修訂的 UCP600 的定義，開證行意指應申請人要求或代表其自身開立信用證的銀行。

（3）通知行（Advising Bank, or Notifying Bank）

按新修訂的 UCP600 的定義，通知行意指應開證行要求通知信用證的銀行。它無須承擔責任，但應合理審慎地核對 L/C 上的印鑒或電開 L/C 的密押，以證明所通知 L/C 的表面真實性。它通常是開證行的代理行（Correspondent Bank）。

（4）受益人（Beneficiary）

受益人意指信用證中受益的一方，即出口商或實際供貨人。它有按時交貨、提交符合 L/C 要求的單據、索取貨款的權利和義務，又有對其后的持票人保證匯票被承兌和付款的責任。

（5）付款行（Paying Bank, or Drawee Bank）

付款行指 L/C 上指定的付款銀行。付款行一般是開證行，也可以是開證行所指定的另一家銀行。它代開證行驗收單據，一旦驗單付款，付款行無權向受益人追索。

(6) 償付行（Reimbursing Bank）

償付行是 L/C 中所指定的代開證行償付議付票款的銀行。它通常是開證行的存款銀行或開證行的分行、支行。它與付款行的區別是：付款行是 L/C 上所指定的受票銀行，因此在它付匯之前必須審單；而償付行是代開證行對議付行或付款行進行帳務清算的銀行，因此它在進行償付前不進行審單。另外，在一筆跟單 L/C 業務中並非都有償付行，但任何一筆 L/C 業務都必須有付款行。

(7) 議付行（Negotiating Bank）

按新修訂的 UCP600 的定義，議付意指被指定銀行在其應獲得償付的銀行日或在此之前，通過向受益人預付或者同意向受益人預付款項的方式購買相符提示項下的匯票（匯票付款人為被指定銀行以外的銀行）及/或單據。它可以是指定的銀行，也可以是非指定的銀行，議付行不論開證行因何種原因不付款，都可以向受益人追索墊款。除非該行保兌了信用證。

關於議付的追索權，這裡應注意：

1）銀行提供議付時所要求的條件，即是否保留追索權，不能由 ICC 來裁定。那些條件取決於當地法律及議付行與出口商之間的關係。

2）應由受益人來決定是否接受那些條件並在「保留追索」的條件下取得款項。

3）在這些情況下，受益人最好使信用證可自由議付，以使其能夠把單據提交給一家一旦接受單據將始終信守決定的被指定銀行。

(8) 保兌行（Confirming Bank）

保兌行指對另一家銀行開出的 L/C 加以保證兌付的銀行。業務中保兌行通常是通知行。L/C 保兌后，就有兩家銀行對受益人負責。

2. 信用證的內容

信用證的內容隨不同交易的需要而定，各開證行習慣使用的格式也各不相同。雖然國際商會介紹過幾種標準格式，但實際業務中運用得並不多。一般而言，信用證的基本內容大致相同，主要包括以下幾項：

(1) 信用證本身的說明，如信用證的種類、金額、支付貨幣、號碼、開證日期、到期日、交單期限等。

例：我行開立保兌的、不可撤銷的跟單信用證，以貴公司為受益人，信用金額為 5,000 美元，到期日為 2003 年 3 月 15 日，到期地點為中國。

We hereby issue our confirmed irrevocable documentary L/C in your favor for the amount of USD 5,000. The credit is valid in China until 15th March, 2003.

(2) 信用證的當事人，如開證申請人、開證行、受益人、通知行、付款行、議付行、保兌行等。

(3) 匯票條款，包括匯票的種類、出票人、受票人、付款期限、一定的金額等，不需要匯票的信用證不需要此內容。

例：本信用證憑受益人開立的以我行為付款人的，按發票金額計算的無追索權的即期匯票付款。

This credit is available by beneficiary's draft, drawn on us, without recourse, at sight, for 100% of the invoice value.

（4）貨物的條款，包括貨物的品名、品質、數量、包裝、價格等。該條款必須與合同的內容一致。

（5）運輸條款，包括最遲裝運期、裝運地、目的地、可否分批、可否轉運等。

（6）單據條款，包括貨運單據、商業單據（商業發票、裝箱單、重量單）、官方單據（原產地證書、商檢證書）、保險單據等，有時還包括裝船通知、寄單證明等。信用證對所需要的單據往往規定份數及填製要求。

（7）特殊條款，視具體交易的需要而異。如要求通知行加保兌，限制由某銀行議付；限裝某船或不許裝某船；不準在某港停靠或不準採取某條航線；具備某條件信用證方開始生效等。

（8）開證行的保證文句，即開證行對受益人或持票人保證付款的文句。

例：對於根據本證開立的符合該證條款的匯票，並按時提示和交出符合規定的單據，我行保證向出票人、背書人和匯票的善意持有人承擔付款責任。

We hereby engaged in the drawer, endorsers and holders of draft under and in compliance with the terms of such draft shall be duly honored on due presentation and delivery of documents as specified.

由於已經有 1,000 多家銀行參加了環球銀行財務電訊協會（Society for Worldwide Inter-bank Financial Telecommunication, SWIFT），並使用該協會的信息系統，該系統為信用證設計了專門的格式，並可以通過 SWIFT 系統開立和傳遞信用證，這種信用證被稱為 SWIFT 信用證。採用 SWIFT 信用證必須遵守 SWIFT 使用手冊的規定，在信用證中可以省去銀行的承諾條款，但不能免去銀行所應承擔的義務。SWIFT 適合於全電開證，具有統一格式，已被廣泛使用。

3. 信用證的使用程序

在信用證方式下，結算工具與資金的流向相反，因此，也屬於逆匯。不同的信用證其具體做法存在一定的差異，但基本程序相同，參見圖3：

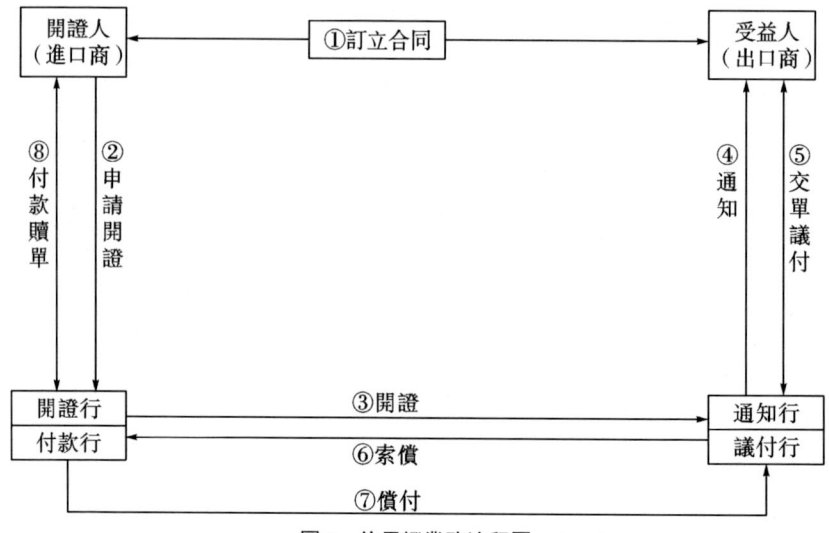

圖3　信用證業務流程圖

說明：

① 訂立合同。進出口雙方先就買賣貨物的交易條件進行磋商，達成交易后訂立買賣合同，明確規定買方以信用證方式支付貨款。

② 申請開證。進口方在合同規定的時限內向當地銀行申請開立信用證，並按合同內容填寫開證申請書，並向開證行交納一定比例的押金（Margin）或提供其他保證。

③ 開證。開證行按申請書規定的內容向指定受益人開立信用證，並將信用證直接郵寄或用電信工具通知出口地的代理銀行（通知行）轉遞或通知受益人。信用證的開證方式有信開（Open by Airmail）和電開（Open by Telecommunication）兩種。前者是指開證行開立正本一份和副本若干份，航寄通知行，如另指定議付行，則還須向議付行郵寄授權書。后者是由開證行將信用證的內容加註密押后用電信工具通知受益人所在地的代理行，請其通知受益人。

④ 通知。通知行收到信用證后，應立即核對開證行的簽字與密押，無誤后，除留存副本或複印件備查外，必須盡快將信用證轉交受益人。

⑤ 交單議付。賣方收到信用證后，如審核無誤，即按信用證要求發貨，在貨物發運完畢后，繕製並取得信用證所規定的全部單據，開立匯票與發票，向有關銀行議付貨款。

⑥ 索償。議付行將匯票和單據航寄給開證行或信用證指定的付款行請求償付。

⑦ 償付（Reimbursement）。開證行或指定的付款行收到議付行寄來的匯票和單據后，經核驗無誤，應立即將票款償付議付行，如發現單據與信用證不符，可以拒付，但應在不遲於收到單據的次日起 5 個營業日內通知議付行表示拒絕接受單據。

⑧ 付款贖單。開證行履行償付責任后，應立即向開證人提示單據。開證人核驗單據無誤后，即可付款取走全部單據，以提取貨物。

4. 信用證的特點和作用

按 UCP600 第 4 條，就性質而言，信用證與可能作為其依據的銷售合同或其他合同，是相互獨立的交易。即使信用證中提及該合同，銀行亦與該合同完全無關，且不受其約束。因此，一家銀行作出兌付、議付或履行信用證項下其他義務的承諾，並不受申請人與開證行之間或與受益人之間在已有關係下產生的索償或抗辯的制約。

信用證具有三個主要特點：

（1）開證行負第一性付款責任。不管進口商破產或拒付，只要單證相符，開證行就必須付款，所以，信用證是一種銀行信用，開證行的資信是能否安全收匯的重要條件。

（2）信用證是一項自足文件。信用證的條件雖然以買賣合同條款為依據，但一旦開立就彼此獨立，參與信用證業務的銀行只憑信用證條款辦事。出口商提交的單據即使符合買賣合同，但若與信用證條款不一致，仍會遭銀行拒付。

（3）信用證純粹是單據業務。銀行處理的只是單據，不問貨物、服務或其他行為。而且只強調從表面上確定其是否與信用證條款相符，以決定是否承擔付款的責任。這種符合的要求是十分嚴格的，在表面上決不能有任何差異。

概括起來，信用證結算方式的特點就是「一個原則」「兩個只憑」。「一個原則」是嚴格相符的原則，即單證一致、單單一致；「兩個只憑」就是只憑信用證條款辦事，不管買賣合同約束，只憑有關單據辦事，不問貨物的真實情況。

在新修訂的 UCP600 下，要做到相符交單，應注意下面的問題：

根據 UCP600 第 2 條（定義）中的規定：「相符交單是指與信用證條款、本慣例的相關適用條款以及國際標準銀行實務一致的交單。」（Complying presentation means a presentation that is in accordance with the terms and conditions of the credit, the applicable provisions of these rules and international standard banking practice.）（UCP600 Art. 2）。這是《跟單信用證統一慣例》第一次對相符交單進行清晰的定義。特別值得注意的是，這一定義與傳統上人們對相符交單的理解存在著較大的差異。

傳統上，在銀行從事國際結算工作的員工以及進出口企業的單證人員對相符交單的理解是所謂「八字真言」，即「單證相符、單單一致」；而在 UCP600 的規則之下，相符交單的含義被擴大了：受益人提交的單據不但要做到「單證相符、單單一致」，而且要做到與 UCP 的相關適用條款相一致，還要做到與國際標準銀行實務（簡稱 ISBP）一致，只有同時符合以上 3 個方面的要求，受益人所提交的單據才是相符單據。

採用信用證支付方式，對出口商安全收匯起到了保障作用。對進口商來說，由於貨款的支付是以取得符合信用證規定的單據為條件，避免了預付貨款的風險。因此，採用信用證支付方式，在很大程度上解決了出口商和進口商雙方在付款與交貨問題上的矛盾，從而大大促進了國際貿易的發展。

5.7.2 審證

外貿單證員主要審核信用證的內容，即信用證條款。而信用證的真實性和開證行的資信狀況由通知行來審核。

1. 審核信用證通知書

在審證之前，要仔細閱讀信用證通知書的內容。

（1）若通知行認為開證行的資信狀況差、信用等級低，受益人要麼要求開證申請人找一家信用可靠的銀行對此信用證加保兌，使該信用證成為保兌信用證（Confirmed L/C），以獲得開證行和保兌行的雙重第一性付款保證。

（2）若來證為 SWIFT 開信用證，SWIFT 系統具有自動核押功能；若來證為信開信用證，通知行需對開證行授權簽名人的簽名真實性進行審核；若通知行無法確認信用證的真實性，在信用證通知書上表示「押未核僅供參考」等內容時，則不能盲目開始準備生產貨物，應催促通知行盡快確認信用證的真實性。

（3）若通知行告知該信用證為預先通知信用證，在信用證通知書上表示「未生效」，則要謹慎處理，因為預先通知信用證在法律上是無效的，只有開證行隨後寄來信用證證實書之後才生效。

2. 審核信用證

（1）審證依據

1）外貿合同

信用證是依據外貿合同開立的，所以其條款應與外貿合同的條款相符。賣方若不能履行信用證條款，就無法憑信用證兌款，更不能援用外貿合同的條款，將信用證條款予以補充或變更。因此，審查信用證條款是否與外貿合同的條款相符，是外貿單證員收到信用證后首先要做的工作。

2）UCP600

外貿單證員審核信用證時，應遵循 UCP600 的規定來確定是否可以接受信用證的某

些條款。例如，關於信用證的轉讓，UCP600 第 38 條 b 款規定，可轉讓信用證系指特別註明「可轉讓」（transferable）字樣的信用證。若信用證沒有註明「可轉讓」（transferable）字樣，則視為不可轉讓信用證。

3）業務實際情況

對於外貿合同中未作規定或無法根據 UCP600 來作出判斷的信用證條款，根據業務實際情況來審核。這裡的業務實際情況，是指信用證條款對安全收匯的影響程度、進口國的法令和法規以及開證申請人的商業習慣等。

（2）審證步驟

1）熟悉外貿合同各條款內容；

2）對照外貿合同條款，按照可操作性原則，逐條審核信用證各條款；

3）核對外貿合同，有無信用證漏開的外貿合同條款；

4）列出信用證中的不符條款。

（3）審證要點

1）開證申請人和受益人的名稱

開證申請人和受益人的名稱是出口單證中必不可少的，若信用證開錯，應及時修改，以免影響安全收匯。

2）信用證金額

信用證金額的幣別與數額必須與外貿合同相符。信用證列有商品數量或單價的，應計算總值是否正確。若外貿合同訂有商品數量的「溢短裝」條款，信用證金額也應規定相應的機動幅度。

3）貨物描述

審核信用證中貨物的名稱、貨號、規格、包裝、合同號碼、訂單號碼等內容是否與外貿合同完全一致。

4）信用證截止日

按 UCP600 第 6 條 d 款的規定，信用證必須規定一個交單的截止日。若信用證規定付款、承兌或議付的截止日，即信用證截止日，信用證一般同時也規定交單地點，它包括出口地、進口地和第三國三種情況。出口地交單對出口商最有利，進口地交單和第三國交單對出口商都不利，因為交單地點均在國外，容易產生遲交單和寄丟單的風險。為此，出口商應爭取在出口地交單，若爭取不到，應預先估計單據的郵寄時間，提前交單，以防逾期。

5）交單期

信用證還應規定一個運輸單據出單日期后必須提交符合信用證條款的特定期限，即「交單期」。若信用證無此期限的規定，按 UCP600 第 14 條 c 款規定，如果單據中包含一份或多份受第 19、20、21、22、23、24 或 25 條規制的正本運輸單據，則須由受益人或其代表在不遲於本慣例所指的發運日之後的二十一個日曆日內交單，但是在任何情況下都不得遲於信用證的截止日。

6）裝運期

裝運期是指賣方將貨物裝上運往目的地（港）的運輸工具或交付給承運人的日期。若信用證中未規定裝運期，則最遲裝運期與信用證截止日為同一天，即通常所稱的「雙到期」。在實際業務操作中，應將裝運期提前一定的時間（一般在信用證截止日前

10天），以便有合理時間來製單結匯。

7）運輸條款

信用證運輸條款中的裝運港（地）和目的港（地）應與外貿合同相符，交貨地點也必須與價格條款相一致。若來證指定運輸方式、運輸工具或運輸路線以及要求承運人出具船齡或船籍證明，應及時與承運人聯繫。若信用證中未註明可否轉運及/或分批，則視為允許轉運及/或分批。對於分期支款或分期裝運，UCP600 第 32 條規定，如信用證規定在指定的時間段內分期支款或分期裝運，任何一期未按信用證規定期限裝運時，信用證對該期及以后各期均告失效。

8）保險條款

若來證要求的投保險別或投保金額超出了外貿合同的規定，除非信用證上表明由此而產生的超保費用由開證申請人承擔並允許在信用證項下支取，否則應予以修改。若保險加成過高，還需徵得保險公司同意，否則應予修改。

9）單據條款

要仔細審核信用證中的單據條款，特別要注意一些軟條款，如商業發票經買方復簽生效、1/3 正本提單直接寄給買方等。

10）銀行費用條款

一般情況下，出口方銀行費用由受益人承擔，進口方銀行的費用由開證申請人承擔。關於銀行費用承擔，進出口雙方應在談判時加以明確。

5.7.3 改證

1. 改證的常見情形

（1）開證錯誤

因信用證條款與外貿合同條款不一致或存在軟條款等證錯誤，要求修改信用證。

（2）受益人要求展期

受益人由於貨源不足、生產事故、運輸脫節、社會動亂、開證申請人未能在合同規定期限內把信用證開到等原因無法如期裝運而要求展期，展期涉及裝運期和信用證截止日。

（3）開證申請人要求增加商品數量和金額

由於信用證項下的商品在開證申請人所在國很暢銷，為了能夠獲得更多的貨源，與受益人協商后，開證申請人向開證行提出增加商品數量和金額的改證申請。

2. 改證的原則

對於審證后發現的信用證問題條款，受益人應遵循「利己不損人」原則進行，即受益人改證既不影響開證申請人正常利益，又維護自己的合法利益。具體來講，有以下 5 種常見的處理原則：

（1）對我方有利又不影響對方利益的問題條款，一般不改。

（2）對我方有利但會嚴重影響對方利益的問題條款，一定要改。

（3）對我方不利但在不增加或基本不增加成本的情況下可以完成的問題條款，可以不改。

（4）對我方不利又要在增加較大成本的情況下可以完成的問題條款，若對方願意承擔成本，則不改；否則，要改。

（5）對我方不利若不改會嚴重影響安全收匯的問題條款，則堅決要改。

3. 改證的業務流程

（1）受益人給開證申請人發改證函，協商改證事宜；

（2）協商一致后，開證申請人填寫改證申請書，向開證行提出改證申請；

（3）開證行同意后，向信用證的原通知行發信用證修改書，即 MT707；

（4）原通知行給受益人信用證修改通知書和信用證修改書，進行信用證修改通知。

4. 改證操作與 UCP600

（1）改證通知與 UCP600

1）UCP600 第 9 條 b 款規定，通知行通知信用證或其修改的行為表示其已確信信用證或修改的表面真實性，而且其通知準確地反應了其收到的信用證或修改的條款。

2）UCP600 第 9 條 c 款規定，通知行可以通過另一銀行（「第二通知行」）向受益人通知信用證及修改。第二通知行通知信用證或修改的行為表明其已確信收到的通知的表面真實性，並且其通知準確地反應了收到的信用證或修改的條款。

3）UCP600 第 9 條 d 款規定，經由通知行或第二通知行通知信用證的銀行必須經由同一銀行通知其后的任何修改。

4）UCP600 第 9 條 e 款規定，如一銀行被要求通知信用證或修改但其決定不予修改，則應毫不延誤地告知自其處收到信用證、修改或通知的銀行。

5）UCP600 第 9 條 f 款規定，如一銀行被要求通知信用證或修改但其不能確信信用證、修改或通知的表面真實性，則應毫不延誤地通知看似從其處收到指示的銀行。如果通知行或第二通知行決定仍然通知信用證或修改，則應告知受益人或第二通知行其不能確信信用證、修改或通知的表面真實性。

6）UCP600 第 10 條 d 款規定，通知修改的銀行應將任何接受或拒絕的通知轉告發出修改的銀行。

（2）開證行、保兌行改證責任與 UCP600

UCP600 第 10 條 b 款規定，開證行發出修改之時起，即不可撤銷地受其約束。保兌行可將其保兌擴展至修改，並自通知該修改之時，即不可撤銷地受其約束。但是，保兌行可以選擇將修改通知受益人而不對其加具保兌。若然如此，其必須毫不延誤地將此告知開證行，並在其給受益人的通知中告知受益人。

（3）改證生效與 UCP600

1）UCP600 第 10 條 a 款規定，除第 38 條另有規定者外，未經開證行、保兌行（如有的話）及受益人同意，信用證既不得修改，也不得撤銷。

2）UCP600 第 10 條 c 款規定，在受益人告知通知修改的銀行其接受該修改之前，原信用證（或含有先前被接受的修改的信用證）的條款對受益人仍然有效。受益人應提供接受或拒絕修改的通知。如果受益人未能給予通知，當交單與信用證以及尚未表示接受的修改的要求一致時，即視為受益人已做出接受修改的通知，並且從此時起，該信用證被修改。

3）UCP600 第 10 條 e 款規定，對同一修改的內容不允許部分接受，部分接受將被視為拒絕修改的通知。

4）UCP600 第 10 條 f 款規定，修改中關於「除非受益人在某一時間內拒絕修改否則修改生效」的規定應被不予理會。

5.7.4 信用證的開立

當進出口雙方在貿易合同中確立以信用證方式結算后，進口方即可按貿易合同規定向當地銀行申請開立信用證，填寫開證申請書（APPLICATION FOR IRREVOCABLE DOCUMENTARY CREDIT）。這樣，進口商即成為開證申請人，開證申請書是銀行開具信用證的依據。銀行按照開證申請書開立信用證后，在法律上就與進口商構成了開立信用證的權利與義務的關係，兩者之間的契約就是開證申請書。

1. 申請開立信用證的手續

申請開立信用證的具體手續有三點：

（1）遞交有關合同的副本及附件

進口商在向銀行申請開證時，要向銀行遞交進口合同的副本以及所需附件，如進口許可證、進口配額證、某些部門審批文件等。

（2）填寫開證申請書

進口商根據銀行規定的統一開證申請書格式，填寫一式三份：一份留業務部門；一份留財務部門；一份交銀行。填寫開證申請書，必須按合同條款的具體規定，寫明信用證的各項要求，內容要明確、完整、無詞意不清的記載。

（3）繳納保證金

按照國際貿易的習慣做法，進口商向銀行開立信用證，應向銀行繳付一定比例的保證金，其金額一般為信用證金額的百分之幾到百分之幾十，一般根據進口商的資信情況而定。在中國的進口業務中，開證行根據不同企業和交易情況，要求開證申請人繳付一定比例的人民幣保證金，然后銀行才開證。

2. 進口開證中必須注意的問題

（1）申請開立信用證前，一定要落實進口批准手續及外匯來源。

（2）開證時間的掌握應在賣方收到信用證后能在合同規定的裝運期內出運為原則。

（3）開證要求「證同一致」，必須以對外簽訂的正本合同為依據。不能用「參閱××號合同」為依據，也不能將有關合同附件附在信用證后，因信用證是一個獨立的文件，不依附於任何貿易合同。

（4）如為遠期，要明確匯票期限，價格條款必須與相應的單據要求、費用負擔及表示方法吻合。

（5）由於銀行是憑單付款，不管貨物質量如何，也不受合同約束，所以為使貨物質量符合規定，可在開證時要求對方提供商檢證書，明確貨物的規格品質，指定商檢機構。

（6）信用證內容明白無誤，明確規定各種單據的出單人，規定各單據表述的內容。

（7）合同規定的條款應轉化在相應的信用證條件裡，因為信用證結算方式下，只要單據表面與信用證條款符合，開證行就必須按規定付款。如信用證申請書中含有某些條件而未列明應提交與之相應的單據，銀行將認為未列此條件而不予理睬。

（8）明確信用證為可撤銷或不可撤銷信用證。

（9）國外通知行由開證行指定。如果進出口商在訂立合同時，堅持指定通知行，可供開證行在選擇通知行時參考。

（10）在信用證中規定是否允許分批裝運、轉運、不接受第三者裝運單據等條款。

（11）我方國有商業銀行開出的信用證一般不接受要求其他銀行保兌的條款。

5.7.5 進口貿易融資業務

1. 進口信用證押匯

（1）進口信用證押匯的概念

進口信用證押匯（Inward Bill Receivables），是指開證行收到議付行或交單行寄送的單據後，為開證申請人墊付貨款的一種貿易融資。

信用證一旦開立，銀行便負第一性的付款責任，但從其實質而言，銀行是為開證申請人開立的信用證，因此，在一筆正常的開證業務中，開證申請人才是事實上的真正付款人。但在實務中，當開證行收到單據後，如單證相符，而開證申請人因資金緊張，無法在開證行付款前付款贖單的情況發生後，開證行仍然應按國際慣例立即付款或償付議付行，面臨墊款的危險，因此便產生了進口押匯——以該信用證項下代表貨權的單據為質押，並同時提供必要的抵押、質押或其他擔保，由銀行先行代為對外付款，到期由開證申請人償還的融資方式。

（2）進口押匯的作用

進口押匯的主要作用是信用證項下的開證申請人在收到信用證項下的單據後，以代表貨權的單據為質押，可獲得銀行的短期融資，用於進口付匯，這樣開證申請人就借此既推遲了信用證項下用自有資金（而非銀行融資）進行付款的時間，又能收取信用證項下單據所代表的貨物。與普通貸款相比，進口押匯具有手續簡便、融資速度快捷的特點；與其他貿易融資相比，進口押匯的突出特點是進口押匯的用途僅限於履行信用證項下的對外付款，所得押匯款項不能入企業的結算帳戶而自由使用。

（3）進口信用證押匯的業務流程

進口信用證押匯的業務流程如圖4所示：

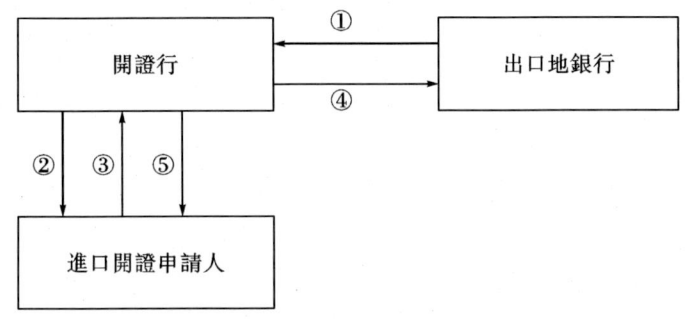

圖4　進口押匯業務流程示意

①出口地銀行在議付或經過單據處理后，將信用證要求的單據寄送開證行。

②開證行在審核單據后通知進口開證申請人。

③進口開證申請人審核單據，確認單證相符；或在單據有不符點的情況下，確認接受單據；在付匯資金有困難的情況下，填寫《進口押匯申請書》，向開證行提出要求辦理進口押匯。

④開證行接受開證申請人的要求，在與開證申請人簽訂《進口押匯合同》及《信託收據》后，辦理進口押匯，並將進口押匯所得款項直接用於向出口地銀行付款。

⑤進口開證申請人在押匯到期后將款項歸還開證行。

(4) 進口押匯的利息計算

開證行辦理進口押匯通常不收押匯手續費，僅收取利息；收取利息的方法不是通常押匯採用的「預收利息法」，而是普通貸款常用的「后收利息法」，即在進口押匯到期後，由進口押匯申請人歸還進口押匯本金及支付利息，還款的來源完全依賴於企業經營的利潤。進口押匯利息計算公式如下：

進口押匯利息＝進口押匯金額×進口押匯年利率×進口押匯天數/360

1）進口押匯金額

每筆進口押匯的最高金額應不超過國外來單索匯的總金額（通常是指國外受益人提供的匯票或商業匯票所顯示的金額），押匯款的用途僅限於履行進口證項下的貨款支付，一般在具體操作上，開證行（進口押匯銀行）將押匯款直接通過出口地銀行（寄單行）對受益人支付，而不再入進口押匯申請人帳戶。

2）進口押匯年利率

進口信用證項下押匯年利率可以根據信用證使用的幣種，選擇外匯融資利率，即如果進口信用證使用外幣如美元、日元等，則使用美元、日元等外幣融資利率。

融資年利率的計算，一般根據進口押匯當日同期同業銀行拆放利率（如美元為LIBOR、日元為TIBOR、港幣為HIBOR）為基礎加一定浮點（Margin）來確定。如美元，一般銀行在英國倫敦同業銀行拆放利率（LIBOR）基礎上加 0.5%～1.5%；也有少數銀行（特別是資金充裕的外資銀行），對於信譽較好的企業，可能在 LIBOR 利率上加 0.25% 左右。以 2010 年 8 月 23 日為例，12 個月的 LIBOR 利率為 0.89%，因此，銀行可能使用的利率為 1.14%（0.89%+0.25%）～2.39%（0.89%+1.50%）。

3）進口押匯天數

進口押匯天數通常不需要進行複雜的計算，一般是根據開證申請人的資金週轉需要而定，如開證申請人需要 30 天才能籌措到信用證項下的付匯資金，則進口押匯天數可以為 30 天；如需要 60 天才能籌措到付匯資金，則進口押匯天數可以為 60 天，但是一般不能超過 90 天。

4）使用幣種

進口押匯一般使用原幣（即信用證及單據使用的貨幣）直接對外付款，不可兌換（結匯）成人民幣使用。進口押匯貨幣一般為美元、歐元、英鎊、日元、澳元、港元等可自由兌換貨幣。

2. 信託收據

(1) 信託收據的概念及作用

信託收據（Trust Receipt，或 T/R）是進口人與代收行之間的關於物權處理等的一種契約，是將貨物抵押給銀行的確認書。從理論上而言，銀行可以不需要擔保、抵押等而僅憑信託收據辦理融資業務。但在實務中，由於僅憑信託收據辦理融資業務風險較大，因此通常不單獨使用，而是在進口融資業務中，銀行為從法律上保證其對貨物的所有權，防範風險的一種手段而使用。如在進口信用證業務項下的進口押匯業務、提貨擔保業務、進口代收押匯業務中，銀行均需與企業簽訂信託收據。

進口人與銀行簽訂信託收據，並辦妥其他有關手續后，進口人在未付訖進口項下的貨款前，能向開證行或代收行借出單據，從而及時報關、提貨、銷售等，但由於物權是開證行或代收行的，進口人僅是「借單行事」，處於代管貨物的地位，是代保管人

（Bailee），因此進口人取得的貨款屬開證行或代收行所有，進口人只能在向開證行或代收行付款，並贖回信託收據后，物權才歸其所有。因此，進口人與銀行簽訂信託收據的實質是開證行或代收行對進口人提供的一種資金融通便利。

（2）有關當事人的權利和義務

1）進口人的權利和義務

進口人作為被信託人（Trustee）和代保管人，他的義務是：

①將信託收據項下的貨物和其他貨物分開存倉、保險，其物權屬於開證行或代收行，貨物一旦出險，保險所得賠償也應歸開證行或代收行所有。

②貨物銷售后，所得貨款應屬於開證行或代收行，若遠期付款交單尚未到期，該款由開證行或代收行保管或另外開立保證金帳戶，與進口人的自有資金分開，或提前付款，贖回信託收據，利息按借單的實際天數計算，或由開證行或代收行協商解決。

③由於物權在未付款前並不屬於進口人，進口人不得將該貨物抵押他人。為防止進口人擅自將該貨物抵押他人這類事件的發生，開證行或代收行在借出單據時，應在提單上加蓋「Under Lien to ××× Bank」的字樣，表明該銀行對貨物持有留置權，並隨時接受開證行或代收行的監督與查看。

2）信託人的權利

由於信託收據是由進口人向開證行或代收行提供的，接受與否，由開證行或代收行視進口人的信譽等而定。因此，開證行或代收行只要接受了信託收據，借出了單據，開證行或代收行即成為信託人（Truster），其權利是：

①可以隨時取消信託，收回借出的商品；

②如商品已經被銷售，可以隨時收回貨款；

③如進口人破產、倒閉清算，信託人對貨物貨款有優先權。

（3）信託收據的主要內容

信託收據的主要內容通常包括：

①確認已經收到代表貨權的單據或實際貨物；

②確認單據或貨物所有權歸銀行；

③同意按銀行的委託銷售或處理貨物，所得貨款將全部交付銀行；

④同意對貨物辦理保險，承認銀行對貨物的存倉費、保險費或其他費用不負責任；

⑤銀行擁有隨時註銷這一收據並收回貨物或出售貨物所得貨款的權利；

⑥不能因進口商清盤、破產、分離、重組以及人員死亡等原因或減輕其應負的責任，等等。

此外，信託收據還應註明每筆業務的船名、貨名、嘜頭、金額、信用證號以及簽署日期、簽字等。

在進口結算中，信託收據除以信用證方式使用外，還可使用於托收方式。在遠期付款交單條件下，進口商承兌匯票后，在未付款前是拿不到貨運單據的。在這種情況下，進口商可以信託收據的方式預借單據提貨，並於匯票到期日付清貨款。

3. 提貨擔保

（1）提貨擔保的概念和作用

提貨擔保（Delivery Against Bank Guarantee），是指進口信用證項下貨物早於運輸單據抵達港口時，開證申請人向開證行提出申請，憑開證行加簽的提貨擔保書向船公司

辦理提貨手續的業務。

由於申請人在未付款之前就取得了代表貨物所有權的單據，因此它的實質也是開證行對其的一種融資。在正常的情況下，收貨人應該憑正本提單向船公司辦理提貨手續，但由於近海航行，航程過短，貨物常常先於單據到達，如收貨人急於提貨，可採用提貨擔保方式，即請開證行出具書面擔保，請船公司憑以先行放貨，保證日後及時補交正本提單，並負責交付船公司的各項費用及賠償由此而可能遭受的損失。

一般情況下，進口方（收貨人）需持正本提單到海關辦理報關及提貨手續，但從近洋地區的進口，由於航程較短，若國外受益人向銀行交單較晚，可能貨物到港但單據尚未到達。提貨擔保的主要作用是貨物到港后，收貨人可以及時提貨，而不必等待運輸單據到達后提貨，省去了貨物到港后收貨人沒有及時提貨可能產生的滯港費等額外費用以及可能產生的損失。

（2）出口信用證押匯

1）出口信用證押匯的概念

出口信用證押匯（Negotiation Under Documentary Credit）是指在出口信用證項下，出口方受益人以出口單據作抵押，要求出口地銀行在收到國外支付的貨款之前，向其融通資金的業務。

對此概念的理解應注意以下幾個方面：

①出口信用證押匯是「單后融資」

在出口信用證押匯項下，銀行提供的融資是在申請人（出口方受益人）出具信用證規定的單據以後、在收到國外銀行支付的貨款之前發放的融資。

②以出口單據作抵押

根據國際慣例，在單證相符的條件下，銀行（開證行）必須付第一性的付款責任，這種付款的確定性及出口單據中，一般含有代表貨物所有權的提單，使出口地銀行可以把出口單據視作「未來的資產」進行抵押。但從嚴格意義上而言，這種「未來的資產」仍然具有不確定性：一般由於開證行信譽欠佳、無理拒付，或受益人提交的單據本來就有不符點存在，可能導致受益人無法收回貨款；受益人提交的單據中不含代表完整物權的全套正本海洋運輸提單，如有的信用證僅僅要求提供不代表物權的「貨物承運收據」「副本提單」，有的信用證僅要求提交 2/3 的提單供出口地銀行議付，另外的 1/3 提單在貨物裝運后立即寄給信用證的申請人，致使出口方受益人在收到貨款之前完全有可能失去對貨物的控製權，銀行用於抵押的「未來的資產」有可能變成「未有的資產」。

2）出口信用證押匯的作用

出口信用證押匯是與信用證結算方式緊密結合的一種融資手段，主要作用是企業作為信用證項下的受益人出口寄單后，能向銀行申請短期融資，在國外貨款到達之前從銀行得到墊款，加速資金週轉，方便了出口商的資金週轉，擴大了出口貿易規模。出口押匯與其他融資方式相比，由於以單據為抵押，因此是信用證項下最容易取得的一種融資方式，操作也較為簡便。適合於出口信用證作為主要結算方式、對資金週轉速度要求較高的出口企業。

另一方面，在本國貨幣有升值趨勢的情況下，由於押匯可以提前將外匯結成本國貨幣使用，因此，可以將出口押匯作為規避風險的手段之一。

3）出口信用證押匯的特點
①「單后融資」
出口信用證押匯為「單后融資」，其融資的時間段為收到信用證並且向出口地銀行提交信用證規定的單據以後，是在收到國外銀行支付的貨款之前發放的融資。
②資金用途沒有限制
出口信用證項下押匯的資金沒有限制，企業可以將資金用於生產、收購、歸還銀行的打包放款或其他貸款甚至固定資產的投資等。
③融資期限較短
出口信用證押匯期限較短，一般不超過360天。在大型設備出口項下，由於收款期可長達3~5年，因此，出口信用證押匯從理論上而言，也可以長達3~5年，但在實務中，仍然採用「分批押匯，期限不超過一年」的辦法。
④出口信用證押匯銀行有限制
一般情況下，出口地議付行或單據的處理銀行才能作為辦理出口押匯的銀行，否則，出口押匯的銀行較難判斷單據及貿易背景的真實性，從而面臨較大的風險；另一方面，若出口押匯的銀行僅僅敘做出口押匯業務，而不做預付或單據處理，影響其綜合效益，沒有將資本效益最大化。因此，銀行通常僅僅敘做在本行議付或做單據處理項下的出口押匯。
⑤出口信用證押匯有追索權
銀行為企業辦理出口押匯后，對企業有追索權。在正常情況下，出口押匯的第一還款來源為信用證項下收匯款；在企業不能正常從國外收回貨款的情況下，企業必須償還出口押匯的本金並支付利息，或允許銀行主動從其帳戶扣劃出口押匯的本金及利息。

4）出口信用證押匯的業務流程
出口信用證押匯的業務流程如圖5所示：

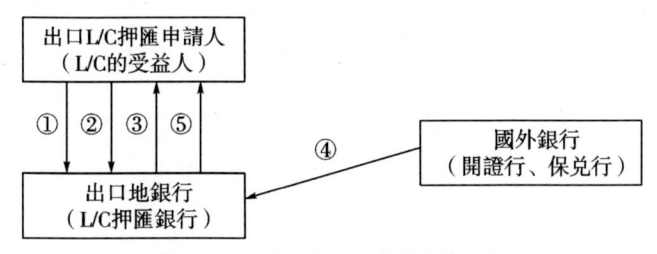

圖5　出口信用證押匯業務流程示意

①出口L/C押匯申請人（信用證的受益人）收到國外的信用證后根據信用證製單、交出口地銀行議付或做單據處理；
②出口L/C押匯申請人（信用證的受益人）向出口地銀行書面提出押匯申請要求辦理出口押匯；
③出口地銀行（L/C押匯銀行）接受申請人的押匯要求，在雙方簽訂有關押匯協議后辦理出口押匯，即押匯銀行在出口商業發票（或匯票）顯示的余額扣除費用、利息后入企業帳戶；
④國外銀行（開證行、保兌行）到期向出口地銀行（L/C押匯銀行）支付貨款；

⑤出口地銀行（L/C 押匯銀行）收到貨款后自動代替出口押匯申請人（信用證的受益人）作出口 L/C 押匯的還款處理，並將收到的貨款與押匯金額在扣除銀行或其他費用后的剩余部分劃入企業帳戶。

5.7.6 其他結算方式

在國際貿易的貨款結算中，進口商往往希望得到貨物后再付款，而出口商則希望取得貨款后再交貨，這是貨款結算中難以解決的矛盾。要迴避結算中的風險，除了要提高交易雙方的信用程度外，還應根據實際情況，選擇合適的貨款支付方式。目前國際貿易的三種主要支付方式是匯付、托收和信用證。由於前面對信用證已有述及，這裡著重介紹匯付和托收。

1. 匯付（Remittance）

匯付又稱匯款，是最簡單的國際貨款結算方式，指付款人通過銀行將款項匯交收款人。在國際貿易中採用匯付方式時，賣方將貨物直接交付買方，買方按合同規定的條件和時間（如預付貨款或貨到付款或憑單付款）通過銀行將貨款匯交賣方。匯付屬於商業信用，除票匯方式外，銀行不處理票據。

（1）匯付的當事人

匯付方式涉及四個基本當事人：

1）付款人（Remitter）：通常是買賣合同當中的買方或是商務往來中的債務人。

2）收款人（Payee or Beneficiary）：也稱受益人，通常是買賣合同當中的賣方或是商務往來中的債權人。

3）匯出行（Remitting Bank）：匯出款項的銀行，通常是進口地的銀行。

4）匯入行（Paying Bank）：匯入行是解付匯款的銀行，通常是匯出行在出口商所在地的代理銀行。

（2）匯付的種類及其業務程序

根據不同的匯款方法，匯付方式有電匯、信匯和票匯三種。

1）電匯（Telegraphic Transfer，T/T）

電匯是匯出行接受匯款人委託后，以電傳方式將付款委託通知收款人當地的匯入行，委託它將一定金額的款項解付給指定的收款人的一種匯款方式。匯出行在發電后，為防止傳遞電文有誤，通常還應立即以航空信件向匯入行寄發「電匯證實書」，供匯入行查對。匯入行解付匯款后，應向匯出行郵寄「付訖借記通知」和收據進行轉帳。電匯因其交款迅速，在三種匯付方式中使用最廣。但因銀行利用在途資金的時間短，所以電匯的費用比信匯和票匯的費用高。

2）信匯（Mail Transfer，M/T）

信匯是使用信匯委託書或支付通知書通過航空信件方式通知匯入行解付款項的匯款方式。信匯速度較慢，但因銀行利用在途資金的時間較長，所以信匯的費用低廉。由於信匯方式人工手續較多，收款人收到款項的時間晚，在實際業務中運用較少，目前歐洲的銀行已不再辦理信匯業務。電匯和信匯的業務程序圖見圖 6：

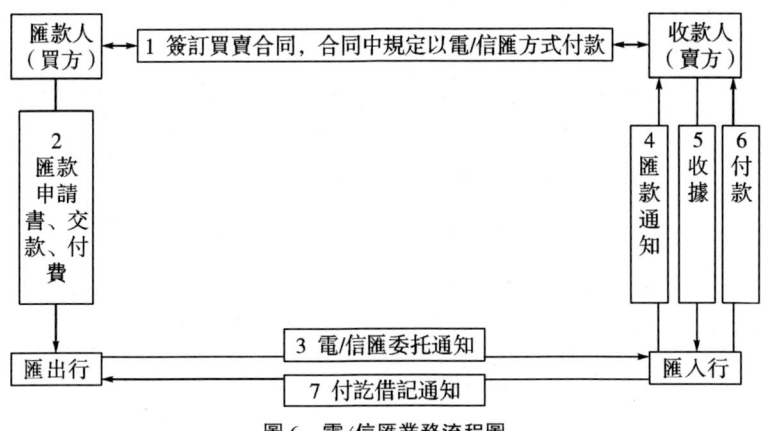

圖 6　電/信匯業務流程圖

3）票匯（Remittance by Banker's Demand Draft，D/D）
　　票匯是以銀行即期匯票為支付工具的一種匯付方式。由匯出行應匯款人的申請，開立以其代理行或帳戶行為付款人，列明匯款人所指定的收款人名稱及金額的銀行即期匯票，交由匯款人自行寄給收款人。收款人憑票向匯票上的付款行取款。票匯的業務程序圖見圖 7。

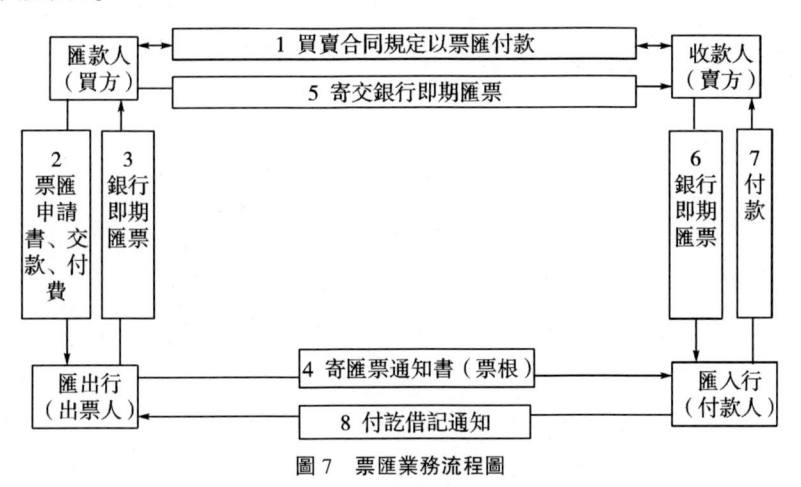

圖 7　票匯業務流程圖

　　無論採用電匯、信匯還是票匯，其所使用的結算工具（委託通知或匯票）的傳送方向與資金的流動方向相同，因此也稱為順匯法。
（3）匯付在國際貿易中的應用
　　匯付方式的性質是商業信用，銀行只提供服務，買賣雙方是否最終結付，完全取決於雙方的信用。由於以匯付方式結算，可以是貨到付款（Payment After Arrival of the Goods），也可以是預付貨款（Payment in Advance）。不論是哪一種方式，風險和資金負擔都集中在一方。所以，在中國的外貿實踐中，匯付一般只用來支付訂金、貨款尾數、佣金等項費用，不是一種主要的結算方式。但在發達國家之間，由於大量的貿易是跨國公司的內部交易，而且外貿企業在國外有可靠的貿易夥伴和銷售網絡，匯付是主要

的結算方式。在分期付款和延期付款的交易中，也往往用匯付方式支付貨款，但通常需輔以銀行保函或備用信用證。

2. 托收（Collection）

托收是一種將付款和交貨行為聯繫在一起的結算方式，它是指出口商開立匯票，委託所在地銀行通過國外的代理機構向進口商代收款項的一種業務。托收雖然也屬於商業信用，但由於其風險比匯付方式低，所以是國際結算中比較常用的方式。

（1）托收的當事人

托收的基本當事人有以下四個：

1）委託人（Principal）。委託人也稱出票人，一般是出口商。

2）托收行（Remitting Bank）。托收行也稱寄單行，是接受委託人的委託並轉托國外銀行向國外付款人代收款項的銀行，主要是出口地銀行。

3）代收行（Collecting Bank）。代收行是托收行在進口地的代理人，根據托收行的委託書向付款人收款，通常為進口地銀行。

4）付款人（Payer）。付款人即匯票的受票人，一般是進口商。

此外，在托收業務中，有時還可能有另外兩個當事人：提示行（Presenting Bank）和需要時委託人的代表（Principal's Representative in Case of Need）。提示行是向付款人提示匯票的銀行，在一般情況下就是代收行。但有時付款人與代收行不在同一城市或者無業務往來關係，就需轉托與付款人在同一城市或有業務關係的銀行代向付款人提示收款，此時提示行與代收行就不再是同一銀行。需要時委託人的代表是委託人在托收申請書中指定的在付款地代為照料貨物存倉、轉售、運回或改變交單條件等事宜的代理人。

（2）托收的種類及業務程序

根據所使用的匯票的不同，托收可分為光票托收和跟單托收。國際貿易中貨款的收取大多採用跟單托收。跟單托收又根據交單條件的不同分為付款交單和承兌交單。托收的種類見圖8。

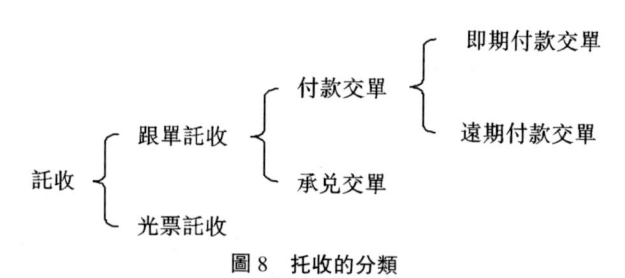

圖8 托收的分類

1）跟單托收（Documentary Collection）是用附帶商業單據的匯票向進口商收取款項的一種托收方式。其基本做法是出口人根據買賣合同先行發運貨物並取得貨運單據，然後開立匯票（或不開立匯票）連同有關貨運單據委託托收行通過代收行向進口商收取貨款，代收行收到匯票和單據后，向進口商作付款或承兌提示。

如果是即期匯票，進口商應立即付清貨款以取得全套貨運單據，如果是遠期匯票，進口商應承兌匯票或到期付款以取得全套貨運單據。可見，只有在進口商採取了適當行為（付款或承兌）的情況下，銀行才能交單，否則進口商就不能獲得貨運單據，無

法提取貨物。進口商以付款方式獲得單據稱為付款交單（Documents Against Payment，D/P），以承兌方式獲得單據稱為承兌交單（Documents Against Acceptance，D/A）。跟單托收的程序見圖9：

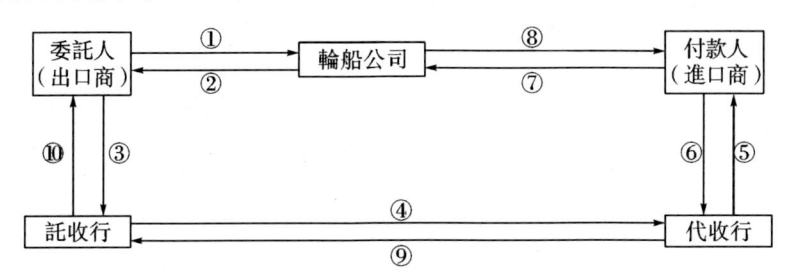

```
    委託人      ①      輪船公司      ⑧      付款人
   （出口商） ←──→                  ←──→  （進口商）
              ②                    ⑦
    ↑ ↓                              ↑ ↓
   ⑩  ③                            ⑥  ⑤
    ↓ ↑                              ↓ ↑
    託收行      ④                    代收行
              ──────────────→
              ←──────────────
                    ⑨
```

圖9　跟單托收業務流程圖

說明：
① 出口商按合同規定裝運貨物。
② 承運人向出口商提供全套貨運單據。
③ 出口商填寫托收委託書，開立匯票，連同全套貨運單據交託收行，委託其收取貨款。
④ 託收行按委託書中的規定核實所收到的單據，確定單據表面與委託書所列一致時，將匯票連同全套貨運單據，並說明托收委託書上各項指示，寄送它在進口地的分行或代理行，委託代收。
⑤ 代收行收到匯票及貨運單據后，根據指示向進口商提示匯票和單據。
⑥ 進口商審單無誤后，按照匯票內容贖單。如果交單條件是付款交單，則只有付清全部貨款才贖走全套貨運單據。付款交單又有即期和遠期之分：即期付款交單（Documents Against Payment at Sight，D/P at Sight）是指進口商見單付款；遠期付款交單（Documents Against Payment After Sight，D/P After Sight）則需要進口商先在遠期匯票上承兌，等匯票到期時付款贖單。如果進口商在遠期付款交單條件下欲先取得單據，可憑信託收據（Trust Receipt，T/P）向代收行借取單據，先提貨，匯票到期再付款。如果交單條件是承兌交單，則買方在遠期匯票上承兌，代收行收回匯票，並將貨運單據交給買方。
⑦ 進口商憑貨運單據辦理提貨手續。
⑧ 承運人審核單據無誤后發貨。
⑨ 代收行電告或郵告托收行款項已收妥並辦理轉帳。
⑩ 託收行向出口商交款。

從以上可以看出，承兌交單方式對出口商來說風險很大，其收款的保障依賴進口商的信用，一旦進口商到期因種種原因不付款，出口商可能會遭受到貨款兩空的損失。實際業務中除特殊情況外，一般不使用這種方式。

2) 光票托收（Clean Collection）是指出口商僅開具匯票而不附商業單據（主要指貨運單據）的托收方式。如果匯票上附有一些非貨運單據，如發票、墊款清單等，這種情況仍被視為光票托收。

無論是哪種托收方式，資金的流動方向和單據的流動方向相反，故托收方式也被

稱為逆匯。

3)《托收統一規則》

在國際結算業務中，為了避免委託人和代理人之間可能發生的糾紛與爭議，國際商會於 1958 年草擬了一套《商業單據托收統一規則》，幾次修訂后，國際商會第 522 號出版物《托收統一規則》（Uniform Rules for Collection，Publication No. 522，簡稱 URC522）於 1996 年 1 月 1 日起正式實施，目前已為多個國家的商會和銀行所採用，是托收業務的主要國際慣例。

URC522 的主要內容包括：

① 在托收業務中銀行除了檢查所收到的單據是否與委託書所列一致外，對單據並無審核的責任。但銀行必須按照委託書的指示行事，如無法照辦，應立即通知發出委託書的一方。

② 未經代收銀行事先同意，貨物不能直接發給代收銀行。如未經同意就將貨物發給銀行或以銀行為收貨人，該行無義務提取貨物，仍由發貨人承擔貨物的風險和責任。

③ 遠期付款交單下的委託書，必須指明單據是憑承兌還是憑付款交單。如未指明，銀行只能憑付款后交單。

④ 銀行對於任何由於傳遞中發生的遺失或差錯概不負責。

⑤ 提示行對於任何簽字的真實性或簽字人的權限不負責任。

⑥ 托收業務中的銀行費用一般應由委託人負擔。

⑦ 委託人應受國外法律和慣例規定的義務和責任所約束，並對銀行承擔該項義務和責任負賠償職責。

⑧ 匯票如被拒付，托收行應在合理時間內作出進一步處理單據的指示。如提示行發出拒絕通知書后 60 天內未接到指示，可將單據退回托收行，而提示行不再承擔進一步的責任。

4) 使用托收方式應注意的問題

托收的方式主要是建立在商業信用之上，銀行在辦理托收業務時，只是以代理人的身分行事。它既無檢查貨運單據是否正確、齊全的義務，也無承擔付款人到期必然付款的責任。出口商僅憑進口商的信用發貨，發完貨後再收款，故風險較大。雖然買方不付清貨款就不能獲得貨運單據，貨物所有權仍歸賣方，但如果遇到進口商破產倒閉、拒付或以貨物的規格、質量、包裝、數量等不符要求降價等情況，很可能會遭受額外的損失。所以，為了防範托收的風險，出口商採用托收方式時應注意下列事項：

① 重視調查和考察進口商的資信情況和經營作風，瞭解有關商品的市場動態，成交金額應掌握在進口商支付能力範圍內。一般只使用付款交單，對採用承兌交單方式一定要從嚴掌握。

② 瞭解進口國的貿易管制和外匯管制措施。對貿易管制和外匯管制較嚴的國家和地區，使用托收方式要慎重，在成交時應規定進口商將領得的許可證或批准外匯的證明在商品裝運前寄達，以免貨到目的港后，因違背進口國的法令法規而造成不準進口或收不到外匯而造成損失。

③ 瞭解進口國的商業慣例，以免因為當地的習慣做法影響安全、迅速收匯，如某些國家把 D/P 解釋為交貨付款，把遠期付款交單視作承兌交單處理等。

④ 出口合同應爭取按 CIF 或 CIP 條件成交，由出口人辦理貨運保險，或投保出口

信用險。在採用 FOB/FCA 或 CFR/CPT 等價格條件成交時，要注意投保賣方利益險。

⑤ 國外代收行一般不能由進口商指定，如確有必要應事先徵得托收行同意。托收單據的種類、內容、份數應嚴格按合同規定的條款辦理，以免給進口方拒付或拖延付款找到理由。

⑥ 要建立健全對合同的科學管理和檢查制度，及時掌握收款的進度和出現的問題，發現問題及時處理，以避免或減少可能發生的損失。必要時可通過銀行做國際保理或向保險公司辦理出口信用保險。

【項目自測-1】

一、單項選擇題

1. 有一貨輪，艙面上載有 1,000 臺拖拉機，航行中遇到惡劣天氣，海浪將 450 臺拖拉機捲入海中，這使貨輪出現嚴重傾斜。如不立即採取措施，貨輪隨時有翻船的可能，船長在危急關頭，下令將其余的 550 臺拖拉機全部拋入海中，從而避免了翻船。請問：

    (1) 前 450 臺拖拉機的損失，在海損中屬於（　　）。
    - A. 共同海損　　　　　　　　B. 單獨海損
    - C. 實際全損　　　　　　　　D. 推定全損

    (2) 后 550 臺拖拉機的損失，在海損中屬於（　　）。
    - A. 共同海損　　　　　　　　B. 單獨海損
    - C. 實際全損　　　　　　　　D. 推定全損

2. 中國海運保險中的「一切險」承保（　　）。
    - A. 貨物損失的一切風險
    - B. 平安險和 11 種一般附加險所承保的風險
    - C. 除戰爭以外的一切貨物損失風險
    - D. 水漬險和 11 種一般附加險所承保的風險

3. 下列中國 CIF 出口合同的保險條款中，寫法正確的是（　　）。
    - A. 賣方投保一切險　　　　　　B. 賣方投保平安險、一切險
    - C. 買方投保一切險　　　　　　D. 買方投保一切險、戰爭險

4. 航空運輸險所採用的「倉至倉」條款規定，如保險貨物未到達指定倉庫或儲存處所，則以被保險貨物在最后卸貨地卸離飛機后滿（　　）天為止。
    - A. 15　　　　　　　　　　　B. 30
    - C. 60　　　　　　　　　　　D. 90

5. 下列中國 CFR 出口合同的保險條款中，說法正確的是（　　）。
    - A. 賣方投保平安險、一切險　　B. 賣方投保一切險
    - C. 買方辦理保險　　　　　　　D. 買方投保戰爭險

6. 出口的茶葉在裝運途中，最大的問題是怕串味。因此，投保貨運險時，宜投保（　　）。
    - A. 一切險　　　　　　　　　　B. 串味險
    - C. 水漬險　　　　　　　　　　D. 平安險

7. 按《2010 年通則》，以 CIF 貿易術語成交的合同一般應由（　　）辦理投保

手續。

 A. 賣方   B. 買方

 C. 承運人   D. 保險人

8. 一切險與水漬險各項保險責任的不同之處在於（　　）的賠償。

 A. 自然災害所造成的單獨海損

 B. 意外事故所造成的全部或部分損失

 C. 一般外來原因所造成的損失

 D. 特殊外來原因所造成的損失

9. 在 CIP 條件下，賣方按慣例投保的保險金額一般是在合同價格的基礎上加成（　　）。

 A. 5%投保   B. 10%投保

 C. 5%～10%投保   D. 15%投保

10. 中國人民保險公司《海洋運輸貨物保險條款》規定索賠期限為（　　），自被保險貨物運抵目的港全部卸離海輪之日起計算。

 A. 6個月   B. 1年

 C. 2年   D. 3年

11. 海運戰爭險的責任期限僅限於水上危險，從貨物裝上海輪時開始，到卸離海輪時終止；或從該海輪到達目的港的當日午夜起算滿（　　）天為限。

 A. 15   B. 30

 C. 60   D. 90

12. 單獨海損僅涉及受損貨物的所有者單方面的利益，由受損方承擔損失，這種損失（　　）。

 A. 屬部分損失   B. 屬全部損失

 C. 屬推定全損   D. 有時是全部損失，有時是部分損失

13. 某銀行簽發一張匯票，以另一家銀行為受票人，則這張匯票是（　　）。

 A. 商業匯票   B. 銀行匯票

 C. 商業承兌匯票   D. 銀行承兌匯票

14. 保兌信用證的保兌行其付款責任是（　　）。

 A. 在開證行不履行付款義務時履行付款義務

 B. 在開證申請人不履行付款義務時履行付款義務

 C. 承擔第一性付款義務

 D. 付款后對受益人具有追索權

15. 買賣雙方以 D/P、T/R 條件簽訂合同，貨到目的港后，買方憑 T/R 向代收行借單提貨，事后收不回貨款，（　　）。

 A. 代收行應負責向賣方償付

 B. 由賣方自行負擔貨款損失

 C. 由賣方與代收行協商共同負擔損失

 D. 由買方自行負擔貨款損失

16. 在 L/C、D/P 和 D/A 三種支付方式下，就買方風險而言，按由大到小順序排列，（　　）正確。

  A. L/C>D/A>D/P   B. L/C>D/P>D/A
  C. D/A>D/P>L/C   D. D/P>D/A>L/C

17. 信用證上若未註明匯票的付款人，根據 UCP600 的解釋，匯票的付款人應是（　　）。
  A. 開證人   B. 開證行
  C. 議付行   D. 出口人

二、多項選擇題

1. 共同海損分攤時，涉及的受益方包括（　　）。
  A. 貨方   B. 船方
  C. 運費方   D. 救助方
  E. 保險公司

2. 貨到目的港后，發現貨物短失（LOST IN TRANSIT），買方可以向（　　）索賠。
  A. 賣方   B. 承運人
  C. 保險公司   D. 目的港倉儲企業
  E. 目的港政府管理部門

3. 海上貨物運輸保險保障的風險包括（　　）。
  A. 意外事故   B. 自然災害
  C. 共同海損   D. 救助費用
  E. 外來風險

4. 保險責任起訖採用「倉至倉條款」規定的險種有（　　）。
  A. 海運戰爭險   B. 平安險
  C. 水漬險   D. 航空運輸險
  E. 陸運險

5. 某輪在航海途中貨艙意外起火，貨艙載有文具、茶葉等物，緊急滅火后發現文具被火燒毀，茶葉被救火用水浸濕受損，下列說法正確的有（　　）。
  A. 燒毀的文具屬於單獨海損   B. 燒毀的文具屬於共同海損
  C. 浸濕的茶葉屬於單獨海損   D. 浸濕的茶葉屬於共同海損
  E. 燒毀的文具和浸濕的茶葉均屬於全部損失

6. 共同海損與單獨海損的區別在於（　　）。
  A. 共同海損屬全損，單獨海損屬部分損失
  B. 致損的原因不同
  C. 損失的承擔者不同
  D. 損失的程度不同
  E. 損失的內容不同

7. 國際貨款收付在採用非現金結算時的支付工具是（　　）。
  A. 貨幣   B. 票據
  C. 匯票   D. 本票
  E. 支票

8. 屬於商業信用的國際貿易結算方式有（　　）。

A. 信用證　　　　　　　　　B. 托收
C. 匯付　　　　　　　　　　D. 匯款
E. 保函

9. 根據 UCP600 的規定，信用證單據審核的原則有（　　）。
   A. 銀行只負責審核單據表面上的一致性
   B. 銀行對任何單據的形式、完整性、準確性、真實性、偽造或法律效力或單據上規定的或附加的一般及特殊條款，不負任何責任
   C. 在任何情況下，銀行都不能接受日期早於信用證開證日期的單據
   D. 銀行對於單據所代表的貨物的描述、數量、重量、品質、包裝、交貨時間、價格等不負任何責任
   E. 銀行應審核單據，保證單據與合同的規定相符

10. 信用證保兌行的付款是（　　）。
    A. 有追索權的　　　　　　B. 無追索權的
    C. 終局性的　　　　　　　D. 非終局性的
    E. 開證行具有第一性的付款責任，保兌行具有第二性的付款責任

11. 本票和匯票的區別主要是：（　　）。
    A. 本票是書面支付承諾，匯票是書面支付命令
    B. 遠期本票不須辦理承兌，而遠期匯票則要辦理承兌
    C. 本票都是即期的，匯票有即期和遠期之分
    D. 本票的票面有兩個當事人，而匯票有三個當事人
    E. 本票出票人是工商企業，匯票出票人是企業或銀行

【項目自測-2】

一、單項選擇題

1. 商業發票是貨主在準備全套出口文件時，首先繕制的文件，在出口貨物裝運前的（　　）環節要使用商業發票。
   A. 托運訂艙　　　　　　　B. 商品報檢
   C. 出口報關　　　　　　　D. 海關查驗

2. 電子托運單訂艙是實現未來中國「無紙化貿易運輸」項目的一個發展趨勢，電子訂艙的優點主要在於（　　）。
   A. 訂艙速度快
   B. 形式簡單
   C. 電子托運單可與紙質托運單共存
   D. 差錯率低

3. 在紙質托運單十聯單中，（　　）被電子托運單保留使用，此聯在海關放行後，被海關蓋上「放行章」，據此聯，船公司才可以將貨物裝上船。
   A. 第二聯船代留底　　　　B. 第五聯裝貨單
   C. 第七聯場站收據　　　　D. 第九聯配艙回單

4. 按照有關規定，托運一票貨而有不同包裝種類，托運單中的件數和包裝種類應填寫合計總件數，包括合計件數數字和包裝種類總稱，該包裝種類總稱用

（　　）。
   A. Cartons　　　　　　　　B. Pieces
   C. Packages　　　　　　　D. Pallets
5. 香港客商向上海某供應商購貨，買賣雙方約定貿易術語「FOB 香港」，實際被香港客商要求海運至美國紐約，從上海至紐約的運費由香港客商承擔。海運托運單上對運費的表示應為（　　）。
   A. Freight Prepaid　　　　　B. Freight Collect
   C. Freight Prepayable　　　D. Freight Collectable
6. 在 CIF 條件下應由（　　）負責租船訂艙。
   A. 買方　　　　　　　　　B. 賣方
   C. 收貨代理人　　　　　　D. 委託人
7. 法定檢驗的進口商品到貨後，（　　）必須向卸貨口岸或者到達站的檢驗檢疫機構辦理報檢。
   A. 用貨人　　　　　　　　B. 收貨人或其代理人
   C. 發貨人　　　　　　　　D. 其他貿易關係人
8. 凡列入《出入境檢驗檢疫機構實施檢驗檢疫的進出境商品目錄》的入境商品，須向入境口岸檢驗檢疫機構（　　）。
   A. 申報　　　　　　　　　B. 檢驗檢疫
   C. 報檢　　　　　　　　　D. 申請
9. 入境報檢完成後，報檢人應領取（　　）到海關辦理通關手續。
   A. 入境貨物通關單　　　　B. 檢驗證書
   C. 檢驗檢疫通知單　　　　D. 檢驗檢疫合格證
10. 入境貨物需對外索賠出證的，應在索賠有效期前不少於（　　）天向到貨口岸或貨物到達地的檢驗檢疫機構報檢。
    A. 10　　　　　　　　　　B. 15
    C. 20　　　　　　　　　　D. 40
11. 依據《海牙規則》的規定，下列關於承運人適航義務的表述中哪個是錯誤的？（　　）。
    A. 承運人應在開航前與開航時謹慎處理使船舶處於適航狀態
    B. 船員的配備、船舶裝備和供應適當
    C. 適當和謹慎地裝載、搬運、配載、運送、保管、照料和卸載所運貨物
    D. 國際貨物海上運輸合同的當事人可以在合同中約定解除或減輕承運人依《海牙規則》承擔的責任義務。
12. 出口貨物的申報期限為貨物運抵海關監管區後、裝貨的（　　）以前。
    A. 48 小時　　　　　　　　B. 24 小時
    C. 14 日　　　　　　　　　D. 15 日
13. 緊扣貨物的申報期限為自裝載貨物的運輸工具申報進境之日起（　　）內。
    A. 48 小時　　　　　　　　B. 24 小時
    C. 14 日　　　　　　　　　D. 15 日
14. 申報單證可以分為兩大類，即主要單證和（　　）。

A. 預備單證　　　　　　　B. 特殊單證
C. 基本單證　　　　　　　D. 隨附單證

15. 進口貨物自裝載貨物的運輸工具申報進境之日起超過（　　）仍未向海關申報的，貨物由海關依照海關法的規定提取變賣處理。

A. 14 日　　　　　　　　B. 15 日
C. 3 個月　　　　　　　　D. 6 個月

16. 在一般情況下，進出口貨物或其代理人應當自接到海關「現場交單」或者「放行交單」通知之日起多少日內，持打印的紙質報關單，備齊規定的隨附單證並簽名蓋章，到貨物所在地海關提交單證並辦理相關海關手續？（　　）。

A. 7 日　　　　　　　　　B. 10 日
C. 14 日　　　　　　　　D. 15 日

二、判斷題

1. 在支付條款 FOB，CIF，CFR 的情況下，我方出口商都可以自行確定信得過的貨運代理，辦理出口貨物托運手續。（　　）

2. 空運托運單與海運托運單一樣，應按照合同或信用證來繕制。如果合同規定收貨人為：「TO ORDER」，則空運托運單上的收貨人應顯示為：「TO ORDER」。（　　）

3. 對進出口大宗散裝貨物，收發貨人或其代理人可向海關申請，要求海關結合裝卸環節，在作業現場予以查驗放行。但必須在申報時提供擔保。（　　）

4. 在採用電子和紙質報關單申報的一般情況下，海關接受申報的時間以海關接受電子數據報關單申報的時間為準。（　　）

5. 外商在經貿活動中贈送的進口貨物不適用於海關后續管理。（　　）

三、案例討論

1. 國內 A 公司從香港 B 公司進口 A 套德國設備，合同價格條件為 CFR 廣西梧州，裝運港是德國漢堡，裝運期為開出信用證后 90 天內，提單通知人是卸貨港的外運公司。合同簽訂后，A 公司於 7 月 25 日開出信用證，10 月 18 日香港 B 公司發來裝船通知，11 月上旬 B 公司將全套議付單據寄交開證行，A 公司業務員經審核未發現不符並議付了貨款。船運從漢堡到廣西梧州包括在香港轉船正常時間應為 45~50 天。12 月上旬，A 公司屢次查詢梧州外運公司都無貨物消息，公司懷疑 B 公司倒簽提單，隨即電詢 B 公司，B 公司答復卻已如期裝船。12 月下旬，A 公司仍未見貨物，再次電告 B 公司要求聯繫其德國發貨方協助查詢貨物下落。B 公司回電說德國正處聖誕節假期，德方無人上班，沒法聯絡。A 公司無奈只好等待。元月上旬，聖誕假期結束，B 公司來電，稱貨物早已在去年 12 月初運抵廣州黃埔港，請速派人前往黃埔辦理報關提貨手續。此時貨物海關滯報已 40 多天，待 A 公司辦好所報關提貨手續已是次年元月底，發生的滯箱費、倉儲費、海關滯報金、差旅費及其他相關費用達十幾萬元。

案例思考題：
造成上述問題的原因是什麼？如何解決？

2. 我某出口公司收到一國外來證，貨物為 40,000 只打火機，總價值為 4 萬美元，允許分批裝運，採用海運方式。后客戶來傳真表示急需其中 10,000 只（總數量的 1/4）打火機，並要求改用空運方式提前裝運，並提出這部分貨款採用電匯方式（T/T）在發貨前匯至我方。

案例思考題：遇到此類問題該怎麼辦？

3. 中國某公司向日本某商人以 D/P 即期方式推銷某商品，對方要求採用 D/P 見票後 90 天付款，並通過他指定的銀行為代收行。請分析日方提出此項要求的出發點是什麼。

4. 中國某出口企業收到國外開來的不可撤銷信用證，由設在中國境內的某外資銀行通知並保兌。我出口企業在貨物裝運後，正擬交單議付時，忽接到外資銀行通知，由於開證行已宣布破產，該行不再承擔對信用證的付款責任，但可接受我出口公司委託向買方直接收取貨款的業務。你認為此事該如何處理？

5. 中國某公司向美國出口一批貨物，合同規定 8 月裝船，憑不可撤銷即期信用證支付。后來外方來證將船期改為不得晚於 8 月 15 日，但 8 月 15 日以前已經無船去美國。我方立即要求外商將裝運期延期，外商同意延期一個月。我方於 9 月 15 日以前裝船完畢，但向銀行議付時，銀行以船期上單證不符為由拒付。試對此案例進行評析。

6. 中國某外貿企業向某外商出口一批貨物，出口合同的支付條款規定：「憑不可撤銷即期信用證在上海議付。」合同規定的交貨條款為「7 月在上海裝船，運往歐洲××港，不準轉運」。貨物備好后，經再三催促，信用證於 7 月 25 日才到，由於直達船的船期每月均安排在月中，7 月份裝運貨物已無可能，為此，我方電請外商將信用證的裝運期延期一個月。由於該項貨物市價下跌，外商非但不同意延期，反指出我方未能按時裝運已屬違約，要求索賠。試進行評析。

四、思考題

1. 什麼叫班輪運輸？班輪運輸有什麼特點？
2. 班輪運費的計算標準有幾種？
3. 合同中的裝運條款有哪些內容？
4. 裝運時間如何規定？什麼叫滯期費和速遣費？
5. 海運提單的作用是什麼？它有哪些種類？

國家圖書館出版品預行編目(CIP)資料

外貿業務操作 / 王玲主編. -- 第一版.
-- 臺北市：財經錢線文化出版：崧博發行, 2018.10

面； 公分

ISBN 978-986-96840-4-0(平裝)

1.國際貿易實務

558.7　　　　107017662

書　　名：外貿業務操作

作　　者：王玲 主編

發行人：黃振庭

出版者：財經錢線文化事業有限公司

發行者：崧博出版事業有限公司

E-mail：sonbookservice@gmail.com

粉絲頁　　　　　　網　址：

地　　址：台北市中正區延平南路六十一號五樓一室

8F.-815, No.61, Sec. 1, Chongqing S. Rd., Zhongzheng Dist., Taipei City 100, Taiwan (R.O.C.)

電　話：(02)2370-3310　傳　真：(02) 2370-3210

總經銷：紅螞蟻圖書有限公司

地　　址：台北市內湖區舊宗路二段 121 巷 19 號

電　話：02-2795-3656　　傳真：02-2795-4100　網址：

印　刷：京峯彩色印刷有限公司（京峰數位）

　　本書版權為西南財經大學出版社所有授權崧博出版事業有限公司獨家發行電子書及繁體書繁體版。若有其他相關權利及授權需求請與本公司聯繫。

定價：500元

發行日期：2018 年 10 月第一版

◎ 本書以POD印製發行